权威·前沿·原创

皮书系列为
"十二五""十三五""十四五"时期国家重点出版物出版专项规划项目

BLUE BOOK

智库成果出版与传播平台

东莞蓝皮书

BLUE BOOK OF DONGGUAN

东莞文化发展报告（2023）

ANNUAL REPORT ON CULTURE DEVELOPMENT OF DONGGUAN (2023)

主　编／张卫红
副主编／赵金阳　陈　婕

社会科学文献出版社
SOCIAL SCIENCES ACADEMIC PRESS (CHINA)

图书在版编目(CIP)数据

东莞文化发展报告. 2023 / 张卫红主编；赵金阳，陈婕副主编. -- 北京：社会科学文献出版社，2023.9
（东莞蓝皮书）
ISBN 978-7-5228-2414-7

Ⅰ.①东… Ⅱ.①张… ②赵… ③陈… Ⅲ.①文化发展-研究报告-东莞-2023 Ⅳ.①G127.653

中国国家版本馆 CIP 数据核字（2023）第 162860 号

东莞蓝皮书
东莞文化发展报告（2023）

主　　编 / 张卫红
副 主 编 / 赵金阳　陈　婕

出 版 人 / 冀祥德
组稿编辑 / 任文武
责任编辑 / 张丽丽
文稿编辑 / 赵熹微
责任印制 / 王京美

出　　版 / 社会科学文献出版社·城市和绿色发展分社（010）59367143
　　　　　地址：北京市北三环中路甲 29 号院华龙大厦　邮编：100029
　　　　　网址：www.ssap.com.cn

发　　行 / 社会科学文献出版社（010）59367028
印　　装 / 天津千鹤文化传播有限公司

规　　格 / 开　本：787mm×1092mm　1/16
　　　　　印　张：18.5　字　数：275 千字
版　　次 / 2023 年 9 月第 1 版　2023 年 9 月第 1 次印刷
书　　号 / ISBN 978-7-5228-2414-7
定　　价 / 128.00 元

读者服务电话：4008918866

版权所有 翻印必究

《东莞文化发展报告（2023）》编辑委员会

编委会主任　张卫红

副　主　任　肖乃勇　于洪波　叶沛钦

委　　　员　邓春玉　于鹏杰　赵金阳

主　　　编　张卫红

副　主　编　赵金阳　陈　婕

编委及主要撰稿人（按姓氏笔画排序）

　　　　　　王金良　王海洋　区章嫦　刘丽萍　杨亚南
　　　　　　邹　雯　张笑扬　陈　婕　罗瑜斌　赵金阳
　　　　　　赵爱杰　荣　婷　胡国锋　钟敬忠　袁敦卫
　　　　　　程晓莉　谭汪洋　黎少玲

主要编撰者简介

张卫红 现任东莞市社会科学界联合会党组书记、主席,东莞市社会科学院院长,《东莞社会科学》编辑委员会会主任。曾任东莞市纪委常委、监察局副局长、预防腐败局副局长,东莞市监察学会副会长,《东莞纪检监察》总编辑。长期从事反腐败工作研究和实践,在国家、省(区、市)级报刊杂志发表文章数十篇。

赵金阳 东莞市社会科学院文化研究中心主任、副研究员,东莞市政府质量奖评审专家。主要研究方向为城市文化、教育管理、晚清历史及东莞本土文化。先后主持国家教师科研基金"十二五"教育科研规划重点课题子课题项目和东莞市文化教育类重点课题5项,发表文化教育类文章18篇,研究成果先后获东莞社科优秀成果奖一等奖和三等奖。

陈　婕 哲学博士,东莞市社会科学院文化研究中心副主任、助理研究员,中国台湾"中央研究院"中国文哲研究所访问学人、中国社会科学院哲学研究所访问学者,东莞市非物质文化遗产保护工作专家委员会委员、广东古琴研究会理事。主要研究方向为经典与解释、琴学、地方文化。主持广东省哲学社会科学"十二五"规划项目1项,参与国家社会科学基金项目1项,主持并参与东莞市级项目25项;公开发表学术论文十余篇;参与编撰《传承与创新——东莞文化发展研究》一书。研究成果曾获广东省哲学社会科学学术年会优秀成果奖三等奖、东莞市哲学社会科学优秀成果奖一等奖,多次获得东莞市文化精品项目"社科优秀成果奖"。

摘　要

东莞有着5000多年的人类活动史、1692年的建县史和1266年的建城史，是岭南文明重要发源地、中国近代史开篇地、华南抗日根据地和改革开放先行地。改革开放40多年来，东莞不仅创造了丰硕的物质财富，也创造了丰富的精神财富，积淀了深厚的文化资源。

《东莞文化发展报告（2023）》由东莞市社会科学院编撰。包括总报告、文化建设与城市发展、文旅融合与产业发展、公共文化服务及体制机制创新、非遗传承与创新发展、历史文化保护与活化利用六大板块，系统地回顾、总结了改革开放以来东莞文化的发展历程和成就，较为全面地呈现东莞文化发展各个领域的做法成效以及存在的问题，并对未来东莞文化发展进行了展望。

总报告分为三个部分：第一部分对改革开放以来东莞文化发展的历史进程进行梳理分析；第二部分对比分析新时期东莞文化发展面临的挑战与不足；第三部分对2023年东莞文化发展态势进行展望，并提出相关发展建议。

文化建设与城市发展板块立足东莞"双万"背景，从文化自信、文化融合、海洋文化、文化创新等维度，分析东莞文化建设与城市发展的模式、路径和思路。

文旅融合与产业发展板块围绕东莞特色产业文化，梳理分析东莞潮流产业、乡村文旅、数字经济的发展现状和成就。

公共文化服务及体制机制创新板块从公共文化服务入手，就社会力量参与公共文化服务、公共图书馆城乡一体化发展、城市家具建设三个领域进行

分析探究，提炼出一系列文化发展领域的东莞模式。

非遗传承与创新发展板块着眼于非遗文化元素应用以及文化品牌建设传播，提出文化强市建设要坚持现代文明与非遗元素相结合、产业发展与文化建设相结合的思路。

历史文化保护与活化利用板块从历史文化街区的演变活化、明伦堂发展历史、红色文献收藏与利用三个方面，呈现了东莞在历史文化保护与活化利用等方面的做法和经验，并提出相应的对策建议。

关键词： 东莞　文化强市　高质量发展

目 录

Ⅰ 总报告

B.1 东莞文化发展现状分析与2023年展望 ……… 赵金阳 陈 婕 / 001

Ⅱ 文化建设与城市发展

B.2 基于文化自信的东莞文化强市建设路径研究…………… 邹 雯 / 029
B.3 "双万"背景下东莞本土文化与移民文化多元融合发展研究
　　　　………………………………… 王海洋 戚千舞 陈嘉仪 / 042
B.4 读懂东莞海洋文化　助推文化强市建设
　　　　………………………………… 赵金阳 陈 婕 张笑扬 / 055
B.5 文化创新·IP赋能
　　　——新文创思维下东莞城市IP形象的构建探索
　　　　………………………………………… 胡国锋 王永芳 / 074

Ⅲ 文旅融合与产业发展

B.6 发展潮玩产业　打造"潮流东莞"
　　　　………………………… 谭汪洋 林春香 田 恬 林 环
　　　　　　　　　　　　　　　 莫延钦 麦正阳 陈肇仪 / 082

B.7 东莞乡村文旅高质量发展研究………………… 杨亚南　陈　婕 / 095
B.8 数字经济赋能东莞文旅产业转型升级的路径研究
　　………………………………………………… 王金良　袁　丹 / 108

Ⅳ　公共文化服务及体制机制创新

B.9 社会力量参与公共文化服务研究
　　——以东莞为中心的考察 ………………………… 袁敦卫 / 130
B.10 文化强市背景下公共图书馆城乡一体化发展的"东莞样本"
　　…………………………………………………………… 赵爱杰 / 143
B.11 东莞城市家具建设与地域文化研究
　　………………… 谭汪洋　林春香　刘东升　李进杰　黄　幸
　　　　　　　　　　黄晓南　卢照明　钟　燕 / 156

Ⅴ　非遗传承与创新发展

B.12 东莞非遗文化元素在服饰设计中的应用研究
　　…………………………………… 程晓莉　陈思云　陈雨蒙 / 167
B.13 东莞非遗传承中虚拟交互技术的应用探索与研究
　　——以千角灯为例 ………………………………… 刘丽萍 / 185
B.14 莞香文化品牌IP的建设与传播研究
　　…………………………………… 区章嫦　蔡培婷　丁芊雯 / 196

Ⅵ　历史文化保护与活化利用

B.15 东莞莞城历史文化街区的演变与活化策略研究 ……… 罗瑜斌 / 214

目　录

B.16　东莞明伦堂发展历史及启示 …………………… 钟敬忠　蔡　冰 / 237
B.17　面向历史文化名城建设的东纵红色文献收藏与利用研究
　　　……………………………………………………………… 黎少玲 / 259

皮书数据库阅读使用指南

总报告

General Report

B.1
东莞文化发展现状分析与2023年展望

赵金阳　陈婕*

摘　要： 东莞是岭南文明重要发源地、中国近代史开篇地、华南抗日根据地和改革开放先行地。改革开放以来，东莞文化发展先后历经筑基探索、激荡融合、涵化转型、创新发展4个时期，取得了非凡的成就。但在文化引领、设施提升、公共文化服务、文化创新、文化产业结构优化、文化名片传播等方面存在一定短板和不足。新时期，东莞要进一步完善公共文化服务体系，进一步推动文旅产业高质量发展，进一步彰显文化特色、擦亮城市文化名片，进一步提升文化建设执行力，以文化强市建设推动东莞加快高质量发展，实现千万人口与城市深度融合、共生共荣。

---

* 赵金阳，东莞市社会科学院文化研究中心主任、副研究员，主要研究方向为城市文化、教育管理；陈婕，博士，东莞市社会科学院文化研究中心副主任、助理研究员，主要研究方向为经典与解释、琴学、地方文化。

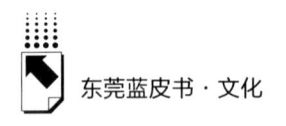

关键词： 东莞 文化建设 高质量发展

改革开放以来，中华文明展开了波澜壮阔的伟大画卷。地处南海之滨的东莞，乘着改革开放的"东风"，跟随着国家前进的步伐，不断绽放新精彩。东莞从全国2000多个农业县中脱颖而出，仅用了20多年就完成了西方发达国家用了100多年、"亚洲四小龙"用了40多年才完成的工业化转型，创造了令人瞩目的"东莞奇迹"；实现了从传统农业社会到现代工业社会的转型，一跃成为享誉全球的"制造业名城"，成为人口超千万、GDP超万亿元的"双万"城市，跻身粤港澳大湾区活力充盈的新一线城市，成为"中国改革开放的一个精彩而生动的缩影"。

一 改革开放以来东莞文化发展的历史进程

作为广东省首批历史文化名城，东莞有着5000多年的人类活动史、1692年的建县史和1266年的建城史，是岭南文明重要发源地、中国近代史开篇地、华南抗日根据地和改革开放先行地。改革开放以来，东莞不仅创造了丰硕的物质财富，也创造了丰富的精神文化，其文化发展大致经历了筑基探索、激荡融合、涵化转型、创新发展4个时期。

（一）筑基探索期（1978年至20世纪80年代末期）

文化是民族凝聚力的重要源泉，是一个国家、一个民族、一个地区综合实力和国际竞争力的重要组成部分，是经济社会发展的导向力和推动力。东莞文脉悠长、人才辈出，是莞邑大地经济社会发展的深层次动力。

1. 莞邑流芳，奠定独具特色的东莞文化精神

文化的核心是价值观，得改革开放风气之先的东莞，引发了价值观念的变革。追根溯源，与其本有的传统文化基因有关。东莞悠久的历史与绵长的文脉孕育了兼容开放、敢为人先的精神特质；涵养了民族正气、爱国爱乡的人文精神；催生了熊飞、袁崇焕、林则徐、蒋光鼐等一批民族英雄；造就了中国金文研究泰斗容庚，岭南画派代表人物居巢、居廉，"中国矿藏之父"王宠佑；铸成了"崇焕精神""销烟精神"等优秀人文精神；沉淀了崇德厚德、敢为人先、求实务实的文化观念。作为岭南文化的重要发祥地、中国近代史的开篇地、改革开放的先行地、"欧风美雨"的切入口以及中国人"开眼看世界"的前方，东莞以其独特的地域、鲜明的人文个性，孕育了"朴素、平易、勤劳"的农耕文化，"崇商、趋富、守法"的工商文化，"务实、致用、进取"的平民文化。东莞人自信而不自负、变通而不圆滑、敢为人先又守信务实、没有固守传统纲常的"冬烘"，却有对敢于创新的先行者的崇敬，具有一种爆发性的独立品格。传统的民风民俗奠定了现代东莞人的精神观念底色。可以说，东莞人的这种个性恰是东莞改革开放以来经济社会发展的最初动因。

2. 观念先行，打破体制窠臼产业束缚及生产力羁绊

东莞文化观念既是改革开放发展阶段的产物，同时也是引领东莞改革开放实践的精神力量。当"割资本主义尾巴"的标语还残留在大街上，当全国其他地方还在"工业学大庆"之时，太平手袋厂已悄然在虎门成立。自此，东莞开创了以加工贸易为主要经济方式，以劳务输出为主、以外延扩张为要的"东莞模式"，走上了农村工业化和城市化道路。东莞敢于冲破传统体制藩篱，将制度革新同发展"东莞模式"相结合。1984年制定了"改革、开放，东莞向农村工业化进军，促进经济建设全面高涨"的战略方针，提出必须冲破小农思想的束缚，实行"外引内联"模式。1987年制定了"搞活经济，强化管理，把'四化'建设不断推向前进"的策略，提出改革和开放是紧密联系在一起的，要通过深化改革、扩大开放，不断增强东莞经济内在的生机和活力。随着现代化机器生产的普及，产业结构正悄然发生改变，曾经是东莞最重要的副业——莞草编织业渐渐淡出东莞人的生活，五金、玩具、服装等制造业悄然兴起，且蓬勃发展。新的产业不断涌现，生产力得到解放。

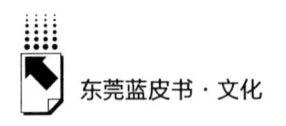

3.大胆尝试,转变行为观念和社会生产生活方式

社会变化会产生相应的文化范式,文化的自发变化,也在反作用于经济基础。东莞经济基础的变动引发了文化的嬗变,而文化的发展及新的价值观、人生态度和生活方式又反过来推动了经济、制度层面的变革。这期间,东莞经济形态发生了两个大转变:一是在"三来一补"基础上建立了自己的工业体系,在产业结构上完成了从农业为主到工业为主的转变;二是在经济格局上完成了从小生产内向型到大生产外向型的转变。经济体制的转变也逐渐改变着这片土地的文化特质和人们的生活习惯,东莞社会生活方式、行为方式及思想观念也发生了转变。当物质文明发生了变化,精神文化也会悄然改变。20世纪80年代初,东莞人就率先提出了"要想富,先修路""要发财,靠人才""昔日贫为贵,今日富为荣""贫穷不是社会主义,富裕不等于文明""有钱不等于幸福""金钱诚可贵,人格、爱心价值更高"等新观念,放开手脚,推动乡镇企业和各科专业户的发展。1986年,东莞全市出现学科技、学文化、学管理经验的热潮。1987年,东莞农民的开放意识越来越强,思想观念上出现了八大变化:从"万事不求人"到"采众人之长,补自己之短";从"小富即安、听天由命"到"敢于拼搏、勇于创新";从"为己生产"到"面向市场";从"轻商惧商、耻于言利"到"搞活流通、讲利又讲义";从"靠力气吃饭"到"用力又用智";从"黄牛过水各顾各"到"一方有难八方支助";从"干活、吃饭、睡觉"到"看书、读报、娱乐、健身";从"言必称港澳好"到"比来比去还是社会主义好"。

(二)激荡融合期(20世纪80年代末至20世纪末)

文化是一个与时俱进的动态概念,不同时代、地域、种族的文化发展方式,在历史发展进程中,不断地相互影响,最终形成了"相对静止"的文化形态,这新生的文化带着传统的印记,在对过往文化成果的反叛与扬弃中成长。如果说东莞改革开放初期的文化更多地烙上了东莞人的个性品格,那么从20世纪80年代末到20世纪末这段时期,东莞文化则进入了激荡与融合的时期。

1. 放眼世界，现代制造业名城横空出世大放异彩

乘着改革开放的春风，东莞进一步解放思想，继续加快改革开放步伐。打破小局至上、自行其是的部门利益，树立团结协作、和谐共赢的新观念，以开拓精神，不断寻求破解体制难题的新途径，探索科学发展的新举措，推动经济发展跨越前行。东莞市政府灵活运用政策，大力支持外资经济和民营经济，实施"第二次工业革命"的发展战略，及时推动东莞产业结构的转型升级，探索出一种适合自身的经济发展模式；及时抓住国际大企业、大财团进军中国市场的机遇，在巩固港资的同时，把招商引资的着眼点逐步转移到日本、韩国、美国及欧洲等国家和地区上，先后与日本、美国、德国、英国、荷兰、意大利、瑞典、新加坡、泰国等建立了广泛而持久的经济技术合作关系。因此，东莞初步形成了纺织、服装、家具、五金等产业集群，传统产业集群更为完善，IT企业配套能力加强；"三资"企业①比例不断扩大，民营经济在与外资经济的配套协作中逐步成长；同时，也形成一个具备产业集群雏形的国际加工制造业基地，奠定了东莞在世界经济中加工制造的地位。

2. 新旧交织，农耕文化与城市文化的碰撞与较量

随着制度和产业的变革，人们的生活方式、思想观念进一步发生转变。20世纪90年代，除摩托车外，小汽车逐渐进入东莞人民的生活。到了21世纪初，包机旅游过春节已成为东莞人的时尚选择。城市化和工业化步伐的加快，使第二、第三产业在农村迅速崛起，农村原有的生活方式和管理方式逐渐被工业社会的生活方式和管理方式所取代，人口迅速向城市和城镇集中。东莞的城市化是典型的以农村工业化为主导和推动的城市化。一方面，东莞农村自身面临着转型的问题；另一方面，城市的承载能力和社会管理能力面临着严峻的考验。总体而言，反映自然经济生产方式的、封闭的、缺乏进取意识的思想观念，正被与发展商品经济和外向型经济相适应的开放的现代思想观念所代替。然而，东莞本是一个农业县，农耕文化在这片土地曾扎下深厚的根基。本土的文化观念越是根深蒂固，在迎接外来文化的时候，便

---

① "三资企业"指中外合资经营企业、中外合作经营企业及外商独资经营企业。

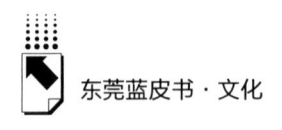

会显示更多的执着,磨合与碰撞也相应而来。在工业化、城市化进程中,农耕文化跟现代工业文化、城市文化之间经历了一场"没有硝烟的战争",碰撞与较量在所难免。

3. 欲说还休,外来文化与本土文化的激荡与交融

有人说,改革开放以来,东莞完成了两个创世之举,即"把全世界最富有的人吸引到东莞来投资"和"把全国最贫困的人吸引到东莞来务工"。独特的地理位置,特殊的经济发展模式决定了东莞是一座庞大的移民城市。东莞吸引了来自世界各地的企业、创业者和务工者,这些企业带来了丰富多彩的异域文化,这些创业者和务工者带来了千姿百态的地域文化和民俗风情。文化多样性是社会保持活力和取得长足发展的能动要素之一。外来人口中携带着不满现状、开拓进取、敢于冒险的文化元素,而本土农耕文化排外、守旧的一面仍存留在城市的"骨子"里。不同的文化在东莞各有各的圈子,东莞需要一种共同的精神来引领新一轮的经济社会发展。因此,处理不同地方文化之间的关系便成了这个时期东莞文化发展面临的突出问题。本土文化与外来文化之间的磨合、激荡与交融,催生了东莞社会制度的创新、产业结构的优化以及人文环境的更新,东莞进而找到继续推进改革开放的突破口。

(三)涵化转型期(21世纪初至2011年)

踏入21世纪,东莞这座位于中国南部,混合着传统与现代、东方与西方、岭南与北方等多种元素,生动而丰富的城市,举步迈进实现高水平崛起的机遇期。重商的东莞人,善抓机遇,勇超自我,坚定地走在转型升级、高标高质高水平崛起的道路上,东莞文化也进入了涵化转型期。

1. 华丽转身,文化新城建设夺人眼球

21世纪,东莞按照科学发展观要求,大力创新发展模式、发展环境和发展能力,全面推进城市建设。加快建设新城市中心区,大力发展园区经济,积极扶持民营企业,营造新的经济增长点和发展优势,城市面貌发生了翻天覆地的变化。在大力发展内源型经济、建设现代制造业名城之际,东莞又提出了产业本土化战略，着力培育具有东莞特色和竞争优势的本土产业集群，涌现了一批新型专业镇。在经济发展的同时，东莞人也形成了"文化论输赢"的共识。东莞作为改革开放先行地形成的强烈的商品经济意识、灵活的市场机制、传统的诚信品格，正逐渐融入其城市文化建设当中。按照党的十七大报告"激发全民族文化创造活力，提高国家文化软实力"的指示精神，2001年东莞确立了建设现代制造业名城、文化新城和生态绿城的发展目标和"一网两区三张牌"的工作思路，推动东莞进入新一轮发展期。在文化体制改革上，着力理顺文化管理体制，大力创新文化发展和文化队伍建设机制，实行管办分离模式，培育文化活动品牌。以打造"三城一都"（图书馆之城、博物馆之城、广场文化之城和音乐剧之都）为目标，构建了较为完善的文化实施网络、多领域的文化精品体系、多元化的文化活动体系和较大规模的文化产业体系，为加快经济结构调整提供了文化支撑，为东莞城市发展增添了无限生机。"十一五"规划实施以来，东莞文化建设以提升文化软实力、满足群众文化需求为主线，其文化服务体系日益完善，基本形成了较为全面的市、镇、村三级公共文化设施网络体系；文艺精品战略得以实施，城市文化形象大幅提升；文化产业加快发展，文化经济实力逐步壮大；文化体制改革不断深化，发展动力不断增强；文化遗产保护利用力度不断加大，优秀传统文化得以有效传承；文化发展环境更加优化，人才队伍建设不断增强；文化传播能力不断提升，文化新城绽放出迷人光彩。

2. 精雕细琢，从文化新城到文化名城

面对新的发展形势，"推进经济社会双转型，建设富强和谐新东莞"的发展战略"应势"而生。东莞以产业结构调整和产品转型升级为核心，大力实施推进资源主导型经济转向创新主导型经济、初级城市化社会转向高级城市化社会的"双转型"战略，建立了总量庞大、支柱突出、集群明显、配套完善的工业产业体系，形成了电子信息、电气机械、纺织服装、家具、玩具、造纸及纸制品业、食品饮料、化工八大支柱产业。此外，社会心理、思想认识、行为方式等领域也同样发生了显著的变化，东莞更加尊重人民群众的合理创新精神与行动。2010年8月，东莞确立了建设文化名城的发展

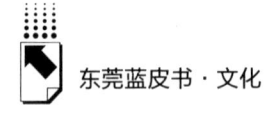

战略，把加快文化名城建设作为长期的奋斗目标，奋力开创文化事业、产业大发展、大繁荣的新局面。主张"全面打造全国公共文化服务名城、国家历史文化名城、现代文化产业名城、岭南文化精品名城等'四个名城'"，推动东莞文化形态由村镇文化向都市文化转变，文化层次由基本的文化权益保障向造就高品质的文化生活转变等。通过10年深耕，东莞实现了文化设施建设全覆盖、文化活动高密度开展、文化管理高效能运行，公共文化服务取得了长足发展。建设了一批国内一流的精品文化设施，创作了一批涵盖诸多门类的文艺精品和展览力作，打造了一批品牌文化活动，加快实现从文化新城到文化名城的转变。

3. 大刀阔斧，从文化名城到高水平崛起"文化是根本"的跨越式发展

东莞第十三次党代会提出"加快转型升级、建设幸福东莞、实现高水平崛起"的发展战略，指明"实现高水平崛起，城市是基础，产业是重点，创新是关键，文化是根本"。城市发展与产业革新、创新发展和文化改革是不可分割的整体。促进高水平崛起，加快文化名城建设是关键。东莞继续发扬解放思想、敢闯敢试的精神，以新的思想大解放再创新优势赢得新发展。通过创新政府"管文化"机制，理顺行政体制和市场机制的关系，逐步明确并保障市民的文化权利的实现，提升市民的文化素质，增强市民文化归属感和认同感。加强外来务工人员就业培训服务，保障其文化权利。以高效优质的服务，推进各项文化事业改革。作为全国文化体制改革的试点，东莞率先扩大文化开放，打破体制障碍。大力促进莞港澳文化资源整合，发展内源性文化事业，培育文化支柱产业，保护本土特色文化遗产，扶持公益性文化事业，从而带动城市文化建设。不断解放文化生产力，激发文化创造力，增强城市文化软实力。在实现高水平崛起的过程中，文化在东莞经济社会发展中的地位及作用逐步凸显，文化的自觉性得到进一步增强。

（四）创新发展期（2012年至今）

党的十八大以来，党和国家高度重视文化建设。习近平总书记指出，全面建设社会主义现代化国家，必须坚持中国特色社会主义文化发展道路，增强文化自信，围绕举旗帜、聚民心、育新人、兴文化、展形象建设社会主义文化强国，发展面向现代化、面向世界、面向未来的民族的科学的大众的社会主义文化，激发全民族文化创新创造活力，增强实现中华民族伟大复兴的精神力量。

1. 思想引领，在"双万"新起点上加快文化高质量发展的精神引擎

文化是一个国家、一个民族的灵魂。文化兴国运兴，文化强民族强。中国特色社会主义文化，是中华优秀传统文化，是熔铸于党领导人民在革命、建设、改革中创造的革命文化和社会主义先进文化，植根于中国特色社会主义伟大实践。发展中国特色社会主义文化，应以马克思主义为指导，坚守中华文化立场，立足当代中国现实，结合当今时代条件，发展面向现代化、面向世界、面向未来的民族的科学的大众的社会主义文化，推动社会主义精神文明和物质文明协调发展。要坚持为人民服务、为社会主义服务，坚持百花齐放、百家争鸣，坚持创造性转化、创新性发展，不断铸就中华文化新辉煌。要坚持中国特色社会主义文化发展道路，激发全民族文化创新创造活力，建设社会主义文化强国。

党的十八大以来，东莞全面贯彻落实党和国家关于文化建设的路线方针政策，将深入学习贯彻习近平新时代中国特色社会主义思想作为首要任务。全力宣传贯彻党的二十大精神，围绕"双统筹"、"科技创新+先进制造"、文化强市等中心工作，建立"1+N"新闻宣传统筹机制，打造"3+3+32"东莞融媒集群，升级"东莞发布"官方号，推动媒体"主力军"挺进"主战场"，唱响强信心、暖人心、聚民心的主旋律，守好意识形态安全"南大门"，为东莞高质量发展营造良好氛围。进一步确立文化强市建设总体工作思路——"1274"，即"一条主线"："思想引领+文化供给"；"两个目标"：推进东莞物质文明和精神文明相协调，"双万"城市形象有效传播；"七大文化"：历史文化、红色文化、潮流文化、体育文化、莞邑文化、生态文化、改革开放文化；"四张名片"：近代史开篇地、国际制造名城、潮流东莞、篮球城市。东莞锚定文化建设总体目标：力争到2026年，文化强市建设取得重要进展。思想引领更加突出，文明感召更加凸显，文化供给更加完

善，文化产业更加繁荣，文脉传承更加优化，对外传播更加高效。坚持思想引领，推动文化文艺新发展。深化改革，培育文旅产业新动能。突出外塑内修，焕发城市文化新气象。创新服务供给，构建文化惠民新格局。推动文化事业和文化产业协同发展，持续推进"品质文化之都"建设，加快建设文化强市，以文化优势引领经济优势，为东莞在"双万"新起点上加快高质量发展提供强大的文化支撑和精神动力。自觉承担起举旗帜、聚民心、育新人、兴文化、展形象的使命任务，同心汇聚起"双万"城市千万人口团结一致、勇毅前行的力量。

2. 快马扬鞭，东莞文化发展步入创新发展新时期

《东莞市建设文化名城规划纲要（2011—2020年）》明确提出要"培育发展新兴文化产业，做大做强特色文化产业，改造提升传统文化产业，推动文化产业成为新的支柱性产业，把东莞打造成现代文化产业名城"。2011~2015年，东莞财政每年拨出10亿元专项资金用于文化名城建设。出台了《东莞市建设文化名城规划纲要（2010—2020年）》等一系列文件，对文化名城建设进行了具体部署，并明确了对文化精品创作、文化产业项目、文化园区（基地）、文化企业等的具体扶持政策。"十二五"期间，东莞市委市政府高度重视文化发展，产业规模日渐壮大，园区建设成效显著，转型升级加快推进，展会平台蓬勃兴起，政策扶持日渐完善。随着国家"粤港澳大湾区"战略的出台及实施，东莞迎来了巨大的发展机遇及挑战。东莞市第十四次党代会报告指出，要坚持经济国际化战略，全面融入国家"一带一路"倡议和粤港澳大湾区建设等重大战略部署，加快建立自主性更强的开放型经济和国际化水平更高的开放新格局。"十三五"时期，东莞市委市政府坚持以习近平新时代中国特色社会主义思想为指导，坚定文化自信，高度重视文化建设，大力培育和践行社会主义核心价值观，大力推进文化创新，努力推动东莞文化繁荣兴盛，文化发展质量和水平显著提升，为全力打造"湾区都市、品质东莞"营造了良好的人文社会环境。《东莞市文化发展"十四五"规划》突出融合发展理念，坚持以人为本和共建共享的基本原则，促进千万人口与城市共生共荣，推动文化成为城市发展的内生

动力。

东莞扎实推进核心价值观建设，稳步推进文化强市建设，着力促进城市文化软实力跃升，逐步实现物质文明与精神文明的协调发展。公共文化服务提质增效，文化馆、图书馆总分馆和基层综合性文化服务中心实现全覆盖。文艺精品创作持续繁荣，文化保护传承焕发活力，文化和旅游产业实力增强。高标准打造全民运动之城，全面推进体育产业发展。制定出台《东莞市人民政府关于加快发展体育产业促进体育消费的实施意见》，积极培养体育市场，做大做强体育产业。体育运动发展取得新的突破，成为享誉国内的"全国篮球城市"。举办了"'火柴盒'东莞城市艺术 Time""潮流东莞·生态露营节""东莞篮球城市文化节"等系列文体活动，潮玩、印刷、文化装备制造、数字创意等文化产业蓬勃发展，"潮流之都""潮流东莞"精彩出圈，充分彰显时尚、活力、进取的城市气质。推出了《中国就是中国》（获省"五个一工程"奖）、《回乡记》（获鲁迅文学奖）等一批文化精品，高品质文化供给能力持续提升。同时，大力贯彻绿色发展理念，高度重视生态文明建设。生态资源保护成效显著，生态文旅品牌有序打造。截至 2021 年底，东莞先后获得"国家环境保护模范城市""国家森林城市""国家水生态文明试点市""国家生态文明先行示范区""全国绿化模范城市"等荣誉称号。"双万"城市美誉度逐步提高，千万人口精神文化生活更加丰富，民众在共建共享中不断提升归属感、幸福感和获得感。

3.继往开新，文化遗产保护与活化力度不断加大

东莞是岭南文明的重要发源地，人杰地灵，人文荟萃，沉淀了丰富的历史文化。近年来，东莞文化遗产保护力度不断加大，目前全市市级以上文物保护单位共 155 处，其中全国重点文物保护单位 9 处、省级文物保护单位 30 处。"博物馆之城"建设初具规模，全市共有博物馆 53 座，国家三级以上博物馆 10 座，其中，鸦片战争博物馆被评为国家一级馆，与虎门林则徐销烟池、虎门炮台旧址等形成历史文化遗产保护群落。古镇古村保护措施逐步完善，共有国家和省级历史文化名镇（村）、传统村落 23 个（处），其中国家和省级历史文化名镇各 1 个，国家历史文化名村 2 处、省级历史文化名村 7 处，国家传统村落 6 处、省级传统村落 6 处。全市共确定 6 处省级历史文化街区，4 条省历史文化游径，2 条粤港澳大湾区文化遗产游径。红色文化得以保护与传承，全市审定确立红色革命遗址 117 处，其中全国重点文物保护单位 2 处，省级文物保护单位 1 处。建立了红色文化传承平台载体，其中省级爱国主义教育基地 3 个，省级中共党史教育基地 1 个。打造了一批主题教育阵地，全市共评选出 27 个中共党史教育基地。加快推进地方党史基本著作编写，积极开展党史专题研究。同时，探索红色文化活化路径，目前已规划确定 10 条"走读红色东莞"主题旅游线路。莞邑名人资源保护利用效果初显，莞邑文献和研究系列成果逐步推出。非物质文化遗产得到系统保护，形成国家、省、市、镇四级非遗保护体系。全市共有国家级非遗项目 10 项、省级以上非遗项目 54 项，非遗传承基地 9 个，生产性保护示范基地 2 个，非遗研究基地 1 个。非遗"双创"综合效益显著，跨界融合取得一定成效。打造了非遗传承及产业融合优质平台，创设"粤港澳（东莞）非遗墟市""2022 全国文采会'东莞站'粤港澳大湾区公共文化和旅游产品（东莞）采购会"。2022 年 5 月 8 日启动东莞"江湖山海"非遗系列活动，推出全新非遗品牌 IP。文化遗产、文化资源的保护与应用不断创新与优化，效果日渐凸显，影响日趋扩大。

4. 创新驱动，潮流文化产业异军突起助力文化强市建设

新时代以来，东莞大力深化文化体制改革，健全文化管理体制，创新思想理念与实践举措，不断解放文化生产力，着力破除制约文化繁荣发展的体制机制障碍，激发文化发展的生机与活力。2020 年，东莞文化及相关产业增加值达 549.83 亿元，仅次于深圳、广州，稳居全省第 3 位，逐渐成为经济支柱产业。潮流文化产业基础雄厚，东莞成功举办了 12 届漫博会，潮玩文化、潮玩产业不断"出圈""出海"。目前全球动漫衍生品 80% 由中国制造，其中超过 1/3 在东莞生产，东莞已成为全国最大的玩具出口基地。2021 年，东莞潮玩制造业所属的玩具及文体用品制造业规模以上工业企业总产值达 524 亿元，玩具出口总额达 337 亿元。涌现了 ToyCity、乐之宝等一批潮流文化代表企业和 X11 等一批潮流集合店企业，培育了 Laura（劳拉）、

WAZZUP Family（变色龙）、Angelboy（天使男孩）、Pangda（胖哒）、FuZoo（芙竺）、Come4arts等一批有影响力的原创潮玩IP，初步实现潮流产业新业态的创新与集聚。打造了一批潮流文化城市场景，逐步形成一批兼具潮流文化品牌、符号与特质的城市公共空间和文化消费街区。以"'火柴盒'东莞城市艺术Time""潮流东莞·生态露营节"等为代表的新型城市文化场景，体现了潮流文化与其他文化的跨界融合。东莞图书馆、文化馆、博物馆等与本土潮玩企业联名开发了具有东莞历史人文元素的潮流文创产品，比如千角灯拼酷等。东莞服装时尚产业引领全国，形成了规模庞大的产业集群，享誉国内外。虎门成为"中国服装服饰名镇""中国女装名镇""中国童装名镇""全国服装（休闲服）产业知名品牌创建示范区""中国服装区域品牌试点地区"，先后获得"全国纺织模范产业集群""中国服装产业示范集群"等国家级荣誉。

5.昂首向前，大力推进中国式现代化的文化东莞实践

2021年，东莞步入"双万"城市行列，迈进了新的发展阶段。立足新起点，东莞开启了文化强市建设的新征程。坚持以"思想引领+文化供给"为主线，聚焦"推进东莞物质文明和精神文明相协调、'双万'城市形象有效传播"两个目标，围绕"科技创新+先进制造"城市特色，建设"七大文化"，打造"四张名片"，以文化强市建设推动东莞在"双万"新起点上加快高质量发展，实现千万人口与城市深度融合、共生共荣。2023年3月，东莞市推进文化强市建设大会召开，会议深入学习贯彻党的二十大精神，全面贯彻习近平总书记关于社会主义文化建设的重要论述精神，认真落实中央关于文化强国建设和省委关于文化强省建设的部署要求，对"双万"新起点上推进文化强市建设进行全面动员、全面部署。《东莞市文化发展"十四五"规划》提出，要推动文化繁荣，进一步彰显东莞生态之美、创新势能、品质魅力，推动"湾区都市、品质东莞"建设迈上新的台阶，增创东莞发展新优势，在广东实现新发展阶段总定位总目标中承担更大责任、走在全省前列。同时，也提出争取到2025年，把东莞建设成为岭南特色鲜明、现代气息浓郁、人文内涵厚实、作用影响广泛的"品质文化之都"，全面推动东

莞文化繁荣兴盛，实现文化建设与经济建设的同步发展、同频发展和互相促进，为东莞在新起点上实现更高质量的发展提供强大的精神动力和坚实的文化支撑。

近年来，东莞立足本土实际，扣紧发展大局，锚准"十四五"时期文化发展的"1+7+14"目标体系①，奋力实施"十大工程"②，着力打造"品质文化之都"。城市文脉得以深入梳理与传承，优秀传统文化"双创"成果喜人。城市空间格局不断优化，依照"中心引领、片区协同、多点开花"的格局构建现代文化设施网络。文化供给方式不断创新，公共文化服务质效并进。文旅融合深化发展，体育强市建设全面推进。在本土优秀传统文化传承、公共文化服务提质增效、文旅体育事业创新发展等领域，东莞获得多项国家级、省级荣誉，取得多项历史性突破。构建起多维立体的城市形象宣传体系，制定并实施《东莞市城市形象传播工作实施方案（2022—2026）》。厚植文化基因，打造更加亮眼的城市文化名片。凸显品牌建设理念，全方位提升城市文化形象的辨识度、知名度和美誉度，全力塑造与东莞经济地位相匹配的文化形象。高质量发展需要高质量人才的支撑。东莞围绕人产城融合发展、千万人口与城市共存共荣的发展理念，深入实施人才强市战略。通过政府搭台、媒体助力的形式，推出了多项"招才引智"活动。出台并执行《关于加快新时代人才强市建设的意见》《东莞市新一轮"十百千万百万"人才工程行动方案》，形成了具有东莞特色、体系化的人才引进机制。获得了"2022年中国年度最佳引才城市""2022年中国年度最佳促进就业城市"等荣誉称号。今后，东莞将继续扩大产业人才优质公共服务供给，继续吹响"是人才、进莞来"号角，实施大湾区综合性国家科学中心战略人才锻造行动、先进制造广聚英才行动、人才培养强基行动、体制机

---

① "1"即1个总体目标：到2025年，把东莞建设成为岭南特色鲜明、现代气息浓郁、人文内涵厚实、作用影响广泛的品质文化之都；"7"是7个具体目标；"14"则是14项主要指标。
② "十大工程"指社会主义核心价值观培育深化工程、文艺创作生产提质工程、文化空间布局优化工程、公共文化服务体系完善工程、文化遗产保护与利用工程、文化产业转型升级工程、全域旅游发展促进工程、体育运动活力增强工程、文化传播交流拓展工程、文体旅游市场安全保障工程。

制改革行动、人才生态优化行动，为城市高质量发展注入强大的人才动能。同时，东莞也将进一步坚定文化自信，以文惠民、以文兴业，推动"双万"城市形象新提升，实现精神生活共同富裕。扎实推进文化强市建设，在"双万"新起点上加快实现高质量发展，全力推进中国式现代化的文化东莞建设。

二 新时期东莞文化发展面临的挑战与不足

时代在进步，世界在变化。东莞在文化建设方面取得非凡成就和新发展的同时，其经济规模、社会形态、人口结构、人民需求也都在发生变化，新时期东莞文化发展面临一系列挑战，存在一些不足。横向比较，与深圳、杭州、成都等全国先进地区还有不小的差距，在文化资源挖掘、整合、培育、打造方面力度还不够，文化创意和本土特色不足，整体竞争力较弱；纵向对比，相对于东莞"双万"规模和人民群众日益增长的高品质文化需求，现有的文化基础设施相对薄弱，文化产业规模偏小，文化人才短缺，文化成果转化程度低，文化发展不平衡问题依然突出，城市的知名度和美誉度还不相匹配。无论是文化发展的规模总量还是质量效益，无论是对内满足群众需求还是对外扩大文化影响力，东莞都还有较大提升空间。

（一）文化引领作用有待进一步发挥

精神引领和推动社会文明发展是文化的重要功能。在文明创建和价值观引领方面，东莞文化的作用有待进一步发挥。当前，东莞精神文明建设水平与经济社会发展水平尚不够匹配，社会主义核心价值观宣传和思想道德教育还需要进一步加强，市镇村一体化全域文明创建工作不够深入，基层文明创建水平不均衡问题依然突出，常态长效抓创建的机制需要健全，全面参与、共建共享的创建氛围不够浓厚，公民文明意识还有待增强。对于东莞庞大的外来人口群体来说，如何用文化来影响、推动其融入东莞，并在经济发展、社会文明、素质提升方面发挥更大作用，依然缺乏亮点。东莞虽然实现连续

5届入选全国文明城市,但目前全市28个镇中,成为全国文明镇的只有10个、广东省文明镇的只有8个,还有很大的提升空间。

(二)文化设施规划建设有待进一步提速

东莞大型公共文体设施集中建设在21世纪之初,如东莞市图书馆、玉兰大剧院、篮球馆、展览馆,东莞市博物馆甚至更早,部分文体设施场地不足、设施陈旧,已不适应和满足新时期群众的文化需求,现代化标志性文体设施规划建设需要进一步提速。同时,由于历史原因,市级大型公共文体设施多数集中在市中心区域,其他片区区域性公共文体设施的规划建设相对滞后,如松山湖片区聚集大批高科技企业和高层次人才,但没有配套的音乐厅、艺术中心、体育场馆等,部分片区远离市中心,缺乏高档次的文体设施和高品质的文化服务,群众文化需求被严重抑制,科学合理地规划布局公共文体设施,是东莞作为"双万"城市需要面对的课题。

(三)公共文化服务水平有待进一步提升

当前,东莞基层公共文化服务依然存在不平衡不充分的问题。全市镇街人均公共文化支出总体偏低,有的镇街甚至低于省人均支出标准,部分镇(街道)和村(社区)人员配备未达标准,缺乏专业技术人才,部分镇(街道)和村(社区)场馆设施老化,缺乏专业功能空间,这导致开展的公共文化服务活动形式较为单一,内容比较粗放,服务效能不高。部分公共文化服务活动偏离群众需求,未考虑东莞外来人口体量庞大和城市人口比较分散的特点,导致公共文化服务活动参与度不高,效果欠佳。

(四)文化创新活力有待进一步激发

东莞在劳动者文学、打工歌曲、音乐剧创演方面具有一定影响力,但在全国有影响力的作品不多,文艺作品的核心竞争力不强。文化人才生态尚未形成,承载高端文化人才学术载体、生活服务配套严重不足,潮流、文创、设计等行业组织缺失或功能发挥不足。相比于广州、深圳,东莞在文化体制机制创新、资金投入、人才引进等方面存在较大差距，没有形成文艺作品集聚和持续的国内创演高地。

（五）文化产业结构有待进一步优化

东莞文化产业总量庞大，2021年文化产业增加值达637.31亿元，有超3万家文化产业法人单位，文旅产业发展规模位居全省前列，但存在结构发展不均衡、龙头不强、动能不足等问题，文化制造业尤其是印刷业的增加值占全市文化产业增加值的比例偏高，创意设计、数字文化等高附加值和新型业态的规模偏低，缺乏在全国有影响力的龙头项目，文化产业园区的聚合效应不强；以潮玩、印刷包装、服装服饰为代表的东莞潮流时尚产业优势依然集中于生产制造环节，IP端、品牌端等原创开发和运营传播能力相对较弱，未在东莞形成集聚。

（六）文化名片传播有待进一步加强

东莞有着丰厚的历史文化资源，并在改革开放过程中形成独特的发展地位和城市特色，逐渐形成"近代史开篇地、制造业名城、篮球城市"等特色城市符号。但与其他城市相比，东莞在城市名片的价值挖掘、宣传推广等方面缺乏新意，城市文化符号的内涵故事未能充分发掘与传播。如"虎门销烟""篮球"等优质文化名片资源没有发挥应有的影响力，从而导致城市文化符号的辨识度不高、东莞文化名片影响力不彰显。

三 2023年东莞文化发展展望及建议

2023年是贯彻落实党的二十大精神的关键之年，是东莞开展文化强市建设的启动之年。东莞将认真贯彻落实中央关于文化强国建设以及省委关于文化强省建设的部署要求，以"思想引领+文化供给"为主线，聚焦"推动东莞物质文明和精神文明相协调、'双万'城市形象有效传播"两个目标，围绕"科技创新+先进制造"城市特色，秉承"海纳百川、厚德务实"城市精神，建设历史文化、红色文化、改革开放文化、潮流文化、体育文化、莞邑文化、生态文化"七大文化"，打造"近代史开篇地""国际制造名城""潮流东莞""篮球城市"四张名片。进一步完善公共文化服务体系，进一步推动文旅产业高质量发展，进一步彰显文化特色、擦亮城市文化名片，进一步提升文化建设执行力，以文化强市建设推进中国式现代化的东莞实践，推动东莞加快高质量发展，实现千万人口与城市深度融合、共生共荣。

（一）完善公共文化服务体系，推进文化高质量供给

1. 优化文化空间布局

总体布局上，以满足人民群众日益增长的文化需求为原则，立足"黄金内湾"城市门户定位，编制文化空间布局规划，绘制"东莞文化地图"，构建三级图书馆、三级文化馆、两类博物馆、两类美术馆、两级剧院、高品质新型公共文化空间和各类主题馆体系，打造全方位文化设施矩阵平台。硬件建设上，实施"黄金双轴"公共文化设施提升行动，加快建设东莞市博物馆新馆、中国举重博物馆、鸦片战争海防遗址公园，加快推进东莞党史学习教育中心、名人文化中心、篮球文化中心、东莞书城、图书馆二期工程、新东莞体育学校、松山湖展演中心的规划立项和建设，打造文化强市十大文体设施，打造青年集聚新地标。编制"城市家具"建设工作指引，规范城市公共空间景观、功能设施建设。新、改、扩建一批镇（街道）公共文化服务场馆，实现各镇（街道）文化馆按县级标准全达标、图书馆按服务人口数量等级升级改造。实现村（社区）综合性文化服务中心提质增效达标率100%、图书服务点联网全覆盖。创新共建共享模式，打造高品质新型文化空间、城市阅读驿站、"城中村"文化示范点。

2. 推进智慧公共文化服务建设

贴近时代特征，围绕青少年需求，推进"互联网+文化活动"，丰富数字阅读、云展演、智慧导览、网络直播等服务样式，提升活动覆盖面与吸引力。扩大数字文化产品供给，每年制作慕课、短视频等数字产品不少于700个，更新畅销电子图书不少于3万册、听书音频不少于1万小时、培训课程

不少于5000期。整合全市文化场馆、新型公共文化空间资源，建设"一站式"公共数字文化服务平台。健全"订单式""菜单式""预约式"服务机制，支持大型文化设施加强智慧化建设，并打造智慧文化场馆；加强与社会力量合作，开发沉浸式、互动式文化服务体验场景。支持图书馆、文化馆、博物馆、美术馆等基于主流第三方网络平台的公共文化服务模式创新及应用探索，进一步借助微信、抖音、B站、快手、腾讯课堂、阿里钉钉等新型数字工具探索公共文化产品服务的网络社群营销、直播带货、在线培训、创意竞赛等公共文化社群服务新模式。

3. 打造城市文化活动品牌

一方面，大力整合市内外高品质文化艺术资源，统筹镇（街道）公共文化服务品牌，不断扩大和优化"城市文化菜单"品牌目录，实施城市公共文化服务品牌化发展战略，进一步擦亮"文化四季""文化年历""艺起来""时令东莞"等高品质公共文化服务品牌。融入东莞历史文化、生态资源、产业优势等城市符号元素，突破传统文体旅公共服务边界，融入城市生态、生产、生活场景，跨界营造一批主题气质鲜明的文体旅消费和公共服务新场景、新品牌。提质升级时尚文化季、流行音乐节、草坪新年音乐会、中国（东莞）森林诗歌节等城市文化品牌。研究打造滨海湾（虎门）海洋文化艺术节、中国（东莞）动漫设计艺术双年展、"中国工厂"国际艺术节等一批塑造和彰显东莞"年轻、时尚、活力、动感"城市特质的品牌文化艺术节。另一方面，进一步完善"粤港澳大湾区文化和旅游产品采购会"运营机制，打造国家级文旅产品采购公共服务平台，形成文旅公共服务产品资源自由流动、供需无缝对接，线上线下一体发展的"东莞模式"。继续打造东莞非遗墟市粤港澳城际联盟平台，用好"非遗墟市"小程序线上展销平台，拓宽非遗及相关文旅体产品推广销售渠道，推动粤港澳三地非遗公共文化资源产业化、IP化、品牌化开发与转化，打造非遗资源活化利用"东莞模式"。支持东莞图书馆积极承办全国性全民阅读高端论坛和学术年会，支持东莞图书馆参与国家级全民阅读推广规划标准编制和实践创新探索，打造全民阅读"东莞标准"。

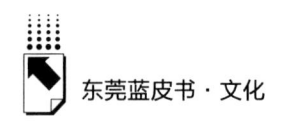

（二）以消费促转型升级，推动文旅产业高质量发展

1. 激发文旅消费活力，提升文化旅游消费品质

东莞是第二批国家文化和旅游消费试点城市。根据《东莞市推进国家文化和旅游消费试点城市建设工作的方案》要求，东莞应进一步提升其文化和旅游消费质量和水平，充分激发居民文旅消费活力。办好"中国旅游日"系列主题活动，推进"东莞礼物"项目，引导电影院高质量发展，打造一批高品质实体书店，加快建设一批重大文旅综合项目，提升城市文旅消费品质。大力推动文化艺术与商业深度融合，围绕重点商业区域，推行"文化商圈"计划，打造一批汇聚艺术展演、阅读分享、沉浸体验等消费业态的现代文化艺术商业综合体，打造体现东莞文化品位和城市风貌的新型文化消费地标。积极培育"文旅+""+文旅"消费新业态，举办"乐购东莞"文旅专题促消费活动，发挥展会拉动文化和旅游消费的作用，支持文化企业和旅游企业通过展会进行产品展示、信息推广。大力推动发展商务会展游、红色旅游、工业旅游、古村镇旅游，推动文化旅游消费升级，积极创建国家级夜间文旅消费集聚区、全国乡村旅游重点村、国家全域旅游示范区。

2. 推动文化产业区域协同发展，做强做大文化实体产业

按照"三心六片"的城市空间布局和"三极三带"的现代产业体系总体布局，强化产业政策激励作用，引导各镇（街道）、村（社区）依托资源禀赋、比较优势和发展空间，明确重点发展领域，推动一批重点文化产业集聚区建设，进一步优化文化产业整体布局。松山湖高新区进一步强化高端要素集聚平台的创新引领功能，大力发展以新一代信息技术等新兴产业为支撑的数字文化产业，促进文化科技融合发展，加强文化共性关键技术研究，建设湾区文化科技产业集聚核。中心城区进一步强化城市文化地标高端符号要素集聚功能，大力发展创意设计、体育赛事、文旅节庆展会等产业，提升城市文化品牌的知名度与影响力，打造城市创意赛事产业集聚核。滨海湾新区进一步强化文化产业湾区未来协同发展集聚核定位，加强数字化应用与融合创新，重点发展数字文化创意、数字设计服务等。依托大湾区国家音乐产业基地建设，支持东莞（塘厦）音乐剧创作基地加强与港澳交流合作，建设音乐剧特色小镇，发展音乐剧产业。推动莞香产业发展，支持寮步、大岭山、茶山等镇（街道）错位协同发展，做强做大莞香产业集群。推动香港、广州、深圳时尚创意与东莞服饰、玩具等制造优势相融合，支持虎门等镇（街道）重点发展时尚文化产业。支持长安、黄江、塘厦、凤岗等临深片区主动对接深圳外溢产业，推动深莞在创意设计、动漫游戏、网络文化、数字文化产业等领域协同互补合作。

3. 加快协同错位布局，推动实现全域旅游

东莞旅游资源分散，应坚持全域旅游发展理念，加快推动全市一盘棋协同发展。一是抓重点布局，布局"一心四区"全域旅游发展空间，大力推进特色文旅项目建设，重点建设"东莞记忆""同沙片区""环松山湖片区""华阳湖"等一批重量级文旅项目，积极推进麻涌、樟木头、清溪、寮步创建省级全域旅游示范区，支持谢岗申报省级全域旅游示范区创建单位，打响"写意东莞"文旅品牌。二是抓特色统筹，多领域发展历史文化、生态、工业、商贸旅游四大业态，高标准策划红色旅游、生态休闲、先进制造等精品线路、旅游产品，充分利用辖区内的森林公园、湿地公园和海岸线，打造"依山、傍水、面海"生态旅游城市品牌。支持利用产业优势开发工业会展旅游项目，积极发展工业考察、商务研学、会展培训、工业观光等项目。依托威远炮台、虎门销烟遗址、鸦片战争博物馆等一批历史文化载体，打造"近代史开篇之地"历史文化旅游品牌。依托南社明清古村落、牛过蓢古村落、石排塘尾古村落文化旅游资源，融入莞香（沉香）、美食、粤剧、龙舟、醒狮、麒麟、客家山歌等传统非遗演艺、手作和节赛资源，打造古村落历史文化旅游品牌。

（三）加强文化遗产保护和活化利用，彰显东莞文化特色

1. 以创建国家历史文化名城带动历史文化保护升级

加快健全国家历史文化名城保护发展领导机制，形成推动历史文化保护利用和现代文化建设的工作合力。推进历史文化名城保护规划编制，补齐城

市规划建设短板，健全并落实文物保护管理与利用机制，推动实现对文物的科学保护和有效监管。深入评估国家历史文化名城创建工作与城市经济社会发展的关系及影响，建立国家历史文化名城保护活化与现代文化名城建设交相辉映、共融共生的创建发展机制，以国家历史文化名城建设推动国土规划、人口规划、产业规划与历史文化遗产保护规划统筹协调。开展全市历史文化名城保护相关立法工作，初步建立历史文化名城保护规划多部门协同联动机制，将文化规划纳入涉及历史文化名城、名镇、名村、街区的城市更新、"三旧"改造等重大城市品质提升规划当中。以创建国家历史文化名城为契机，重点推进象塔街历史文化街区等6个历史文化街区的活化利用，推进文物建筑的保护及开发利用，促进古村落、海洋文化的挖掘保护和综合开发。

2. 深挖红色文化遗产价值，提升红色文化保、宣、教水平

坚持全面保护、整体保护，坚持创造性转化、创新性发展思路，推动革命文物保护利用与东莞中小学教育、干部教育相结合，与东莞乡村振兴相结合，与文化旅游发展相结合，与经济社会发展、民生福祉改善相结合，不断增强革命文化的生命力和影响力。充分挖掘东莞红色文化名人、中国近代史开篇地、华南抗日根据地、东深供水工程旧址等历史文化资源蕴含的红色革命精神与爱国主义教育功能。出台《关于进一步加强革命文物保护利用工作的实施方案》，开展革命文物建档造册工作，加强革命文物修缮维护工作。创新红色文化宣教模式，推动爱国主义教育与红色研学旅游融合发展，打造一条辐射湾区，集教育、文化、研学、体验为一体的"红色东莞"主题历史文化游径。以鸦片战争博物馆、广东东江纵队纪念馆、华南抗日根据地等一批红色文化遗产遗迹和博物馆为基础，引进培育一批"红色东莞"研学导师团队，打造一系列"红色东莞"研学体验课程。

3. 保护认定改革开放记忆标识，传承改革开放文化基因

尽快启动改革开放重要史迹和文物征集保护计划，根据国家文物局印发的《革命文物保护"十四五"规划》，从2023年开始在全市启动改革开放文物的征集保护工作，征集确定重要史迹保护名录，通过专题研究、实

地调研等方式，认定一批东莞改革开放文化地标，并将其作为留存城市记忆的重要载体。进一步弘扬东莞改革开放精神，通过线上线下相结合的方式，在全市组织开展一次东莞改革开放理念观念的"大讨论"和"大推荐"，并将讨论结果凝练升华为东莞改革开放的系列价值理念观念，为新时期深化东莞改革开放提供强大动力。开展改革开放文物遗产展示宣传工作，建立改革开放文化展览展示联动机制，将市展览馆、太平手袋厂陈列馆、茅洲河工业文明展示馆、乌沙社区村史馆等纳入展览展示联盟，统筹向社会推广开放，提供参观服务。创新工业文化体验路径，利用东莞制造业发达的资源条件，依托先进制造企业，创新开展工业文明研学活动，提高市民的文明素养和科学素养，以东莞改革开放以来重要工业遗产、重点镇街、重点企业、重点产品为核心，打造一条"改革东莞"主题历史文化游径。如依托步步高、VIVO、OPPO等先进电子信息企业，开展"小天才科学营"等研学活动；依托散裂中子源科学中心、华为等科创机构企业，开展科创研学活动，推动工业文化、改革开放文化的传播普及。

4. 实施莞邑名人研究计划，打造莞邑"非遗+"品牌

挖掘整理莞邑历史文化名人资源，规划建设"东莞名人文化中心"，建立历史名人和史迹档案文献数据库，集中展示历史名人事迹和精神风采，弘扬传播中华人文精神。制订莞邑古籍文献发掘、保护、研究、推广计划，实施重点古籍出版计划，提升古籍再生性保护和智能化展示水平，发挥古籍在传承和接续历史文脉中的作用。加强组织策划和推广整合，进一步推进"非遗+服务""非遗+生态""非遗+文创""非遗+产业""非遗+旅游""非遗+体育"模式，将粤港澳（东莞）非遗墟市（非遗莞物淘）、粤港澳大湾区公共文化和旅游产品（东莞）采购会、非遗在四区、"江湖山海"非遗系列活动这四大品牌打造成为对粤港澳大湾区乃至全国具有强大辐射力、吸引力和影响力的非遗传承示范平台。加强非遗场景应用，利用元宵、中秋、重阳等传统节日，在可园、迎恩门等极具莞邑文化特色的场所，采用"传统文化+现代科技"表现手法，举办一系列充满非遗元素、呈现莞邑文化之美的文化活动，提升东莞文化穿透力。

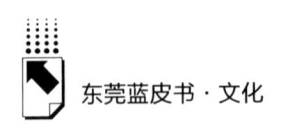

（四）推进体育强市建设，营造全民运动氛围

1. 加快满足体育场地设施需求

整合市镇村三级体育设施，构建"一心四极、山水串联、星罗棋布"的总体布局。高水平建设黄旗南麓文体带，推进市体育中心、滨江体育公园品质提升，开发黄旗山、虎英、同沙等公园的体育功能，打造辐射中心城区的"城市动感绿心"。利用绿道、碧道，串联"江湖山海"生态资源，建设户外运动场、山野露营、水上运动等体育设施，构建群众身边的体育生态圈。开展全民健身场地设施补短板行动，推动基层体育场地设施扩容提质。严格落实新建小区"按照室内人均建筑面积不低于0.1平方米或室外人均用地不低于0.3平方米配备健身场地设施"的规定。充分利用公园绿地、城市空闲地、闲置厂房、建筑屋顶、高架桥底等城市"边角地"，建设类型多样的健身场地，构建"10分钟健身圈"。到2026年，全市新建或改扩建体育公园不少于5个，达成每万人足球场0.9块以上的目标；每个镇（街道）新增5个以上对公众开放的游泳场馆，新增5处以上智能化全民健身路径，争取实现所有镇（街道）都拥有智能化全民健身路径；每村（社区）达成体育用地总面积不少于1500平方米的目标，并完善器材配备。

2. 丰富篮球文化内涵，擦亮篮球城市名片

建设重大赛事主场城市和球迷友好型城市，营造"看篮球，到东莞"氛围。加强与国际篮联、中国篮协合作，引进和承办国际品牌篮球赛事。高水平办好CBA、WCBA主场赛事，支持宏远男篮、新世纪女篮等俱乐部争夺冠军、培育球星。积极承办"体总杯"全国城市篮球联赛、粤港澳大湾区城市对抗赛、广东省篮球联赛、省级以上青少年学生篮球赛等国家级、大湾区顶级赛事。将东莞市篮球联赛、镇村级联赛、学校联赛打造成"现象级"市民活动，繁荣企业、机关、小区等群众篮球赛事。联合潮玩产业打造东莞篮球IP，开发篮球城市文创礼品，在城市公共空间、公共建筑、公共设施增设篮球元素装饰与篮球潮玩雕塑。整体优化东莞篮球中心周边环境，完善生活配套，打造"篮球运动秀带"。推进南城宏远项目改造工作，

建设融合CBA青训中心、篮球文化展示中心、体育休闲街区等多功能的体育综合体。整合篮球文化、篮球名人、篮球产业、篮球赛事各类优质资源，将东莞"篮球城市文化节"打造成全国知名篮球主题节日。

3. 加大统筹协调力度，推动传统体育项目大放异彩

东莞既是国内外闻名的篮球城市，也是国内有名的"游泳之乡""龙舟之乡""举重之乡"。振兴"游泳之乡"，发挥莞籍游泳明星效应，弘扬游泳文化，鼓励社会投资建设运营游泳馆，开展"青少年公益游泳培训""7·16全民游泳健身周"主题系列活动。振兴"龙舟之乡"，推动水乡片镇街成立东莞龙舟联合会，结合"运动+非遗+文旅"把龙舟月、龙舟竞渡活动办好、办出彩。振兴石龙"举重之乡"，建设中国举重博物馆，推动举重以新的运动形式融入全民健身。振兴凤岗"象棋之乡"，打响"杨官璘杯"著名赛事品牌，培育引进象棋大师，建设象棋主题特色广场、酒店、博物馆，打造全国象棋运动高地。支持打造南城、大朗篮球，以及长安马术、塘厦高尔夫、黄江自行车、道滘游泳、麻涌汽车等镇街特色体育项目，创建"一镇一品牌"。

（五）创新城市文化传播，提升城市文化名片影响力

1. 聚焦核心重点，擦亮四张城市文化名片

东莞市第十五次党代会提出"双聚焦""双实现"奋斗目标，深入开展城市形象传播工作，重点打造"近代史开篇地""国际制造名城""潮流东莞""篮球城市"这四张城市名片。根据《东莞市城市形象传播工作实施方案（2022—2026）》文件精神，市委宣传部牵头会同相关部门、园区、镇街，分别建立专项小组，紧密沟通日常动态，实施重点传播项目，打好打响四大形象。"近代史开篇地"专项小组，由宣传、网信、文广旅体、文联等部门参与，建设文旅项目，提升文博水平，发展文创产业，创新宣传教育，打造具有全国影响力和全球知名度的历史文化品牌。"国际制造名城"专项小组，由宣传、网信、外事、工信、科技、人才、人社、市场监管、商务、投促、工商联等部门参与，宣传推介先进制造、科技创新、投资环境、人才

政策，办好松山湖科学会议、全球招商大会、世界莞商大会、城市人才品牌推介会、高层次人才活动周等重点活动，全方位提升东莞制造品牌能级。"潮流东莞"专项小组，由宣传、网信、文广旅体、文联、工信、商务、城管等部门参与，用好城市文化研究中心、潮玩协会等平台，加强对潮流现象的研究、挖掘、梳理和推广，策划打造现象级传播品牌，形成"潮流活动—潮流现象—潮流文化—潮流产业"链条，实现城市品牌价值和经济产业价值双丰收。"篮球城市"专项小组，由宣传、网信、文广旅体、工信等部门参与，加强对东莞篮球人物故事、赛事体系、群众文化、篮球产业等资源的梳理、展示和传播，策划打造现象级传播品牌，不断提高东莞篮球的品牌影响力。

2. 坚定文化自信，创新城市文化传播模式

打造城市品牌形象的关键在于有效传播，要实现从"宣传"到"传播"的转变，树立"无策划不传播"的理念，从利于传播的角度优化内容、形式和渠道，切实提升传播能力。聚焦东莞制造、美食、篮球、生态、名人、古城、传统村落等元素，出版一批城市精品系列丛书，制作一批城市主题纪录片，打造一系列城市对外宣传短片。善用国内外主流媒体平台，创新传播视角，提升城市文化传播效能，建立常态化海外传播机制，以创新视角持续发现和打造东莞城市对外宣传新形象。主动适应新兴网络平台文化传播模式，借助基于微信、抖音、快手、B站等社交媒介平台，引导、培育、孵化一批讲述东莞好故事，展示东莞好形象，传播东莞好声音的特色品牌和网络红人。利用东莞外来人口占比高、传播辐射广的人口结构特点，持续传播"海纳百川""每天绽放新精彩"的东莞形象，对内提升千万人口对东莞的认同感、归属感和荣誉感，对外传达更加立体、丰富、全面的城市品牌形象。

（六）完善制度设计，提高文化建设的执行力

2022年东莞市委市政府先后推出"1+8"政策文件，2023年3月11日，召开推进文化强市建设大会，立足"1+8"政策对未来4年的整体工作进行了系统部署，明确了到2026年的目标任务。文化强市是一项系统工程，

东莞将紧扣"1+8"政策体系，继续优化完善机制建设、融合发展、融入服务、文化大数据、资金保障、人才保障等方面政策，以项目化、清单化、责任化为导向抓好落实，提高文化建设的执行力。

1. 完善细化政策措施，明确文化强市建设的抓手

推进"七大文化"建设是东莞文化强市的重要抓手，在市委市政府出台《中共东莞市委东莞市人民政府关于推进文化强市建设的意见》的基础上，进一步制定"大力打造'七大文化'、增创东莞文化新优势"的实施意见，在政策、机制、品牌、资金、人才方面统筹规划、科学设计，然后针对打造"七大文化"的具体目标、重点方向和主要项目，制定有针对性的实施方案和行动计划；同时，探索建立文化强市建设督查督办机制，落实文化强市建设重大项目责任清单和推进时间表，确保文化建设"全市一盘棋、五年一张图"落实到位。

2. 建立市、镇街统筹协同的运作机制

针对市级层面统筹不足、各镇（街道）和村（社区）各自推进文化建设的现状，建议由市文化强市建设领导小组及办公室牵头，建立推进文化建设的统筹协同机制。对于涉及打造东莞文化的重点项目和重点品牌，经文化强市建设领导小组研究确定后，由市委市政府主办或者指导，协调资源，统筹推进。对于具有相同内容的文化建设项目，采用市统筹策划、镇（街道）和村（社区）协同推进的机制，如龙舟文化、粤剧粤曲、客家文化等，通过整合协作，打造全市性的整体品牌。对于各镇（街道）的品牌活动，可纳入全市统一的文化艺术菜单，统一由东莞发布等媒体向社会发布，形成辖区协同共振效应。

3. 实施东莞文体旅游大数据建设行动

落实国家文化数字化战略、建立国家文化大数据体系的要求，在全市启动实施东莞文化旅游体育大数据建设计划，打通文化事业和文化产业、文化产业和旅游产业、文化产业和体育产业、体育产业和旅游产业，畅通文化旅游体育生产和文体旅游消费、融通文体旅游和科技应用、贯通文体旅游门类和业态，推动文体旅游数字化成果走向网络化、智能化。

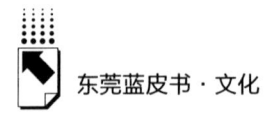

4. 加强建设文化强市的经费保障

加强"东莞市文化发展专项资金"经费保障，扩大经费支持规模，加大经费支持力度，重点支持文化强市建设的文化事业和文化产业重点和品牌项目。加强"旅游产业发展资金"经费保障，用好用活旅游产业发展资金，提高资金使用效益。鼓励各镇（街道）和村（社区）参照"东莞市文化发展专项资金"的做法，设立镇（街道）和村（社区）一级的"文化旅游体育专项资金"，专门用于支持辖区内的文化体育旅游发展项目。用好"体育彩票公益资金"，支持全民健身设施建设和全民健身活动。设立"东莞市文化发展公益基金"，建议先由市财政投入部分资金作为母基金，再向社会募集公益资金；公益基金主要用于促进和实施重点文化的各类保护和传承项目。

5. 强化文化建设的人才保障

进一步落实《关于加强东莞市宣传思想文化人才队伍建设的实施方案》，加强高端人才引进，制定宣传文化人才、高端人才引进和认定标准，并纳入全市人才引进和认定实施范围。设立宣传文化人才特聘岗位，通过特聘岗位的人才使用，突破传统的编制限制，激发人才使用的活力。建立全市宣传文化人才高级职称聘用的统筹机制，重点解决镇（街道）和村（社区）优秀人才难以聘用上岗的瓶颈问题。加大政策资金扶持力度，落实《东莞市青年文艺人才培育与推广实施办法》，鼓励用人主体加大对文化人才的培养力度；创新人才培养评价体系，坚持凭能力、实绩、贡献评价人才奖励人才，充分保障其物质待遇和社会地位，营造重才、尊才、爱才的社会氛围。

文化建设与城市发展

Cultural Construction and Urban Development

B.2 基于文化自信的东莞文化强市建设路径研究

邹 雯*

摘 要： "十四五"时期东莞市在公共文化服务体系构建、文化产业发展规模、文艺精品创作成果等方面取得喜人成绩，但仍存在城市文化定位不够清晰、城市公共文化服务体系不够完善、文化产业结构不够合理、文化辐射力不够强等方面的现实问题。东莞文化强市建设应坚定文化自信，坚定文化强市建设方向；构建高质量城市公共文化服务体系，持续提升公共文化服务水平；优化文化产业发展结构，推动文化产业高质量发展；打造文艺精品，培育"文艺莞军"。

关键词： "双万"城市 文化自信 文化强市

---

* 邹雯，东莞职业技术学院讲师，主要研究方向为跨文化交际、职业教育。

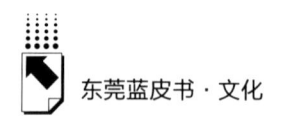

一 东莞文化强市建设的研究背景

文化是一个民族的血脉和灵魂，是一座城市的"主心骨"。进入新时代以来，以习近平同志为核心的党中央强调坚定文化自信，坚守中华文化立场，推动中华优秀传统文化创造性转化、创新性发展。"十四五"时期，文化建设处于全局工作的突出位置，《中共中央关于制定国民经济和社会发展第十四个五年规划和二〇三五年远景目标的建议》及党的十九届五中全会均明确提出到2035年建成文化强国，这对文化发展提出了新任务、新要求、新挑战。

近年来，东莞市围绕"湾区都市 品质东莞"建设，不断推进现代公共文化服务体系建设；创新文化体制机制，培育高质量文化产业人才；优化公共文化资源，打造城市文化品牌，努力建设高品质文化引领型城市。构建人文湾区新格局，在湾区建设中打响莞邑文化品牌。自2016年深入实施《珠三角规划纲要》以来，东莞市稳步推进全国公共文化服务名城、国家历史文化名城、全国现代文化产业名城和岭南文化精品名城建设，取得了显著成绩，文化经济实力逐步壮大。2018年东莞文化产业增加值突破500亿元大关，达到533.49亿元，位居全省地级市第一。2013~2018年，东莞文化产业增加值占地区生产总值的比重从4.38%提升至6.05%，首次迈上"6时代"。[①] 2020年7月3日，学习强国广东学习平台和《东莞日报》以《2013年至2018年东莞文化产业增加值居广东全省地级市第一》为题，报道了东莞文化产业发展情况。2021年，东莞成为广东省第4个经济总量过万亿元的城市。至此，东莞正式站上万亿元GDP、千万人口的"双万"城市新起点，成为全国第十五个"双万"城市。在"双万"城市的新起点上、新机遇下，东莞的文化建设也将迈入新征程。2021年9月东莞制定出台《东莞市文化发展"十四五"规划》《东莞市国家公共文化服

---

① 资料来源：东莞市统计局。

务体系示范区创新发展三年行动计划（2021—2023年）》。2022年1月，东莞市第十五次党代会明确提出"文化软实力持续增强""物质文明和精神文明协调发展"的奋斗目标，强调要全力推进文化强市建设，打造品质文化之都，结合东莞的风土人情、历史底蕴和文化内涵，坚定文化自信，努力塑造与东莞经济地位相匹配的文化形象。2023年3月，东莞召开推进文化强市建设大会，以《中共东莞市委 东莞市人民政府关于推进文化强市建设的意见》为纲领，发布"1+8"政策，明确了东莞文化强市建设的总体要求和主要任务，全方位、多层次、立体化地推进东莞文化强市建设，目标是到2026年，文化及相关产业增加值占GDP的比重要由2020年的5.64%提升至6.5%。

"双万"背景下，如何塑造与万亿GDP城市相匹配的文化强市形象、全面提升城市文化形象的辨识度、知名度和美誉度对东莞进一步坚定"四个自信"、坚定不移地走东莞发展之路、推进现代化建设具有重大而深远的意义。

二 东莞文化强市建设现状研究与分析

"十三五"时期，东莞市围绕建设"湾区都市、品质东莞"的战略部署，以高度的文化自信与文化自觉为基础，以满足人民群众的精神文化需求为出发点，积极推动文化产业供给侧结构性改革，加快文化体制机制改革，促进文化产业转型升级，为人民群众提供高质量内涵式文化供给。

（一）东莞文化强市建设取得的成就

1. 公共文化服务体系不断完善

第一，建设创新型城市图书馆。东莞城市图书馆的管理体制创新和业务创新一直处于全国领先地位，其率先推行总分馆制，对业务进行统筹，是全国最早实现覆盖全市的通借通还服务网络体系。2021年，东莞市公共图书馆服务体系书刊文献外借318.06万册次，同比增长15.47%；新增注册读者

5.3万个，同比增长30.04%。① 东莞图书馆通过总馆、分馆、24小时自助图书馆、图书流动车、城市阅读驿站、绘本馆等多种形态的图书馆网络，实现了覆盖全市的24小时自助借阅服务体系。目前，东莞共有1个总馆、52个分馆、102个图书流动车服务站、445个村（社区）基层服务点、28个城市阅读驿站、18个绘本馆，形成了新时期公共图书馆全面创新服务的新形态。2023年，东莞将新建66个城市阅读驿站、25个绘本馆、75个"我+书房"家庭图书馆、70个阅读加油站（微型图书角）、175个校园班级微书馆。②

第二，立足东莞红色文化，建设红色文博场馆。加强文物保护利用，推动广东东江纵队纪念馆基本陈列全面升级、重新开放，推动鸦片战争博物馆成为2021年全国首批红色基因库建设试点单位，修缮大岭山抗日根据地旧址、中共东莞县委机关旧址等15处红色文化圣地，打造一批党史学习教育重要阵地。营造浓厚的党史学习教育氛围，整合发布10条"走读红色东莞，坚定理想信念"红色主题旅游路线。"红星照南粤——东江纵队历史画卷与美术研究专题展"获评2022~2023年度广东省美术馆青年策展人扶持计划项目。

第三，持续博物馆之城建设，东莞促进传统历史文化绽放时代新芳华。目前，东莞全市共有53座博物馆，其中非国有博物馆36座，国家三级以上博物馆达10座，数量位居全省第2。鸦片战争博物馆获评国家一级博物馆。东莞正在逐步构建市、镇、村三级立体化博物馆网络，促进国有博物馆与非国有博物馆相互补充，多行业和多种所有制博物馆全面发展。

2. 文化产业快速发展

第一，东莞文化产业体量持续增大。2016年以来东莞文化产业增加值保持逐年较快增长的良好态势，2016年实现增加值340.27亿元。第四次全国经济普查数据显示，东莞市2018年实现文化产业增加值533.49亿元，居全省第3位，居全省地级市第1位，占全市GDP的比重达6.05%，文化产业成为经

---

① 资料来源：《东莞市文化发展"十四五"规划》。
② 资料来源：《东莞市文化发展"十四五"规划》。

济支柱产业。2020年，东莞文化产业增加值为549.83亿元，居全省第3位，占全市GDP的比重为5.64%；2020年体育产业总产出562.91亿元，经营单位主体数量居全省第3位；2021年东莞市实现旅游总收入379.58亿元，居全省第3位。预计到2025年东莞文化产业增加值占GDP的比重达6.5%。① 东莞文化产业增加值大幅跃升，东莞文化产业发展实现新跨越。

第二，东莞文化产业单位数量增长显著。东莞市政府颁布并有效实施一系列引导扶持文化产业的政策，文化产业单位数量爆发式增长。2018年东莞文化产业法人单位数31021家，仅次于广州、深圳，占全省文化产业法人单位的10.42%。从产业类型来看，文化制造业、文化批发和零售业、文化服务业的法人单位数增长均超过1倍。2018年东莞文化服务法人单位17575家，与2013年相比增长123.71%。2020年，全市规模以上文化及相关产业法人单位1038个，与2012年相比增加614个，增长144.8%。② 文化产业单位数量的激增证明了东莞文化产业正以蓬勃之势迅速发展。

第三，文化产业体系日趋成熟。东莞已初步形成动漫及衍生品、印刷包装等优势产业，以及以演艺娱乐业、大众传媒业、文化旅游业、出版发行业和艺术教育培训业等为主干的文化产业体系。中国国际影视动漫版权保护和贸易博览会、中国（广东）国际印刷技术展览会等展会的影响力逐年增强。东莞现有1个全国版权示范单位、1个全国版权示范园区（基地）、3个省级文化产业园区、2个省级文化旅游融合示范区、3个省级全域旅游示范区、11个省级版权兴业示范基地，荣获"全国版权示范城市"称号。到2025年，东莞将打造1个国家级文化产业园区，4个省级文化产业园区。③

3.文艺精品创作硕果累累

"十三五"期间，东莞各类原创文艺精品、文艺创作呈现百花齐放、生机勃勃的崭新气象。第一，全市各类文艺创作基地蓬勃发展。东莞（塘厦）打工歌曲创作基地、东莞（塘厦）音乐剧创作基地、东莞（常平）小戏小

---

① 资料来源：东莞市统计局。
② 资料来源：东莞市统计局。
③ 资料来源：《东莞市文化发展"十四五"规划》。

品创作基地、东莞（茶山）乡谣音乐创作研究基地等文艺创作基地先后组建成功。《东莞市重点文艺创作基地扶持暂行办法》《东莞市文化名家工作室扶持暂行办法》等政策的落地为这些基地"保驾护航"，全市有11个项目入选东莞市重点文艺创作基地。

第二，文艺精品全面开花。历史题材电视连续剧《袁崇焕》、少儿舞蹈《乐土》、群口快板《酌贪泉》、首部本土题材原创音乐剧《虎门销烟》、曲艺作品《羊续悬鱼》等一批文艺精品荣获群星奖、中国曲艺牡丹奖、金钟奖、全国民族民间精品舞蹈展演等国家级重要奖项。2021年6月，"百年征程百图纪实——东莞市庆祝中国共产党成立100周年美术创作工程"成果亮相。2022年，东莞市文联共获得国家、省、市各类奖项2156项。原创广播剧《只要祖国需要》、长篇报告文学《血脉：东深供水工程建设实录》、歌曲《中国就是中国》获得广东省"五个一工程奖"。这些文艺精品是向全国传播东莞文化、弘扬东莞精神、宣传东莞城市文化形象的有力名片。

（二）东莞文化强市建设过程中存在的不足

1. 城市文化定位不够清晰，城市文化符号的辨识度不够高

东莞文化植根于岭南文化。随着时代和经济的发展，东莞形成了岭南文化、莞香文化、东莞制造、东莞篮球等具有东莞特色的城市文化符号，但是"特色"不够显著，在接纳湾区文化气息的同时，与大湾区其他城市面临同质化竞争，较难形成固定的文化形态。城市之间应差异性发展，找准自身定位。因此，东莞应从岭南文化、湾区文化中汲取氧分，融合东莞地方特色，挖掘东莞城市文化符号的内涵并进行有效的传播，谋划东莞文化产业在人文湾区建设发展定位，增强东莞城市文化在粤港澳大湾区和全国的影响力。

2. 城市公共文化服务体系有待进一步完善，服务能效有待提高

第一，东莞市实施市镇两级管理体制，镇街之间的面积、发展定位、管理制度、经济发展、发展规划相对独立，公共文化机制创新力度不够。公共文化服务存在不平衡不充分的问题，社区文化、公民文化的多元治理水平有待提升。部分镇街多样化文化服务能力有限，人员配备未达标准，专业技人才缺乏。与大湾区的广州和深圳等文化发展标杆城市相比,东莞现有的文体设施空间与人口占比仍存在较大落差。公共文化服务分布不够均衡,供给服务功能与资源未能充分激发。部分镇街馆设施老化,缺乏专业的功能空间,公共文化服务活动形式单一,内容比较粗放。

第二,文体设施的规划建设布局不够科学合理,缺乏大型公共文体设施、标志性文体建筑的统筹建设规划。东莞的市级大型公共文体设施多数集中在市中心区域,六大片区的区域性公共文体设施的规划建设滞后,缺乏相关的文体设施配套。

3. 文化产业结构不够合理,需要进一步优化产业结构推动文化产业高质量发展

从东莞文化产业的增加值与文化产业的 GDP 占比来看,文化产业已经成为东莞经济的支柱产业之一,但是产业结构比例不够合理。从文化产业增加值占比来看,文化制造业增加值占全市文化产业增加值的 70% 以上,占比偏高。与此同时,广告设计、文创产业、数字文化、互联网信息服务等高附加值、新型业态规模偏小。此外,东莞缺乏具有影响力的本土龙头文化企业和文化龙头项目,文化产业园区聚合效应不强。

4. 文化辐射力还不够强,文艺精品、文化"莞军"、文艺"领军"相对缺乏

经过多年的发展,东莞文化作品异彩纷呈,但是其发展模式、作品的原创性、本土性、东莞艺术创作创新模式仍有待提升。历年来,东莞市作品创作数量颇为可观,但缺乏精品佳作,在全国层面产生重大影响的作品较少,仍然缺乏地域特色和品牌优势。虽已培养和形成一批有实力的文艺创作骨干,但仍然缺少在国内、省内文艺界有较大影响的领军人物。

三 基于文化自信的东莞文化强市建设路径研究

(一)坚定文化自信,把握文化强市建设的方向

作为粤港澳大湾区的重要节点城市,东莞的文化特色、文化行为和文化

情怀的深度传承、挖掘、开发和传播尤为重要。为避免城市间同质化竞争，突出东莞的本土特点和文化特色，从根本上来讲，坚定文化自信，大力培育和践行社会主义核心价值观，进一步培养东莞精神和东莞价值观尤为重要。

1.弘扬东莞城市精神，培养东莞价值观

应根据东莞文化的生成渊流进行深入研究，理解东莞文化的主要构成部分——"岭南文化""莞邑文化""都市文化""湾区文化"的内涵，重点发掘以"东莞制造"为代表的工匠精神、创新改革精神，以"东莞篮球"为代表的团结拼搏、奋斗进取精神，和以"东莞名人"为代表的爱国敬业精神、务实精神等。应围绕历史文化、红色文化、改革开放文化、潮流文化、体育文化、莞邑文化、生态文化"七大文化"，深入推进国家历史文化名城建设，打造高质量内涵式城市形象宣传产品，点亮东莞"国际制造名城""潮流东莞""篮球城市"的城市文化名片，彰显东莞文化底蕴，弘扬东莞城市精神。

2.发展本土文化品牌，提升东莞城市文化形象的辨识度

建设文化强市应该注重城市精细化、个性化的特质定位。东莞本土文化的发展和盛行是文化自信重要的一部分。根据东莞的文化源流和内涵，东莞市以"十大工程"为引擎，致力于打造具有东莞文化特色的IP，例如传承岭南文化、绽放传统美学的"莞香—老街—古村"IP，传承红色基因、赓续红色血脉的"虎门销烟—华南抗日—改革开放"IP，守护城市文脉的"名人名史"IP，彰显魅力智造的"东莞制造"的城市标杆产业IP，引领城市运动精神的"东莞篮球"IP等，并通过这些文化IP，打造高品质文化IP和文化产业，全面提升东莞城市文化形象的辨识度、知名度和美誉度。

（二）构建高质量城市公共文化服务体系，持续提升公共文化服务水平

公共文化服务水平是对一个城市或地区文化发展和建设的综合性评估。东莞作为全国首批"国家公共文化服务体系示范区"，应在公共文化服务水平、公共文化服务创新机制、公共服务标准化等方面起到示范和标杆作用。

1. 升级公共文化设施网络，提升基层文化设施建设

针对东莞的市镇两级管理体制对公共文化建设规划带来的不便，全市根据各镇街的发展特点，结合粤港澳大湾区文化产业分布和区域交通一体化，在现有的公共文化设施体系基础上，统筹文化空间布局，推动重大文体设施协同化、差异化布局，解决各镇街之间公共文化建设发展不平衡的问题。促进全市六大片区统筹规划建设图书馆、博物馆、文化馆、体育中心、歌剧厅、会展中心、国际交流中心、社区综合文化服务中心等，并打造地标性文体建筑，努力实现市、区、街道、社区四级公共文化设施全覆盖，完善各片区、各镇街文化设施建设，提升文化服务的能效，最终形成"中心引领、片区协同、多点开花"的文化发展新格局。加大文艺精品、高水平体育赛事等高层次文化供给力度，满足市民群众不断增长的精神生活需求。

2. 推动公共文化数字化建设，提升公共文化服务智慧化水平

近年来，高密集度、高体验性的文化产业受到了巨大冲击，极大地改变了传统文化消费的空间和产品形态。电子文化产品的形态更加多元，数字阅读、数字教育、数字娱乐等各种互动升级，实现业务增长和商业模式创新，以"互联网+"为基础的文化新业态得以持续增长。面对新的文化消费需求和文化消费空间，应探索建立"云上"图书馆、文化馆、博物馆、美术馆，实现线上线下公共服务一体化发展。进一步完善"文化莞家"云平台建设，拓展"云阅读""云展览""云课堂"等新型数字文化服务场景。鼓励文化企业和网络平台创新和探索公共文化服务模式，进一步开发公共文化产品服务的网络营销、直播带货、在线培训、创意竞赛等新模式。

3. 创新公共文化服务体制，提升市民在莞文化获得感

政府应引导多元社会力量参与公共文化服务，实现群策群力、普惠共享。改变单打独斗的思维，整合社会力量，健全公共文化服务群众需求征集与意见反馈机制，完善公共文化服务绩效考核与评估机制并创新参与方式，探索提供民众参与人文城市建设的制度化、程序化的途径。注重培育社区文化，激发"社区+艺术+产业"的组合效应，打造"政府主导、社会参与、重心下移、共建共享"的公共文化服务供给良性发展生态。丰富以人为本

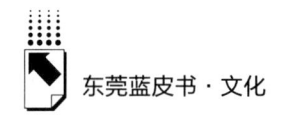

的文化内涵，满足人民日益增长的美好生活需要。举办"共享文化年"活动，打造"100个共享文化空间""100个共享文化活动""100个志愿代言团队""100个共享文化产品"这"4个100"共享文化项目，充分利用海量社会文化资源。

（三）优化文化产业发展结构，推动文化产业高质量发展

文化产业的结构调整和产业升级是文化强市建设的重头戏。建设文化强市要求文化产业进行数字化转型升级，实现高质量发展。这无疑需要政府通过整理现有资源，进行文化产业结构调整。同时，引入现代产业技术，完善产业供应链，借助新技术不断拓宽文化产业的传播渠道与场景，逐步打造东莞产业特色，推动文化产业高质量发展，为东莞经济的增长提供强有力的文化支撑。

1. 促进文化产业结构转型升级，培育文化产业新业态

当前，东莞文化产业中文化制造业增加值占全市文化产业增加值比例偏高。东莞的传统优势产业是制造业，其拥有先进的生产技术，应将生产强项应用到文化产业中，将印刷、文化装备、玩具等文化制造业做大做强。聚焦印刷包装、创意设计、动漫游戏、数字文化等重点领域，培育具有重大影响力和市场竞争力的本土文化企业。培育文化产业新型业态，推动"直播+产业""互联网+产业""数字经济+产业"发展。利用AI、云计算、5G等新技术，并融合XR等多种新业态，打造沉浸式文化展示场景，实现科技感满满的文化体验。积极发展网络直播、新媒体等新型业态。

2. 推动产业改革创新，大力发展本土文化创意品牌

激活产业改革创新链，提升"引进来"与"走出去"水平。在东莞现有的文化布局和文化本土品牌的基础上，加大文化产业的创新力度，开拓具有东莞本土文化和本土特色的文化产业市场。通过"引进来"吸引创新力量，形成集群效益，让东莞的本土创意品牌"走出去"。通过梳理原创文化生态、基础文化教育和文化创意产业之间的关系，大力建设和打造东莞原创创意设计品牌。借力高标准、高质量的本土原创品牌吸引更多湾区乃至全国

的高端创意设计资源。同时大力发展本土创意设计品牌，推动国家级和省级设计中心建设，加快汇聚国内外创意设计资源，提升制造业附加值和竞争力。打响"东莞动漫"品牌，以内容为核心，打造动漫、游戏、电竞、衍生品开发等动漫全产业链。

3. 推动文化产业区域协同发展

应根据东莞的行政区域划分和各片区、各镇街的地理位置、发展规划和文化产业特点进行重点文化产业集聚区建设。例如，中心城区应打造和发展代表东莞城市文化的地标建筑和创意产业，滨海湾新区则应注重发展数字文化创意、数字设计等文化产业新业态，松山湖片区应大力发展以新一代信息技术等新兴产业为支撑的数字文化产业，促进文化科技融合发展，加强文化共性关键技术研究，提高湾区文化科技产业集聚力。东南临深片区应重点对接深圳产业资源，推动深莞创意设计、动漫游戏、数字文化等产业的协同合作。东部产业园片区则应重点发展莞邑革命、红色文化产业。水乡新城片区则应突出水乡文化特色，大力发展水乡民俗文化体验等特色休闲旅游业。全市应按照"三心六片"的城市空间布局和"三极三带"的现代产业体系总体布局，进一步优化文化产业整体布局。

（四）打造文艺精品，培育"文艺莞军"

文艺精品是城市文化的重要标识，是城市人文精神和文化实力的生动体现。多年以来，东莞一直努力扶持和打造文化精品，充分发挥重点文艺创作基地的示范和引领作用，用丰硕的文艺成果为"品质文化之都"提供更有力的价值引导、精神滋养和思想启迪。但是目前东莞在文化精品方面，尤其是人文社科领域暂无过硬的成果。

1. 加强政府扶持引导，构建"文艺矩阵"

突出政府牵头作用，加大对文艺创作基地的扶持力度，加强基地管理制度，并从全市层面进行文艺创作项目的总体性规划引导，调动和鼓励文艺创作基地加强创作和交流，提升文艺原创力，不断提高"品质文化之都"的精神高度和人文向度。丰富文艺创作的涵盖范畴，让文学、文艺评论、音乐、舞蹈、戏剧、曲艺、美术、摄影、影视、动漫等多个艺术类别都能够全面发展，重点开花。加大对重大题材、本土历史文化题材创作的扶持力度，进一步扩大文艺精品扶持资金资助范围，构成东莞艺术版图下的"文艺矩阵"。

2. 培育文艺人才，建设"文艺莞军"

为夯实文化强市建设人才之基，落实"是人才、进莞来"的人才强市战略部署是东莞实施文化强市的重要举措。要加大文化艺术人才引进和培养力度，通过实施人才保障计划、柔性引育计划、人才数字计划，梳理各相关单位、镇街需求，吸引聚集更多造诣深厚、影响广泛的宣传文化名家、领军人才。通过更完善的扶持和激励机制，让文艺人才深入基层研究东莞城市内涵，深挖历史底蕴，在重大题材上创作出具有全国影响力的作品。此外，培育推广东莞青年文艺人才，以"名人+宣传""名人+市场""名人+项目""名人+智库"等形式，提升东莞文艺创作知名度和影响力。坚持打造高水平文艺人才队伍，搭建人才聚集平台，完善梯度培养机制，建设一支有思想、有操守、有水平、有担当、德艺双馨的新型"文艺莞军"。

3. 锻造文艺精品，讲好东莞故事

文艺精品是对外宣传东莞文化和城市形象的一张名片。坚持以"强项突出，高原显现"的精品创作为抓手，重点并精准扶持有思想、有高度、有特色的文艺项目，孵化出在全国、全省有一定影响力的精品力作。文艺创作应围绕东莞市"重大题材创作扶持计划"、"东莞文脉"题材创作扶持计划、"镇街动漫IP代言计划"、"东莞记忆"城市文旅演艺计划有序开展，点亮东莞文学创作品牌，培育演艺精品创作生态，翻开讲好中国故事、湾区故事、广东故事的东莞新篇章。

结　语

21世纪以来，作为岭南文明发祥地之一的东莞经历了从"文化新城"建设到"文化名城"建设，再到"文化品质之都""文化强市"建设，其文化事业得到了长足的发展。站在"三区叠加"、"双万"城市、"湾区都市"的新起点和重大战略机遇背景下,新时代文化建设的新使命、新任务对东莞文化建设提出了新要求。自"十三五"以来,东莞市坚持以习近平新时代中国特色社会主义思想为指导,坚定文化自信,高度重视文化建设,在提升公共文化服务效能、完善公共文化服务体系、增强文化产业综合实力、打造具有东莞特色的文艺品牌和文艺精品建设等方面取得了显著的成绩。但是和粤港澳大湾区内的广州、深圳等标杆城市相比,东莞在文化定位、文化机制、文化设施和文化产业结构上仍然较为薄弱。因此,在接下来的文化建设战略部署中,东莞市的文化建设应以党的"十四五"规划中关于文化强市建设的战略部署为指导,深入学习和全面贯彻习近平总书记关于文化工作重要论述和重要指示批示精神,进一步增强文化自觉,坚定文化自信;拓展文化资源,完善公共文化服务体系;加强文化人才培育,提升文化服务能力;创新文化产品类别,增强文化辐射力;推动东莞文化繁荣发展,实现文化建设与经济建设同步、同频发展,为东莞高质量发展提供强有力的文化支撑。

B.3 "双万"背景下东莞本土文化与移民文化多元融合发展研究[*]

王海洋 戚干舞 陈嘉仪[**]

摘　要： 本文立足于东莞"双万"背景，基于共生文化理论与公共文化的理论视角，运用扎根理论的研究方法，对本土文化与移民文化的多元融合发展进行了探究。首先，基于对东莞改革开放40多年来由乡土社会向现代工业社会变迁的历史考察，发现东莞本土文化整体朝着共同文化的向度发展，这成为东莞本土文化与移民文化融合的重要前提。其次，总结提炼了东莞本土人与外地人的"阶层分化"及"空间区隔"、社会支持系统的"强弱悬殊"、社会参与的"机会、资源与权力不均"等影响东莞本土文化与移民文化多元融合发展的核心难题。最后，提出了构建互助体系，提升城市建设的参与感；挖掘城市记忆，构建历史认同感；铭刻社会变迁，塑造发展成就感；完善公共服务，提升市民获得感等建构东莞共生文化体系的对策建议。

关键词： 本土文化　移民文化　公共文化　共生文化体系

---

[*] 本文系2022年东莞市哲学社会科学规划课题"'双万'背景下东莞本土文化与移民文化多元融合发展研究"（编号：2022ZD07），东莞理工学院东莞社会治理研究专项一般课题"社会工作参与市域社会治理的实践经验与创新路径"（项目标号：2021SHZLYB01），以及东莞理工学院首批新工科、新文科研究与实践项目"新文科视阈下社会工作国家一流专业建设研究"阶段性研究成果。

[**] 王海洋，博士，东莞理工学院法律与社会工作学院副院长，特聘教授，硕士研究生导师，主要研究方向为社会工作实践知识与行动研究；戚干舞，广州市洋城社会工作服务中心督导；陈嘉仪，广东省东莞市沙田镇公共服务办中级社会工作师。

一 研究背景

站在"两个一百年"奋斗目标的交汇点上，东莞迈入"万亿 GDP+千万人口"的"双万时代"。新起点赋予新使命，新征程争创新荣光，全新的发展阶段由此开启。外来人口是东莞城市发展和建设的重要力量，这股力量还在不断地增长。《东莞统计年鉴2021》的数据显示，截至2020年底，东莞市户籍人口仅263.88万人，非户籍人口达到了784.48万人。东莞的千万常住人口中绝大多数为外来人口。外来人口和东莞本地居民共处于城市空间中，他们形成了相互竞争又相互依存的关系。外来人口的社会融入问题是事关城市发展的重要问题。如何让老一辈、新生代外来人口有序流动、逐步融入城市生活，并且实现由农民身份向居民身份的转变，是东莞推进城市发展的重要课题。

作为本地人的"老莞人"包括广府人、客家人等，其具有独特的文化特点，与"新莞人"的移民文化形成了鲜明的"区隔"。"新莞人"来自五湖四海，有着与"老莞人"不同的历史轨迹与文化认同。基于原有的文化差异，加上因工作和生活的隔离而难以消除文化隔阂，难免发生文化冲突。这种"区隔"有悖于东莞的发展理念，阻碍东莞开启新发展阶段、实现融合发展、推进治理体系和治理能力现代化等。因此，如何破解本土文化与移民文化的"区隔"，实现千万人口的共生共荣是一个重要的研究课题。把区域文化嵌入共生文化体系中来，实现与社会发展的整体性对接，是应对现代化引发的社会结构变迁及群体结构重组的重要方式。文化作为跨群体融合的基石，是人们相互认同的基础，只有相互认同，才能真正共建共生文化体系。共生文化体系构建可以使不同地域、不同阶层、不同地位、不同社会角色的人群实现融合发展，推进"产城人"的融合发展。

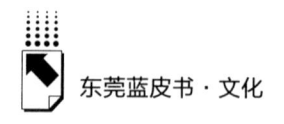

二 理论基础：文化共生理论与公共文化

本土文化与移民文化的融合需要逐步发展。首先，工业化进程中东莞本土文化与移民文化"接触"，这是文化融合的前提。其次，由跨越边界所引起的文化杂合，是现代化进程中东莞文化长期存有的状态。移民文化（Migrant Culture）跨越人为划定的地理疆界，彼此聚合，你中有我，我中有你，形成疆界文化（Border Culture）。① 再次，东莞本土文化与移民文化的"撞击和筛选"是文化融合需要解决的问题。每种文化都具有表现自己和排斥他种文化的特性，两种文化接触后必然发生撞击，并在撞击过程中进行社会选择。最后，东莞本土文化与移民文化的"整合"，以原来的两个文化体系中选取的文化元素，经过调适整合后融为一体，形成一种新的多元文化② 有机体系，这是本土文化与移民文化融合的应然追求。

本文引入公共文化中的"文化"概念，这是一种构建发展的文化理论。首先，这种文化以全球化、多元化为背景。其次，其强调文化应当突出公共性。再次，其强调公共文化是指向未来的理性建构，即虽以现有的社会心理为基础，但不能沉湎于过去的情感表达，不能借文化差异来否认他人拥有我们所享有的权利。最后，其强调文化历史构建的动态过程。文化并不是一成不变的，而是在社会、文化、价值观念、习俗传统的交织中处于动态建构的过程。应坚持尊重差异的原则、包容性原则与平等原则。

从宏观的角度来看，文化可以分为物质文化、制度文化、行为文化、观念文化。不同民族文化在上述四个层面多有显著的差异。但就东莞而言，其作为一个地级市，难以在物质文化、制度文化、行为文化、观念文化等宏观方面表现出显著的文化特殊性。因此，本文更多地侧重微观层面

---

① 马明蓉：《国内离散译者研究综述（2006-2017）》，《天津外国语大学学报》2018年第2期。
② 多元文化主要是指土著文化、殖民文化以及移民文化相互碰撞、相互交融、平衡相变、协调发展而形成的有机的系统性文化。

的文化界定。广义而言，东莞本土文化属于岭南文化，包括广府文化和客家文化。克罗伯和丹尼尔将文化界定为通过生活方式及趣味所表现出来的社会或个人的独特的价值观体系。① 有学者也将深圳文化界定为"深圳人区别于其他地方人的生活方式与价值观念"。② 本文将东莞本土文化界定为改革开放之前，户籍或长期定居东莞的人所具有的独特的价值观念、生活方式以及社会规范等。东莞本土文化是东莞人区别于其他地方人的文化特质，是东莞本土人较为独特的价值观念、生活方式以及社会规范。东莞移民文化是指在东莞生活中生成的、被大多数外来人口所接受的制造业城市的生活方式和价值观念。一般而言，"移民文化是指移民社会特有的文化形态，移民社会是指那些外来人口占社会总人口的比重在 50% 以上，且外来人口影响社会生活的各个方面的地区"③。"移民文化特征是指因人口迁移而为特定的地域、人群及其文化品质带来的特殊表征。"④ 有学者研究上海的移民文化，指出上海"新市民文化"是指从外地到上海、从农村到现代大都市，逐渐融入上海市民生活过程的移民文化。⑤ 东莞的移民形式主要是从内地向东莞的移民、从农村向城市的移民，改革开放以后，东莞作为"世界工厂"引发了从内地（主要是农村）向东莞流动的民工潮。东莞作为改革开放的前沿城市，引进外资，发展社会主义市场经济，探索现代工商业发展模式，流入人口的政治经济生活发生了深刻变化。因此，东莞的移民文化主要是指改革开放以来，随着东莞制造业的发展，外地来莞务工（就业）人群在东莞生活中生成的、被大多数外来人口所接受的、制造业城市的生活方式和价值观念。

---

① 刘国红：《深圳移民文化及其精神》，《深圳大学学报》（人文社会科学版）2001 年第 2 期。
② 刘志山主编《移民文化及其伦理价值》，商务印书馆，2010。
③ 辜胜阻、杨嵋、庄芹芹：《创新驱动发展战略中建设创新型城市的战略思考——基于深圳创新发展模式的经验启示》，《中国科技论坛》2016 年第 9 期。
④ 黄涛：《深圳移民文化特征的理性反思》，《特区理论与实践》2003 年第 4 期。
⑤ 陈思和：《谈谈上海文化、海派文化和上海文学、海派文学——答〈上海文化〉问》，《上海文化》2021 年第 2 期。

三 "双万"背景下东莞本土文化与移民文化多元融合发展的机遇与挑战

东莞本土文化与移民文化融合发展依托于东莞由乡土社会迈向现代工业社会的本土文化变迁。史蒂文森认为"我们正处在一个前所未有的文化社会当中"①。市民的身份认同越来越与文化问题关系密切。换句话说,对"文化"的理解是我们解读城市发展的重要砝码。首先,理解本土文化的处境及时代挑战:本土文化本身在弱化和消失。本土文化原本在当地的经济发展中起到很大的作用,但在现代化和全球化推进的过程中遭遇冲击,不能及时转型,导致有部分本土文化被一些本地人"固守",但其继承和发扬艰难。其次,移民文化的处境及时代挑战表现为本土文化抵触和现代化文化发展的双重夹击。原本移民人口是为了寻求更好的发展来到东莞,一方面遭遇到本土文化的冲击,另一方面同样也受到现代化和全球化的冲击,在这样的双面夹击下,很多移民人口对本土文化的认同感并不强,甚至与本土文化造成"区隔"。由乡土社会迈向现代工业社会的共同历程,为弥合"区隔"、创造融合提供了历史基础。

(一)东莞本土文化与移民文化多元融合发展的机遇

1. 中华民族多元一体的文化共同性基础

中华文明上下五千年连续不断,在世界文明中绝无仅有,究其原因是中华民族崇尚和谐,"和文化"一直是各民族交往交流交融的基础,其中蕴含着"天人合一"的宇宙观、"协和万邦"的国际观、"和而不同"的社会观,以及"人心和善"的道德观。② 对于中国人来说,以和为贵、与人为

---

① 〔英〕尼克·史蒂文森:《文化公民身份:全球一体的问题》,王晓燕、王晓娜译,北京大学出版社,2011。
② 习近平:《在中国国际友好大会暨中国人民对外友好协会成立60周年纪念活动上的讲话》,《人民日报》2014年5月16日。

善，信守和平、和睦、和谐，是生活习惯，更是文化认同。中华民族多元一体，东莞本土文化与移民文化具有文化共同性，多元融合具有历史基础和现实基础。费孝通先生认为中华文化的特点是"各美其美，美人之美，美美与共，天下大同"。东莞本土文化与移民文化的文化共同性基础体现在以下几个方面：第一，具有相似的历史文化积淀、基本相同的社会结构、相似的文化环境，不同群体之间具备相互理解、相互包容的基础；第二，从语言、生活习惯、价值观的角度看，具有很多相通的成分，不会形成不可调和或者本质冲突的社会差异；第三，东莞本土文化与移民文化均具备中华民族吃苦耐劳的优良传统，双方都积极参与城市发展过程，并作出了一定的贡献，同时基本上都相互认可；第四，均具备中华民族谦卑、开放、包容的胸襟和美德，都认可多元融合、协力共进的必要性。

2. 东莞现代化过程中本土文化与移民文化共生共长

移民文化是现代化、工业化、都市化进程的产物，东莞城市发展史是东莞现代化、工业化、都市化进程中本地人口和外来移民相互磨合的"创业史"。1978年之前，东莞约80%的劳动力从事农业生产，绝大部分地区都是农村，几乎没有工业，也没有外来移民。1978年7月，太平手袋厂成为全国首家"三来一补"企业，由此开启了东莞从传统南方农业县发展成为今日的现代科创制造名城之路。东莞抓住国际产业调整和国家对外开放的机遇，"市、镇、村和个人一起上"。解放思想推动形成改革开放、创新创业的浓厚氛围，不断地推动东莞农村工业化、城市化和产业现代化、经济国际化进程。[①] 在这个进程中，农民向城市迁移，农业向工业转型，农村向都市发展，客观上推动了本土文化的发展，也促进了移民文化的形成。外来人口在东莞创造工业奇迹的同时，在此生活并了解东莞文化，融入东莞的发展。在40多年的时间里，东莞本土文化与移民文化接触、碰撞、理解、包容、共生共长，共同推动了东莞经济社会的快速发展。这种共生共长为多元文化

---

① 王道平、叶泽驹、王思煜、梁志斌、胡雪彬：《东莞模式：成功与启示》，《东莞日报》2008年12月23日。

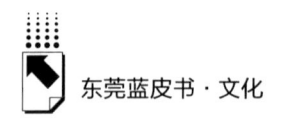

融合发展奠定了坚实的基础。

3. 大湾区城市群多元文化融合发展的实践经验

东莞地处粤港澳大湾区城市集群，广州、深圳等城市已在多元文化融合方面做了大量的创新实践，东莞可以根据自身的实际情况以及发展需求，广泛借鉴广州、深圳多元文化融合发展的成果，利用后发优势，大胆创新，实现本地多元文化的有效融合。广州作为岭南文化的中心，将城市文化作为促进城市转型发展的核心和动力，将岭南文化所具有的开放性、兼容性、多元性等特点，转化为对本土文化和移民文化多元兼容发展的城市文化政策。为推动城市本土文化与移民文化多元融合发展，广州全面推进公共文化服务体系建设，比如实行文化惠民工程，基层文化设施网络形成全覆盖，为城市本土文化与移民文化交流、融合、发展提供了广阔的平台。形成了城市"10分钟文化圈""农村10公里文化圈"等，在文化圈内，无论是本土文化还是移民文化都能获得充分的发展。深圳自2003年提出"文化立市"以来，其多元文化融合发展良好，为城市持续健康、稳定和谐发展奠定了重要基础。比如出台一系列公共文化服务体系政策，在政策中对本土文化、移民文化同等重视，多元文化融合发展良好。又如组织开展文化公益活动，如"深圳大剧院艺术节""中外艺术精品演出季""外来青工文体节"等，通过有效引导，多元文化得到融合发展。东莞本土文化与移民文化的融合路径虽然与广州、深圳等城市不同，但存在很多相通的地方，如本土文化中都具有岭南文化的特色，移民文化中具有多重相似之处。因此，可以通过借鉴广州、深圳等大湾区城市群多元文化融合发展的经验，推动本地多元文化融合发展。

（二）东莞本土文化与移民文化多元融合发展的主要挑战

1. 东莞本地人文化变迁适应与外来人口社区治理难题

东莞本地人文化在城市化、工业化、现代化过程中，随着经济方式、居住环境、社会互动的变化，在短期内发生了极大的改变。在这个过程中本地人文化变迁适应与外地人流动管理是一个相互叠加的过程。一方面，本地人需要面对新邻居的不熟悉、休闲娱乐的活动空间缩减、工业化带来的社区变迁所引起的一系列生活方式的不适应；另一方面，短期租赁的方式增加了社区的人口复杂化，不同地域、不同职业、不同年龄、不同户籍的人口在社区管理上面带来麻烦的同时也改变了社区人员的邻里关系以及社区文化。社区人口流动性大，外来人口的生活方式、行为习惯的差异，与管理体系的不健全，造成社区的混杂氛围，社区居民安全感降低。本地居民通过一些排外行为来表达自身对快速社会变迁的不适应，在内心抵触排斥外来人口以及其相应的文化，自然也就放大了与自己不同行为习惯（文化）的负面标签。对于外来人口而言，本地人的排斥性行为模式，会塑造外来人口的封闭行为模式，他们将社区仅仅当作临时居住场所。由此一来，社区人际关系彼此疏远，社区本地人与外地人缺乏交流的空间与机会，更缺乏公共参与的意识，以及社区的身份认同。打破这种对立、区隔的本地人口与外来人口的行为模式，要求更新社区治理体系，将本地居民和外来人口均纳入现代城市治理体系中。流动人口与本地居民之间并非情感冷漠，也并非相互敌视，只是各自带有原有的生活习惯及历史痕迹。双方正处于生活、工作、文化等方面的相互磨合之中，应通过城市治理方式创新将双方纳入一个求同的过程之中。

2. 东莞本地人与外来人口的"阶层分化"与"空间区隔"

从"阶层分化"上来说，东莞文化融合路径不同于深圳、珠海等大湾区范围内由政策引导形成的城市，东莞呈现出未脱离母体文化的特征。土生土长的东莞人的数量虽然相对新增外来人口较少，但凭借着本地最优质的政治资源与经济资源，本土文化生命力依然很旺盛，依然是主流，仍保存着明显的传统习俗与地方风情，是一种有根基文化的延伸。东莞移民虽多，但移民文化处于弱势地位，究其原因在于东莞以劳工型移民为主，限制了移民文化的发展壮大。东莞本土人口与移民人口"自然而然"地形成了一种"阶层分化"。移民是为了打工挣钱，一段时间过后还是要回老家，这里只是短暂停留的地方，自然没有精力和动力过多参与文化层面的活动。

从"空间区隔"上来说，在本地村民看来，原有的居住环境是开放性的,在闲暇之时互相串门是他们所喜欢的生活方式,但现今的居住环境相对封闭,一道铁门,便能阻隔里里外外的人。每个人都认为家是一个私密性高的地方,倘若不是熟悉的人,不情愿让他们进出自家门。在村民看来,在旧村生活时门前屋后普遍有自家的前院和菜园,清闲之时便可干起种蔬菜、打理果树等农活,与邻里唠嗑家常,氛围可谓十分轻松。由于这种安闲自在的生活环境会让他们的心里踏实,有相对的安全感和把握感,在和邻里唠嗑之时便能慢慢建立起和睦、融洽的邻里关系。但这种情况随着城市化的进展而变得稀有,土地建成了工厂,带院子的平房全部建成了楼房,主要的生产关系变成了"房东与租客"之间的关系。由于文化、语言、风俗等不同,加之租客的流动性较大,房东与租客的关系不可能发展为以前和睦的"邻里关系"。租客仅仅把所租房间作为一个临时休息之处,租房所在地的一切活动基本都不会参与,他们普遍认为只有自己租的房子才是自己的活动领域范围,邻里间的公共活动都与自己无关。这就形成了本土居民和移民之间的"空间区隔",也造成了本土居民与移民之间"交集域狭化"的问题。反映在文化层面,移民文化发展缓慢而拘束,与本土文化之间的交流处于较低水平,不利于公共文化的形成。

3. 东莞本地人与外来人口社会支持系统的"强弱悬殊"

通常情况下,每个人可以通过来自家人亲属、好友邻里、同事的团体组织给予精神和物质上的支持和帮助,但当许多人离开家乡后,原来的邻里熟人社会提供的社会支持已经不在,加上流动人口的自我消极评价以及村民的接纳度较低,流动人口难以建立完整的社会支持关系,这加剧了外来人口生活状态的不稳定性。比如外来务工人员在解决他们及其子女的婚姻问题上往往会与本地人的择偶观具有明显的差别。在择偶的条件上,经济利益与老人赡养等社会因素是需要着重关注的问题,由此外来人员想在东莞成家立业存在困难。一方面,当前教育、医疗、住房、养老等方面的社会保障制度不健全,甚至过度产业化,相当一部分外来人员对此不够重视,容易产生相关权利缺失的现象。另一方面,社会公共资源非均等化,本地人能够享受更多的公共资源,而外来人员享受到的公共资源比较有限,这或多或少也会拉大两者之间的疏离感。"经济基础决定上层建筑",东莞本土文化获得了更多的资源支持而呈现出繁荣的局面,但移民文化由于支持较少而发展缓慢。

4. 东莞本地人与外来人口社会参与的"机会、资源与权利不均"

流动人口社会参与机会、资源与权利不均主要表现在两个方面,一是社会参与,主要表现在参与社区的竞选以及获取就业补贴、教育补贴等社会福利的享有上的权利受限。由于大多流动人员并未落户,受限于户口的原因,许多集体活动是无法参与的。二是文化参与,外来人口参与社区文化活动的自主性普遍偏低。一方面,流动人口的流动性较大,其并不认为自己是这个城市的成员,城市认同度不高,自然参与性不高;另一方面,社区文化活动以东莞本土文化为主,流动人口所熟悉的文化不多,参与的动力不足,此外,社区的文体娱乐活动少、社区文化设施配套不完善等也是该现象愈发凸显的原因。

四 共生文化体系构建:迈向东莞本土文化与移民文化多元融合发展

英国学者 C. W. 沃特森在《多元文化主义》一书中提出:"文化之间是平等且相互影响的,没有优劣之分,在多元文化融合发展的过程中,学会了解、尊重和欣赏其他文化,如此才能保证文化交流顺利通畅。"[①] 因此,公共管理者在制定文化政策时,应在平等对待的基础上着力推动文化的多元融合,这对提高居民对城市的归属感,促进社会和谐稳定,实现不同群体文化、物质上共同繁荣等都具有重大现实意义。近年来,东莞市围绕本土文化挖掘、城市文化创新、文化融合创建做了大量的工作,如创造志愿文化氛围提升本地居民和外来居民的联结感、建立具有本土特点又凸显流动属性的疍家文化博物馆等,但在文化融合的系统性、城市宣传的整体性、政策导向的连续性上仍有较大的提升空间,具体可从以下四个方面加快文化融合的进程。

---

① 〔英〕C. W. 沃特森:《多元文化主义》,叶兴艺译,吉林人民出版社,2005。

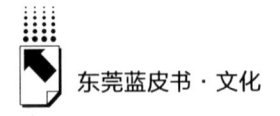

（一）构建互助体系，提升城市建设的参与感

搭建本地居民与外来人员之间的多元互动平台，可促进不同文化主体的交流、互助、合作，形成相互融合的符合现代社会心理特征的社会支持体系。其中以志愿文化为代表的互助体系的构建为例。以志愿文化为代表的互助体系可以提升不同居民对城市的参与感，在移民文化与本地文化融合发展中已有大量成功案例。深圳城市治理水平在珠三角属前列，也是全国闻名的"志愿者"之城。志愿服务与日常社区民生之间构建了紧密的联系，志愿服务已形成规模效应，渗透进深圳人生活的方方面面，更多人获得帮助的同时也吸引了各阶层人士加入日益壮大的志愿者队伍中来，构建了"深圳人"的文化认同。通过借鉴深圳市的先进经验，东莞可以将本土居民和外来移民中的积极分子都纳入互助体系之中，建立健全符合东莞实际的互助体系。通过开展志愿服务等互助活动，拉近本土居民与外来移民的距离，消除他们的陌生感，提升城市建设的参与感。此举也可以为多元文化融合发展提供一条路径，即通过志愿服务善用移民文化，促进本土居民与移民之间的文化互动。

（二）挖掘城市记忆，构建历史认同感

挖掘城市记忆，就是续存城市文化的独特性。历史根脉的保留、传递和延续是塑造城市画像和居民身份认同的基石。正如习近平总书记视察永庆坊时强调的"让城市留下记忆，让人们记住乡愁"。上海将19世纪常见的华人居住空间石库门改造成商业区，以名人故居、博物馆等形态保存；保留了西洋文化与本地文化结合的独特社会生活形态。新老上海人可在石库门的空间场景中想象老上海生活画面，增进对上海文化的理解，创造出城市生活的认同感。广州激活文化基因，通过微改造创造新的城市地标。永庆坊坐落于广州最长最完整的骑楼街，坐拥粤剧艺术博物馆、八和会馆等历史建筑，承载着千年商都的记忆，但随着社区老化阻隔了新鲜血液而逐渐衰败。通过政企合作的方式，永庆坊"旧貌换新颜"，融合了现代城

市功能但保留原有建筑形制和人文肌理；文工商旅居合一的同时改善了原居民的生活环境、赋能外来人口融入共创，打破人文区隔，呈现了多彩的广州人文风貌。为增进本地和外来居民相互理解、提升多元文化包容性、打破群组间的二元对立，东莞可向上海、广州等历史底蕴深厚的城市借鉴经验，构建本土居民和外来居民都认可的公共文化，找到本土文化与移民文化多元融合的载体，构建历史认同感，让移民更具归属感，让东莞成为移民的第二故乡，让移民文化在东莞生根发芽。

（三）铭刻社会变迁，塑造发展成就感

中国近四十年的城市发展变迁史，是居民社会生活急剧变迁的历史，也是外来人口参与城市建设、推动城市发展的历史。快速的工业化转型对中国当代城镇文化造成了冲击，不仅与本地的传统生活方式形成对立，也使外来文化在本地文化的异化和产业分散下难以凝聚成型。人们被时代洪流匆匆推进向前，但麻木了对自身群体和社会环境的感知。东莞可在有代表性的工业化强镇建立"工业变迁博物馆"，加强城市发展教育，创造场域让本地与外来人员了解工业化下城市发展史和人口流动史，促进群组间的支持理解，增强居民对社会未来发展和群体共荣共进的信心。在新一轮的城市形象营造中，很多城市已经将工业化印记作为规划目标。例如，广州市规划和自然资源局联合策划了长达11公里、串联15处工业遗产的"工业拾遗"文化步径，"工业锈带"变身"工业秀带"给城市独特风貌添彩。重庆工业博物馆由原钢铁厂改建而成，以抗战时期经济恢复、城市化和工业化的历史为脉络，全面展示了过去120年间钢铁产业与重庆人文地理的复杂关联。

（四）完善公共服务，提升市民获得感

公共服务均等化可以提升新老市民的获得感，针对移民群体的政策倾斜则可以体现城市的包容度。公共服务政策应根据城市发展阶段和人群的现实需求不断发展变化。供需失衡、内外有别的公共服务供给，外来居民的民生

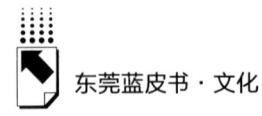

福祉难以保障，同时也固化了本地人口的社会观念，这不利于文化的融合，也不利于城市的持续发展。东莞可贴合当下人群结构改进社会保障体系，增加包容度；对不同人群的处境和具体需求保持敏感，并给予及时、有效的回应。广州、深圳作为一线城市，已在公共服务体系创新上作出表率。例如《深圳市城市总体规划（2007—2020）》中提出"城市管理服务人口规模"，并将居住半年以上的非户籍人口纳入服务范围，将在未来与户籍人口一样享受就业教育、养老医疗等方面的市民待遇。

B.4 读懂东莞海洋文化　助推文化强市建设

赵金阳　陈婕　张笑扬*

摘　要： 东莞是古代海上丝绸之路的重要参与城市之一，是当前我国对外开放的前沿阵地和重要门户。其海洋文化特质除却海洋文化的共性外，也与本地域的文化禀赋息息相关，具有自身的独特性质及发展脉络。在长期的历史积淀中，东莞逐渐形成胸怀天下爱国爱民的家国精神、勇立潮头敢闯敢拼的拼搏精神、开放进取坚毅前行的人文精神、求真务实互利合作的创业精神，以及海纳百川敢为人先的开放精神，这些构筑了独属于东莞的海洋城市文化。新时期，东莞要从高位统筹、汇智远播、产业支撑、品牌助力四个方面入手，搭建海洋文化交流平台，加快海洋文化产业升级，打造海洋文化品牌，助力东莞文化实现高质量发展。

关键词： 东莞　海洋文化　文化强市

东莞是粤港澳大湾区的重要节点城市，地处珠江口黄金内湾区，是中华文明与西方文明"交汇""交融""交锋"的核心地带，拥有无限的发展机遇。2023年2月以来，东莞深入学习贯彻习近平总书记关于文化建设重要论述精神、扎实推进文化强省建设大会精神，提出东莞文化强市建设要围绕

---

* 赵金阳，东莞市社会科学院文化研究中心主任、副研究员，主要研究方向为城市文化、教育管理；陈婕，博士，东莞市社会科学院文化研究中心副主任、助理研究员，主要研究方向为经典与解释、琴学、地方文化；张笑扬，东莞市社会科学院马克思主义研究中心副主任、副研究员，主要研究方向为马克思主义理论、马克思主义哲学。

"思想引领+文化供给"这一条主线,立足"'双万'东莞城市形象有效传播、千万人口精神生活共同富裕"两个目标,建设"七大文化",打造"四张名片",以文化强市建设推动东莞经济高质量发展,实现千万人口与城市深度融合、共生共荣。近年来,东莞全力朝着成为广东高质量发展"名片"、国际一流湾区和世界级城市群中宜居宜业高品质现代化都市的目标迈进;朝着成为21世纪海上丝绸之路的先行地、重要节点城市和开放合作平台砥砺奋进。

一 东莞海洋城市形象的历史脉络

东莞是古代海上丝绸之路重要参与城市之一,是当前我国对外开放的前沿阵地和重要门户。其海洋文化特质也与本地域的文化禀赋息息相关,具有自身的独特性质及发展脉络。

(一)滨海而居:千年莞邑商贸兴

东莞是岭南文明重要的起源地和发展地,拥有超5000年的文明史、近1700年的建县史,以及超1250年的建城史。在距今5000多年的新石器时代中晚期,东莞的滨海地域以及境内东江沿岸岗地就有人类居住、繁衍,是珠江三角洲地区迄今为止年代最早的史前人类聚落,东莞海洋文化亦滥觞于此,在珠三角地区古代经济文化发展中影响深远。

东莞海陆商贸发达,是秦汉以来海上丝绸之路的重要节点和岭南海防重镇,在保障南海海上丝绸之路通畅、促进商贸往来方面发挥着重要的作用。先秦时期,东莞先民靠渔猎、捕捞为生。秦至南朝时期,制盐业、莞草织业已颇具规模。汉代以来粤东海道开辟,带动了东莞地区贸易发展和商品流通。隋唐五代时期,东莞扼珠江口交通要道,是海上丝绸之路的重要通道。宋元两代,东莞依然是海上丝绸之路的重要中转站,此时制盐业鼎盛,"莞香"等畅销海内外。明初,鸡栖、屯门、虎门是海舶贸易的主要泊口,东莞海上丝绸之路贸易兴盛与波斯、暹罗(泰国)、安南等国关系更为密切。

东莞制盐业、造船业、莞草编织、莞香繁盛，还催生了广东四大名市之一的"寮步香市"。莞香被运往九龙尖沙咀，再销往广州、苏杭、上海、京师、东南亚一带，以及阿拉伯国家。清代，东莞对外贸易进一步发展，虎门、镇口、石龙是全国最重要的口岸海关——粤海关的税口，海上贸易商品主要有爆竹、蚕丝、水草、凉粉草、腐竹、大头菜、荔枝干、黄麻、油鸭、腊味等。其中，爆竹曾多年位于东莞贸易出口的第一位，远销东南亚，以及欧洲、美洲、澳洲、非洲。

在漫长的滨海历史发展过程中，东莞逐渐沉淀了一批海洋文化遗产，包括海防、海战遗址，海洋贸易遗存，海洋宗教文化遗存，非物质文化遗产，以及与海洋相关的文学艺术等。特别是明清以后，在郑和下西洋的影响下，一批又一批东莞人下南洋、走西线，越来越多的东莞人到东南亚开展商贸活动并创业和定居。

向海而生，因海而兴。历史悠久的滨海生产活动，两千多年的海上贸易发展史，日积月累的海洋文化，奠定了东莞作为海洋城市的充沛底气与发展后劲。

（二）怒海搏击：开篇地响彻云霄

作为粤海第一门户，东莞一直以来都是抵御西方殖民侵扰的前沿阵地。随着新大陆的发现及西方资本主义的发展，一些西方国家开始更多地寻求海外市场，多采取"海盗式"的殖民扩张。中国沿海地区经常受到侵扰和劫掠，广东中路海盗之患，以东莞为最。

16世纪初，葡萄牙人来华，占领了东莞县所属的屯门，东莞人极力反抗，与葡萄牙殖民者进行了屯门海战，这是中国第一次抗击西方殖民者的战役。明崇祯十年（1637年），虎门海域发生了首次中英之战，这场历时五个月的战争以英商失败告终。自17世纪以来，英国人频繁且秘密来华，多次与东莞人发生交涉冲突。清乾隆年间，东莞知县印光任曾两次妥善处理英国兵船挑衅事件，迫使英舰退出虎门。19世纪初，英国东印度公司用鸦片打开了中国的大门，烟毒泛滥，东莞首当其冲。1839年6月，林则徐召集省

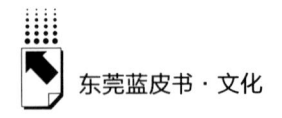

府官员抵达销烟池，开展了轰轰烈烈的禁烟运动。

标志着中国近代史开端的鸦片战争首先在东莞打响，也拉开了中国近代史的序幕。鸦片战争既是人类历史上"旷古未有"的禁毒壮举，也是反对西方资产阶级贸易掠夺的重大胜利，沉重打击了英国殖民者通过鸦片征服中国的图谋。作为虎门销烟的发生地、鸦片战争的首发地与重要战场，东莞见证了战后中西关系格局，这也奠定了其"中国近代史开篇地"的历史地位，"为中国近现代史写下了光辉的第一章"。

东莞人民在历次抵抗和反击西方侵略者的斗争中，激发了中国人民反抗外来侵略的斗争意志，体现了中华儿女抗击外敌的英雄气概与浓烈的爱国情怀，也铸就了东莞这座滨海之城的凛冽英姿与不屈风骨。

（三）借船出海：先行地溢彩流光

东莞是改革开放的先行地，是观察东南沿海地区社会文化变迁的窗口。迎古纳今，敢为天下先，敢于破除传统思维定式和路径依赖，海纳百川、有容乃大的开放气魄和包容胸襟，是东莞海洋城市特征的生动写照。改革开放以来，东莞不断解放思想、实事求是、深化改革、扩大开放。利用邻近港澳、海外侨胞多、外资丰厚、劳动力素质较高等优势，以乡镇企业为依托，从"借船出海"起步，以"三来一补"为突破口大力发展对外加工业，逐步走出一条外向型经济、园区经济、民营经济交相呼应，信息产业和现代服务业互为支撑，经济社会"双转型"、实现高水平崛起的发展路子。借开拓进取的精神，东莞产生了一系列思想新观念，获得了许多"世界第一"和"全国之最"称号，形成了独特的"东莞模式"，创造了举世瞩目的"东莞奇迹"，成为我国沿海农村社会主义建设、农村现代化建设、开拓中国特色发展之路的典型地区，是"华南模式"的主要代表，是中国改革开放的先进典范，被誉为"中国改革开放的一个精彩而生动的缩影"。

改革开放改变了东莞的形象，昔日的"鱼米之乡"脱胎为闻名世界的现代制造业名城，文化新城、文化名城建设亦硕果累累，也在全球海洋城市中占有一席之地。这座"借船出海、因海而荣"的城市,是一个有想象力的地方,正昂首阔步地迎接未来的挑战与机遇。

(四)凭海而强:湾区都市新华章

进入新时代以来,东莞开始逐步建立战略性新兴产业集群,推动经济由高增长阶段向高质量发展阶段转变,努力从"东莞制造"向"东莞智造"跃进。近年来,东莞城市空间格局发生深刻变化,中心城区、松山湖、滨海湾新区"三位一体"的都市核心区已具雏形。城市品质内涵显著提高,"世界工厂"与"湾区都市"交相辉映。海纳百川、包容大气的城市形象更加凸显,投资洼地、创业沃土、宜居宜业的城市形象也得到彰显。东莞逐步成长为南北荟萃、中西交融、古今融合的青春之城、活力之城、梦想之城、成长之城。在"两个一百年"奋斗目标的历史交汇点,东莞迈上万亿元GDP、千万人口的"双万"新起点,擘画了未来发展宏图。东莞聚焦"科技创新+先进制造"城市特色,谋划海洋文化高品质供给、海洋经济高质量发展、海洋生态高水平保护协同推进,大力建设宜居宜业宜游高品质湾区城市。

如果说松山湖代表了过去20年东莞的创新发展之路,那么位于珠江口黄金内湾区的滨海湾新区则激起了这座城市新一轮的海洋想象,逐步成为全市重要增长极,成为东莞高质量发展的桥头堡。作为粤港澳大湾区的特色合作平台,滨海湾新区积极对接广州、深圳,落实《广州南沙新区东莞市滨海湾新区战略合作框架协议》,发挥其连接南沙、前海自贸区的区位优势,构建"7"字形的环珠江口自贸区融合发展格局,[1] 着力打造一流的产业发展生态和创新创业生态,明确了构筑大湾区协同发展特色平台,构建新发展格局战略支点,打造国际高端人才集聚区,向世界展现内地与港澳台深度合作的东莞样本等发展目标和路径。[2] 凭海临空,是梦想,

---

① 资料来源:《"湾区都市、品质东莞"的新答卷》。
② 资料来源:《东莞滨海湾新区国民经济和社会发展第十四个五年规划和2035年远景目标纲要》。

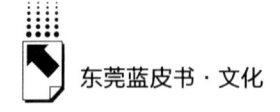

是探索，是开放，是创新，作为珠三角乃至世界经济版图的重镇，千年莞邑正向海扬帆、凭海而强，迸发出磅礴大气与生机活力，奋力谱写海洋城市新华章。

二 新时代迫切需要构建东莞海洋城市精神

习近平总书记指出，一个民族需要有民族精神，一个城市同样需要有城市精神。城市精神彰显着一个城市的特色风貌。要结合城市自身的历史传承、区域文化、时代要求，打造自己的城市精神，对外树立形象，对内凝聚人心。东莞依江伴海，因此，东莞人在生存、发展的过程中，深深地刻下海洋文化的烙印，其生存离不开海洋，威胁来自海洋，性格源于海洋，精神成于海洋。东莞是全省14个滨海城市之一，海洋对其社会发展起着举足轻重的作用。进入新时代，东莞应继续关心海洋、认识海洋、经略海洋，并继续完善东莞海洋城市精神，这既是东莞城市精神的丰富和发展，也是东莞人生生不息、持续发展的动力源泉。

（一）胸怀天下、爱国爱民的家国精神

大海辽阔无边，包罗万象，临居广阔大海、沁润大海气象成长的东莞人，有着海一样的胸怀，心忧天下，爱国爱民。这主要体现在两个方面，一是胸怀天下、忧国忧民的家国精神。千百年来，东莞先人相续相承，连绵不断，践行了保家卫国的爱国主义精神。布衣熊飞，起兵御敌，守家护国；皇孙赵必象，捐资捐物，抗击元兵；督师袁崇焕，一腔热血，心系辽东，终成不朽；林则徐、关天培不畏强敌，销烟抗英，震惊寰宇；蒋光鼐沪上抗日，扬我国威；王作尧鏖战东江，声耀南天；莞籍"坪石先生"坚持学术，坚守教育，赓续文化命脉。这些仁人志士以强烈的社会使命、家国情怀为中华民族留存了天地浩然之气，为东莞后人树立了一座座精神丰碑。二是感怀乡梓、回报家乡的故土情怀。东莞人有着浓厚的家国故土情怀，无论是经商还是求学，无论在异乡还是他国，东莞人永不忘记反哺祖国和故土。一代大师

容庚，终生热心家乡文化事业，积极筹款捐款，收藏与研究乡邦文献，为莞籍画家立传；改革开放后，大批莞籍香港同胞积极返乡投资办厂，为东莞经济腾飞立下了汗马功劳。

（二）勇立潮头、敢闯敢拼的拼搏精神

海洋是人类丰富的资源宝库，南海是东莞向海而生、赖以生存的家园，但海洋的不测和凶险，也时刻考验着东莞人的智慧和胆气，培养了一代代东莞人勇立潮头、敢闯敢干的冒险精神。在改革开放探索时期，东莞人把这种精神发扬光大，以敢闯敢试、大胆探索、创新开拓的理念精神，于1978年7月创办了全国第一家"三来一补"企业——东莞县太平手袋厂，率先拉开我国改革开放大幕；1978年12月，东莞又率先设立对外加工装配办公室，实行"一个窗口对外"，首创"办事一条龙"的管理和服务；1979年，全国农村引进的第一家外资企业落户东莞；1984年高埗大桥建成通车，开创了全国公路桥梁"农民集资建桥、过桥收费还贷"的先河。改革开放以来，东莞大胆利用外资，创造了东莞改革开放的伟大奇迹，成就了东莞"世界工厂"和"国际制造名城"的地位和影响。

（三）开放进取、坚毅前行的人文精神

大海亘古常新，海洋是活动的、变化的，适应这种活动和变化需要开放的胸怀和灵活的思维，同时这种活动和变化又带来不确定性，东莞人长期与海浪及风险相伴，自然造就了坚强无畏、知难而进和百折不屈的精神品格。东莞不是经济特区，没有特殊政策支持，也没有专项资金支撑，但东莞人以其敏锐的眼光、与生俱来的开放心态，没有丝毫犹豫和观望，热情拥抱开放，积极投身改革，从而在珠三角地区较早实现由农村城市向工业城市、现代城市的转变。到2021年，东莞城镇化率达92.15%，GDP突破万亿元大关，居民人均可支配收入达6.2万元。东莞是一座资源并不丰富的城市，但其凭着开放的胸襟，引来了资金、人才、技术等各种资源，凭着知难"仍进"、毅然进取、永不言败的性格，在没有草原没有羊毛的大朗，拼出了中

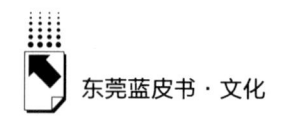

国毛织第一镇,在原本荒山野岭的松山湖,拼出了高科技企业集聚、院士流连忘返的科创新城。

(四)求实务实、互利合作的创业精神

东莞人南面大海,深知唯有实干苦干才会有收获,唯有团结协作才能应对各种风险。千百年长期的海滨生活,磨砺出东莞人重实干、不虚谈的做事风格,磨合出互利合作、同舟共济的创业精神。具体而言,这种创业精神包含三个方面,一是重实干实效。改革开放以来,东莞党委政府以务实的态度,分阶段提出"农村工业化""城乡一体化""城市一体化"等目标,最终一步一个脚印,实现经济社会飞速发展。二是重契约信用。东莞是海上丝绸之路的重要通道,已有上千年与海外通商的历史,重信守义是东莞人的商业传统,以"契约"和"诚信"为核心价值观念的商业主流文化经久不衰。尤其是改革开放以来,民间的自觉加上政府的努力,东莞的营商环境不断优化,市场诚信氛围已获得海外投资者和合作伙伴的广泛认可,并成为东莞在市场竞争中重要的软实力。三是讲互利共赢。中华民族的海洋文化中没有征服和掠夺,而是倡导"四海一家""天下大同"。东莞人秉承唐宋以来中国海洋文化中互利共赢、和平友善、多元崇商的基本精神,在商业领域把中华民族"和合"精神发扬光大,正是这种广交朋友、互利共赢的理念,莞商已发展为当代粤商中崛起最快、活力最强、影响最大的群体之一,已成为影响世界经济的一股重要力量。

(五)海纳百川、敢为人先的开放精神

"海纳百川,有容乃大",东莞人具有包容万物、容纳天下的胸怀和气质。自古以来,莞邑大地持续上千年吸纳着北方的迁客,推动岭南文化日趋多元。同时,也推动了本地经济、社会、城市的快速发展。《2021年度中国城市活力研究报告》显示,在人口吸引力排名前10的城市中,东莞力压苏州、成都、杭州等大城市,排名全国第5。东莞的开放包容是全方位的,在东莞,少数民族族别齐全,各地方言此起彼伏,各式餐饮随处可见,各类文

化娱乐相融共生，外来人员能迅速融入东莞，原住民能主动吸纳新生事物、学习外来文化。东莞"海纳百川、敢为人先"的开放精神，东莞人重实干、求实效的工作作风和低调简单的生活态度，已成为东莞独具的标签和名片。

三 大湾区背景下东莞海洋文化发展的机遇与挑战

广东省第十三次党代会提出，要把珠三角核心区打造成更具辐射力的改革发展主引擎，推进粤港澳大湾区珠江口一体化高质量发展，着力打造环珠江口100公里"黄金内湾"。东莞位于"黄金内湾"的"黄金C位"，是人流、物流、资金流、信息流的汇聚之地和制造业兴盛之地，独特的区位优势、产业优势和人文优势将为东莞海洋文化带来新一轮重大发展机遇，同时也对东莞更高层次发展提出了挑战。

（一）东莞海洋文化发展成就和优势

1. 东莞积淀了丰富的海洋文化资源

东莞孕育了东江史前文化，构建了东江流域完整的史前文化序列，在岭南文明发展史上具有不可替代的作用。地理上，东莞是广州通往海外的重要通道；经济上，东莞是海上丝绸之路的重要节点；军事上，东莞为海防"咽喉地"，是广东海防的第一道防线。在漫长的滨海历史发展过程中，东莞沉淀了丰厚的海洋文化资源。一是文化遗址（遗存），包括南城蚝岗贝丘遗址、虎门村头贝丘遗址、沙角沙丘遗址、企石江边万福庵贝丘遗址、石排龙眼岗贝丘遗址等新石器时期遗址，林则徐销烟池、沙角炮台旧址、威远岛诸炮台旧址、明清虎门寨寨墙、清广东水师提督署、宋代盐栅海南栅、节兵义坟、义勇之冢及太平手袋厂、新湾渔港等海防商贸遗存。二是自然资源，包括沙田穗丰年湿地公园、威远岛森林公园、黄唇鱼自然保护区、滨海湾中心农业公园、磨碟河湿地公园、东宝公园等。三是宗教文化遗存，包括北帝庙、南海神庙、天后宫、妈祖庙、观音阁、伏波将军神庙等。四是非物质文化遗产，包括龙舟制作技艺、沙田咸水歌、龙舟竞渡、莞草种植与编织、莞

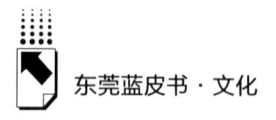

香制作技艺等。五是海洋人文艺术，包括疍民（水上居民）文化习俗以及富有海洋文化风味的歇后语、俚语、谚语等。

2. 海洋文化资源保护应用成效初显

近年来，东莞市不断加大海洋文化考古、挖掘、保护力度，高质量实施文物保护工程，推动文物保护纳入城市国土空间规划。强化和推进海洋文化资源活化利用，按照"保护优先、备用结合"的原则，鼓励和支持文物资源依法依规、科学合理利用，实现文物保护与城市建设"双赢"发展。一是打造粤港澳大湾区文化旅游品牌，促进海防文化遗产旅游发展。依托威远岛优越的海洋自然资源和丰富的历史文化资源，充分挖掘林则徐销烟池、虎门炮台旧址、海战博物馆、沙角炮台、威远岛森林公园生态资源等特色文化旅游资源。打造"中国近代史开篇地"历史文化旅游品牌和粤港澳大湾区爱国主义教育基地，联合广州推进鸦片战争海防遗址公园建设。二是打造海岸带生态旅游品牌，大力发展滨海休闲度假旅游。积极发展滨海生态旅游，结合滨海湾新区海岸带保护利用综合示范区建设，加快推进威远岛森林公园、粤港澳文化街、滨海湾中心公园和磨碟河湿地公园建设，为市民提供休闲游憩空间。依托港澳客运码头，开发水上观光旅游线路，推动发展游艇旅游。依托沙角半岛高标准打造沙角未来海岸，建设多元滨海休闲活动空间。加快渔港基础设施升级改造，创新打造疍家渔人码头，建造以水产交易为核心、休闲餐饮为特色的高品质体验式生活空间。三是创新发展滨海休闲运动旅游。高标准规划建设滨海慢行通道、滨海栈道，采用人工恢复方式新建人工沙滩，建设滨海立体运动公园，定期举办滨海户外运动节等节庆活动，丰富沙滩、近海水上运动项目及创意活动类型，构建倡导全民健身的运动水岸，打造特色鲜明的滨海休闲运动基地。四是不断优化滨海旅游公共文化服务。深化公共文化服务区域合作交流，推动大湾区文旅资源深度融合、区域公共文化服务联通共享。搭建区域合作平台，举办粤港澳大湾区文采大会；在大湾区率先发起成立由23个城市组成的"东莞非遗墟市粤港澳城际联盟"，打造"粤港澳（东莞）非遗墟市"。深化文化交流交融，通过"对外交流季""粤港澳青年文化之旅"等活动，全面推动人文湾区、休闲湾区建设。大力开发海洋文旅线路，滨海湾爱国主义旅游航线于2018年10月11日成功试航，实现东莞水上旅游交通"0"的突破。五是建设滨海景观活力长廊。依托麻涌华阳湖国家湿地公园、沙田穗丰年湿地公园、威远岛森林公园、滨海湾中心农业公园、磨碟河湿地公园等，发展海岸带生态休闲旅游。发挥滨海湾新区山、水、林、田、湿地等资源优势，逐步建设集历史文化、生态景观、公共服务于一体的世界级滨海活力长廊。[1]

3. 东莞海洋城市新形象逐渐彰显

近年来，东莞紧紧把握国家建设"海洋强国"和"一带一路"的历史机遇，利用强大的制造业基础、广泛的海外联系，加快推进滨海经济高质量发展，努力将东莞建设成为国家海洋战略实践先行区、珠三角海洋生态文明示范点、珠江口东岸现代海洋产业集聚区。新时代东莞海洋城市新形象渐入人心。一是海洋经济发展向好，产业结构不断优化，为海洋城市建设奠定物质基础。近年来，东莞深入贯彻海洋强国的战略思想，大力推进海洋经济高质量发展。明确了"打造具有东莞特色的'红+蓝'滨海旅游业和积极融入粤港澳大湾区建设的具体思路，提出力争将滨海湾新区纳入国家'一带一路'和粤港澳大湾区国家战略，并升级为省级乃至国家级开发区。"[2] 依托优越的区位优势，以东莞港为龙头的海洋交通运输业保持较快增长。虎门港综保区2018年成功获批，2020年封关运行，成为全市第二个国家级平台。二是系列政策法规为海洋城市发展提供制度保障。印发了《关于贯彻落实〈粤港澳大湾区发展规划纲要〉的实施方案》《东莞滨海湾新区促进经济高质量发展扶持办法》《东莞市海洋生态环境保护"十四五"规划》《东莞滨海湾新区国民经济和社会发展第十四个五年规划和2035年远景目标纲要》，落细落实《广州南沙新区东莞市滨海湾新区战略合作框架协议》《东莞市滨海湾新区海岸带综合示范区建设实施方案》等。日趋完善、渐成框架的政策体系正为这座城市开创新一轮海洋经济文化发展保驾护航。三是城市空

---

[1] 资料来源：东莞市自然资源局。
[2] 资料来源：《东莞市海洋经济发展"十三五"规划（2016—2020）》。

间、规划设计和功能品质不断优化，优质的公共服务供给不断增加，新的海洋城市文化标识应运而生。一批公共空间、标志性建筑、历史文化风貌提升项目落地显效。鸦片战争海防遗址公园、海战博物馆二期工程建设有序开展，大湾区大学、滨海湾青创城、站北市政公园等文化工程正加紧筹划建设。大湾区院士峰会、华为全球开发者大会、男篮世界杯、亚洲马拉松等高规格盛会在东莞成功举办。港澳台居民就业服务政策体系不断创新完善，营商环境不断优化，城市文化软实力不断提升。

（二）东莞海洋文化发展的不足与短板

1. 经略海洋的意识不强

东莞新的海洋价值观尚未形成，开发与保护并重的可持续发展观念还比较淡薄，与广州、深圳提出建设全球海洋中心城市相比，东莞缺乏经略海洋、建设海洋强市的雄心壮志。在产业发展方面，东莞海洋产业依然停留在传统思维层面，总体上存在"重陆地、轻海洋"的意识，未能有效利用东莞丰富的海洋资源和科技制造优势，开拓海洋新产业、创新海洋新业态；在文化建设方面，整体发展规划缺乏对海洋文化发展的长远考虑，仅停留在低水平的环境保护方面，没有系统挖掘、保护、开发海洋文化的规划设计。

2. 海洋保护的自觉性不足

客观上，东莞经济总量和人口总量较大，随着沿海地区工业化、新型城镇化快速推进，近岸海域生态环境保护面临巨大压力，如2020年全市9条入海河流携带的主要污染物入海量约33.84万吨（退潮），海洋环境质量状况需改善。主观上，相关部门及民众对海洋保护的意识不强、自觉性不足。相关部门对污染海洋行为的严重性认识不到位，分级分类管控及防范体系尚未健全，监管力量不强，监管效果不佳；海洋环境保护教育配套滞后，教育形式单一，广大群众共同维护海洋安全、保护海洋环境的自觉性尚未形成。

3. 海洋城市精神不突出

海洋文化是东莞文化的来源之一，海洋精神是东莞城市精神的重要组成部分。但多年来，东莞的关注点主要在陆上，忽视了影响东莞的海上文明。

长期临海的生活造就了东莞人海纳百川的包容精神，锻造了东莞人敢为人先、勇于冒险的进取精神，这些海洋文化带来的精神特质有待进一步挖掘、凝练和提升，并成为东莞文化主旋律和城市精神，同时加大宣传推介和教育力度，为东莞文明城市、文化强市、海洋强市建设夯实基础。

4.海洋文旅资源融合度不高

一方面，东莞文旅资源有待进一步挖掘和提升。东莞人民临海亲海空间相对缺乏，常用的亲海空间仅有4处：威远岛有2处，沙田西大坦和虎门的沙角各1处；亲海空间数量较少，且亲海环境质量和品质欠佳。另一方面，东莞海洋文化与旅游产业的融合还处于初级阶段，海洋文化产业链的延伸和融合依然处于原始阶段，产业链不长，融合度不高，导致东莞海洋文化产业总体发展规模较小，同质化现象严重，缺乏特色，"海洋文化+"有待进一步做足做强。

四 以海洋文化发展助推文化强市建设的若干建议

东莞位于珠江口黄金内湾区，毗邻广深、港澳，是亚太经济走廊的中心与核心地带，具备与"海上丝绸之路"沿线国家和地区合作的区位、人文、产业、政策等优势，拥有无限的发展机遇。东莞应围绕文化强国、文化强省战略部署，大力发展海洋文化，朝着成为国际一流湾区和世界级城市群中宜居宜业高品质现代化都市的目标迈进，向21世纪"海上丝绸之路"的先行地和开放合作平台奋进，尤其要以海洋文化发展助推文化强市建设。

（一）高位统筹：加大海洋文化资源保护开发力度

1.加强海洋文化资源发掘保护

把握海洋文化丰富内涵，以"莞邑文化"挖掘行动为契机，加强海洋文化资源调查与研究。加强文化遗址（遗存）、自然资源、宗教文化遗存、非物质文化遗产、海洋人文艺术等海洋文化的资源普查、归类、价值评估。全面提升海洋资源保护水平和利用效率，加强林则徐销烟池与虎门炮台旧址

等重点海防遗址遗迹的保护利用，以及海洋文化古遗址和文化遗存的保护利用。坚持传播与保护并行，以海洋文化的传播加强对海洋文化遗产保护的重视。

2. 加大海洋生态资源保护力度

将海洋生态环境保护、海洋文化发展与城市发展紧密结合起来，重点构建世界级绿色活力海岸带，彰显海洋文化特色，营造陆海融合、人海和谐的海滨城市氛围，提升东莞海洋文化在全球的辐射力，彰显东莞"蓝色实力"。全面实施《东莞市海洋生态环境保护"十四五"规划》，全力推动近岸海域综合治理攻坚，为东莞高质量发展保驾护航。增强关心海洋、认识海洋、经略海洋的意识，统筹海洋生态环境高水平保护和经济高质量发展，为打造水清、滩净、岸绿、岛丽、湾美、人海和谐的示范湾区贡献东莞力量。重视对沙田穗丰年湿地公园、威远岛森林公园、滨海湾中心农业公园、磨碟河湿地公园、东宝公园等自然资源的保护和利用，将"绿水青山"转化为"金山银山"。实行海陆污染联防联控制度，推动海洋生态与海洋产业协同发展，协同推进海洋生态保护，以优美海洋生态助推粤港澳大湾区宜居宜业宜游的优质生活圈高质量建设，更好地满足人民日益增长的美好生活需要。

3. 加快文化资源创造性转化

推进文化强市建设，深入打造品质文化之都，必须坚持高位统筹强引领，树立"大文化"工作理念，实施"思想引领+文化供给"发展战略，从文化上为"黄金内湾"建设做出更大贡献，让东莞海洋文化在全省、全国的海洋文化中更加出彩。聚焦海洋、岭南、改革开放先行地等独特的文化资源，衔接古今，注重创新，充分挖掘海洋文化资源价值，增加优质公共文化服务供给。加大对东莞村头遗址、蚝岗贝丘遗址、龙眼岗遗址、万福庵遗址、沙丘遗址、林则徐销烟池与虎门炮台旧址、却金亭碑等遗址的保护开发力度，依托遗址博物馆等形式，实现文化保护性开发，进一步推进历史文化资源活化利用工作。充分发挥数字媒体艺术在文化资源利用方面的独特优势，发展多元化的数字艺术形式载体，发展数字化沉浸式海洋文旅体验项目，通过虚实结合的空间创意和智能互动的业态创新，推动海洋文化实景内容向沉浸式内容移植转化，助推海洋文旅产业服务提质增效。

（二）汇智远播：构建海洋文化交流传播平台

1. 先行先试建设"海防国家文化公园"

整合东莞、广州、深圳、珠海、惠州、江门、中山、香港、澳门等地海防遗址，依托林则徐销烟池与虎门炮台旧址，在"鸦片战争海防遗址公园"建设的基础上，探索建设海防国家文化公园，将海防国家文化公园试点打造成集海防主题文化展示、文物资源保护、海防文化遗产活态传承、红色文化弘扬示范、爱国主义教育基地于一体的具有国际影响的海洋文化交流传播平台。

2. 积极参与规划建设粤港澳大湾区"海上丝绸之路"国家文化公园

争取在国家文化公园建设工作领导小组办公室指导下，将大湾区"海上丝绸之路"文化资源进行规划设计和深度整合，在率先加大对湾区丝路文化遗址保护、开发和利用力度的基础上，组织有关单位和专家，谋划撰写申报国家文化公园的可行性研究报告，待各方条件成熟时，再联系各有关省份正式申报建设具有全球视野、中国高度的国家文化公园。

3. 从多层面推动"海上丝绸之路"遗址申报世界文化遗产

从国际与国内、中央与地方、地方与地方多个层面来加强"海上丝绸之路"遗址考古研究和活化应用的通力合作，不仅可以聚力宣传展示大湾区的"海上丝绸之路"文化，而且可以通过民间公共外交途径助推"海上丝绸之路"申报世界文化遗产的进程，同时建议东莞争取加入"海上丝绸之路"保护和联合申遗城市联盟，协同广州等大湾区城市做好联合申遗的相关工作。

4. 搭建海洋文化交流平台

培育打造具有传播力和影响力的海洋资讯新媒体平台，在滨海湾新区等地举办海洋运动、海洋特色美食节、海洋狂欢日、海洋展会、旅游论坛、海

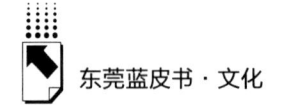

洋文化节等活动，弘扬东莞城市精神，集中展现大湾区海洋文化特色和丰富历史积淀，助力提升中国海洋文化的传播和输出的效能，促进中外文明交流互鉴。依托海洋文化交流平台，形成一批跨学科、特色鲜明的海洋科普基地和社科普及基地，加大海洋文化传播力度。

（三）产业支撑：加快海洋文化产业高质量发展

1. 打造优势产业集群

海洋是高质量发展战略要地，围绕广州、深圳建设全球海洋中心城市的战略布局，东莞应全面加强区域合作，打造百亿级海洋产业集群，成为大湾区的"蓝色引擎"。加强"广深莞"战略协同，促进海洋产业优势互补，错位协调特色发展。围绕粤港澳大湾区综合性国家科学中心建设，打造重大科技基础设施群，发挥科技创新在海洋经济高质量发展中的引领作用。在海洋科技发展领域，用好省委省政府支持东莞新时代加快高质量发展打造科创制造强市的契机，聚焦"科技创新+先进制造"，融入海洋科技创新引领示范区建设，充分发展东莞在智能制造产业方面的优势，助力打造珠三角海洋电子信息产业集聚区，大力发展海洋电子信息、智能制造产业，以"东莞智造"赋能湾区建设海洋产业带，为全省打造新发展格局战略支点贡献东莞"蓝色力量"，以优势产业集群激活文化产业发展动能，促进形成海洋文化产业新格局。

2. 加快推进海洋文化产业转型升级

国家"十四五"规划和2035年远景目标纲要提出提高海洋文化旅游开发水平。东莞应着眼于更好满足人民群众日益增长的精神文化需求，完善与海洋相关的产业规划和政策，扩大与海洋相关的文化产品和服务供给，推动传统海洋文化产业转型升级，积极创建国家级、省级文化产业示范园区。发展海洋文化产业新业态，大力发展娱乐休闲旅游、海洋运动、滨海度假、海洋民俗风情文化旅游，积极开发新兴旅游产品，丰富高端旅游产品供给，推动海洋全域文旅产业高质量发展。培育打造数字海洋文化服务品牌，丰富海洋文化云端供给，加强文旅融合示范区建设，以海洋旅游促进文化传播。支持大数据、云计算、虚拟现实、人工智能、物联网、区块链、5G等先进技术在海洋文化产业中的应用,加快文化产业数字化布局,将更多海洋文化资源转化为海洋文化产业资源,推动海洋文化产业成为海洋经济发展新的增长点。

3. 加强湾区海洋产业创新人才集聚

加快推进大湾区大学和香港城市大学(东莞)等高校建设,吸引更多的人才特别是海洋领域专业人才到大湾区创业生活。建设"粤港澳台青年创新创业综合实验区",优化海洋科技人才创新创业生态,打造高品质创新创业空间。

4. 产业助力黄金内湾沿海都会带建设

《粤港澳大湾区发展规划纲要》实施后,加快珠江口东西两岸融合发展是大势所趋。应进一步加强东莞滨海湾、广州南沙、深圳前海、珠海横琴、中山翠亨等内湾区域产业互动,加快港口物流、滨海旅游、海洋信息服务等海洋服务业协同发展,构建区域经济发展轴带,带动环珠江口沿海都会带建设迈上新台阶,建设珠江口具有国际影响力的世界级城市群、港口群和宜居优质生活圈。

(四)品牌助力:打造特色海洋文化和旅游品牌

1. 打造"影像莞""文创莞"等具有东莞特色和韵味的城市文化品牌

围绕"创造精彩之城"的东莞品牌形象定位,推动文化资源要素导入、新发展理念贯穿。拍摄东莞特色的海洋文化纪录片,制作涉及海洋资源的自然景观、人文景观、节庆文化、民俗文化推广视频,持续输出海洋文化影像。加强对海洋文化类创作的规划引导,鼓励创作具有海洋特色的文化创意产品,针对海洋文化传播的多元需求,设计不同类型的动画及短视频内容,讲好东莞海洋故事、湾区海洋故事、中国海洋故事。

2. 高水平打造"近代史开篇地"品牌

以开展"红色文化"弘扬活动为契机,统筹历史人文、自然山海、文旅规划等资源,依托威远岛优越的海洋自然资源和丰富的历史文化资源,充分挖掘林则徐销烟池、虎门炮台旧址、海战博物馆、沙角炮台、威远岛森林公园等特色文化旅游资源。将"近代史开篇地"名片精心打造成为展示中华民族伟大复兴精神的重要标识，打造成为海洋文化的显著标志，打造成为具有全国影响力和全球知名度的历史文化品牌，促进东莞城市形象传播，彰显东莞文化软实力。

3. 精心打造富含海洋文化的"改革开放文化地标"

推进"改革开放"展示行动，力争将改革开放展览馆打造成为国际知名、国内一流的标志性历史文化名片。开展工业遗存保护规划工作，增强鳒鱼洲等工业遗存生命力，将其精心打造成为改革开放文化新地标。以东莞为例向全世界展现中国改革开放伟大成就，展现中国主动融入世界发展大局、共建"一带一路"、建设人类命运共同体的决心。

4. 积极参与共建海洋文化走廊，促进文旅融合发展

联合广州共建南沙—虎门"金锁铜关"文化遗产游径，将粤港澳大湾区海防史迹文化遗产游径建设成为具有国际影响力的文旅品牌。创建一批独具东莞特色的网红打卡点，推动滨海景观活力长廊和滨海历史文化游憩区高品质建设，发展滨海休闲度假旅游，助力形成"一心四区"的全域旅游格局。串珠成链、文化赋魂，打造具有历史文化内涵、海洋风情、东莞辨识度、大湾区特点、国际影响力的海洋文化旅游胜地，让人们在领略海洋之美的同时感悟文化之美。加大湾区旅游资源整合力度，拓展全域旅游内涵，构建湾区旅游一体化合作机制。积极参与共建21世纪"海上丝绸之路"和国际海洋文化旅游长廊，加强与"海上丝绸之路"沿线城市的旅游合作，串联"海上丝绸之路"文化遗址，合力打造"海丝"文旅品牌和国际海洋文化旅游新名片。加强历史文化资源活化利用，在旅游服务中增加海洋文化内涵，以文彰旅、以旅显文，更充分彰显"每天绽放新精彩"的东莞新形象，增强文化自信。

参考文献

[1] 谌小灵主编《东莞古代史》，广东人民出版社，2016。
[2] 东莞城市历史文化特色与价值研究课题组：《东莞城市历史文化特色与价值研究》，上海古籍出版社，2015。

B.5
文化创新·IP赋能
——新文创思维下东莞城市IP形象的构建探索

胡国锋 王永芳*

摘 要： 2021年东莞GDP突破万亿元大关，常住人口超过1000万人，跨入"双万"城市行列。在此背景下，东莞应紧紧围绕举旗帜、聚民心、育新人、兴文化、展形象的使命任务，推动文化高质量发展，塑造与经济实力相匹配的文化优势，实现经济发展与文化建设同频共振、同步发展。本文以新文创思维下东莞城市IP形象的构建探索策略为切入点，分别从东莞城市发展现状、城市IP形象构建所面临的问题、城市IP形象构建发展趋势及构建策略建议方面做出详尽的阐述分析。东莞城市IP形象的构建旨在融合东莞传统文化与现代文明，讲好东莞城市"乡愁"故事，深化产学研合作，推动东莞城市IP产业化发展。

关键词： 城市IP形象 新文创思维 东莞

"城市形象"最早见于美国城市学家凯文·林奇（Kevin Lynch）的著作 *The Image of the City*，该书认为城市形象属于公众艺术的一种，是公众对城市的总体评价和认知反映。党的十九大报告中也明确提出要强化知识产权的

---

* 胡国锋，博士，广东科技学院艺术设计学院副院长、副教授，硕士研究生导师，主要研究方向为品牌设计与传播、艺术数字化、影像文化与视觉传达设计等；王永芳，广东科技学院艺术设计学院教师，主要研究方向为现代招贴的视觉呈现、城市品牌研究、中国传统图案数字化、地域文化在现代设计中的应用等。

（IP）创造、保护和运用，建设"美丽中国"，建设创新型国家，增强道路自信、理论自信、制度自信和文化自信。综合这些以创新为特征的表述，可以看出中央正在创建中国未来 IP 时代，中国城市运营进入新时代，即城市 IP 时代。

城市 IP 形象对城市当前与未来的发展有着重要的作用，尤其是在粤港澳大湾区建设与发展背景下，东莞作为大湾区先进制造中心城市以及"双万"城市，更应不断传播城市 IP 的新创意，着力提升城市形象，促进东莞城市影响力持续提高，带动大湾区经济的全面发展。当前，中国城市高速发展，物联网和人工智能等给人们的生活带来了全新的变化。但同时，现代化建筑的形象几乎是一成不变的，尤其是同一类型城市的相似程度越来越高。因此，树立创新的品牌识别系统，打造属于自己的特色品牌形象是城市的必然选择。

一　东莞城市发展现状分析

东莞是一座工业非常发达的城市，拥有优越的交通条件，也拥有先进的城市文化，是广东省辖地级市，也是珠江三角洲东岸中心城市。这座城市的土地面积不大，却拥有众多知名企业，有着"世界工厂"的赞誉。东莞地处广东省中南部，位于广州与深圳这两个"超大城市"之间，占尽了"地利"。由于交通条件优越，发展机遇众多，东莞吸引了不少人才，东莞的常住人口逐渐增多。相关数据显示，东莞的常住人口约为 1053.68 万人。2021 年全年东莞市地区生产总值为 10855.35 亿元，同比增长 8.2%，两年平均增长 4.6%。东莞第一产业增加值为 34.66 亿元，第二产业增加值为 6319.41 亿元，同比增长 10.5%，第三产业增加值为 4501.28 亿元，同比增长 5.1%。

当前，东莞经济高度发达，但其自身特有的城市功能严重缺失，呈现两极分化的状态，制约着良好城市形象的宣传及推广，最终也会影响城市的经济发展，落入"千城一面"的大流之中。城市 IP 是对城市精神气质的特色凝练,是城市人格化、符号化、价值化的具体形象,能快速聚人气、旺地气、正风气、活商气、汇财气,提高城市认知度、美誉度与到访度。发展社会主义先进文化、广泛凝聚人民精神力量,是国家治理体系和治理能力现代化的深厚支撑。东莞要坚定文化自信,弘扬历史文化精神,大力打造城市文化IP,赋能城市经济高质量发展。

二 东莞城市IP形象构建所面临的问题

东莞城市IP形象构建所面临的问题主要概括为两点,一是共性问题,二是实际问题。

在共性问题上,第一,城市IP形象定位不明确。我国的城市IP形象有着多重身份,例如,北京的"福娃"既是奥运会的吉祥物,又是北京市的吉祥物,从所用元素上来说,也是中国的吉祥物。同时,一个城市可能出现几个吉祥物,在网络上搜索"武汉城市IP形象"或"武汉市吉祥物",出现的不仅有军运会的"兵兵",还有园博会的"楚楚"等。

第二,城市IP形象设计雷同。国内大部分IP形象的五官、表情、身材比例等都惊人地相似。表情都是大大的眼睛和弯弯的微笑,同时伴有相似的奔跑姿势;色彩搭配也非常单一,都选用高饱和颜色进行渐变,色彩选用缺乏当地特色,区分度很低;命名也非常雷同,通常采用叠字。如果将很多城市的IP形象放在一起比较,根本分辨不出它们各自代表什么城市,也不能展现城市的文化特色,难以得到大众的青睐。

第三,城市IP形象内涵浅显。张海涛教授曾在《超级IP视角的新媒体信息传播影响力评价模型构建》中提出,一个拥有良好发展前景的IP,包括4个层级,分别是表现形式与流行元素层级、故事层级、普世元素层级和价值观层级。现阶段,我国的城市IP形象仅仅满足了表现形式与流行元素层级的要求,只能从视觉上给人留下短暂的印象,不能给大众留下深刻的印象,缺少内涵和吸引力。

第四,城市IP形象缺乏地域性特征。从上面三个问题可以看出,当前中国城市IP形象普遍缺少文化内涵，这是因为城市IP形象并未与城市所在区域的传统民俗文化产生联系，文化IP形象缺乏地域性特征，容易导致形象混乱和雷同。不同的地域有着不同的民俗与不一样的生活方式，也有不同的动作习惯，因此城市IP形象应该选用该城市最具代表性的元素并加以创作。

第五，城市IP形象传播方式单一，后续宣传不足。长久以来，国内城市IP形象的塑造和传播仅能在短时间内能够得到公众的关注，当地政府并没有对城市IP形象制定后续发展规划，国内城市IP形象的传播基本上就是传统的线上线下展示，并没有相关的文创产出，缺乏宣传策略，导致IP形象在大众的心里留下的印象不深。

在实际问题上，第一，突破难。东莞市政府虽一直积极响应国家政策，倡导树立东莞的良好城市形象，但目前东莞仍没有专属的城市IP形象，城市IP形象设计所能起到的一系列功能和作用尚未得到有效发挥。内容方面，当前的一些城市IP形象尚不能准确、得当地概括东莞特有的城市特色，主要还是以自然景色和代表性建筑等为主，没有很好地融合现代传播媒介，很难摆脱"千城一面"的固有印象。东莞市应该建立属于自己的城市IP形象，并放眼国际化，构建城市生态新理念。第二，在宣传渠道上，东莞城市形象宣传方面的网络竞争力弱，城市宣传与当前流行媒体软件的结合成效不明显，受众人群较少。

三 城市IP形象构建的发展趋势

在新文创时代使命的驱使下，城市IP形象传播已经脱离了曾经的简单宣传，面临全面转型与升级，对于城市整体发展战略及资源的优化重组有着重要作用。受泛娱乐的影响，文化载体在当下城市IP形象的构建中占据重要位置，同时对于城市形象的提升也起到了极大的推动作用。各个城市都在不断地完善自己的城市形象，努力打造城市文化名片，例如：成都、南京、西安、杭州等地，在城市IP形象构建中都选择将当地文化因素融入其中，使文化与城市形象互相连接，通融共生。

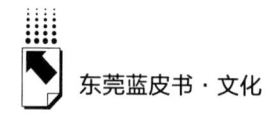

（一）发展方式

目前城市 IP 形象的发展主要还是依托于互联网等媒介，相较于传统的宣传模式而言，更多的是采用多样化的呈现形式，融合新媒体、新技术。互联网等新兴技术的快速发展，为新文创背景下城市 IP 形象的推广及传播带来了不可预估的发展未来，一定程度上推动了城市经济的全面发展，同时消除了传统设计、宣传模式的弊端，例如原创度低、传播速度慢、文化元素融入少等一系列问题，推动城市形象的发展与传播形成一个更加完善的现代产业体系，更便于与城市居民建立联系及消费纽带，唤醒大众对于城市的记忆与依赖，激发城市潜力。

（二）发展方向

城市 IP 形象是知识创新的产物，它既是对一座城市内在文化的抽象化展现，又是对一座城市人文精神的具象化表达。目前，文化发展主要以互联网为传播媒介，以"文化+品牌""文化+产业""文化+科技""科技+内容"等为主要的发展模式，具体的发展方向大致可分为四点。

第一，从新文创的背景出发，使文化与科技、文创产业互相赋能，建立相对较为完善的市场发展体系；第二，城市形象融入城市非遗文化，建设城市名片，助力城市 IP 形象及城市品牌的推广；第三，城市 IP 形象构建融入城市人文情感元素，激发城市发展的潜在动力，同时注重与城市居民间的连接，形成特有的体验式城市文化；第四，借用新技术、新手段，探索城市 IP 形象构建与传播的更多可能性，利用 VR、AR、AI 等人工智能技术加持，拓宽发展及传播模式。

四 东莞城市 IP 形象构建的策略建议

（一）融入互联网文化产业链

互联网时代造就了城市文化的 IP 化表达，使 IP 成为新的连接符号和话语体系。鼓励文化中介原汁原味地记录人们的观点、态度，打破国家、民族、地域之间的文化隔阂，提高这些元素的趣味性、特质性和关注度，形成强变现穿透能力、长变现周期的高价值文化IP要素。强化城市IP管理，构建精细化运营、专业化分工、规模化生产的城市IP工业体系。

（二）构建东莞超级IP生态体系

大力推进大数据、云计算、区块链与文化IP产业深度结合，利用"文化IP+科技+知识+互动召唤"等新兴传播方式，对丰富的文化资源进行系统的活化和演绎，打造网红城市超级IP生态体系。应平衡"保持原城市IP内核"与"技术变现、商业化"的关系，保证城市IP原汁原味地呈现。鼓励新技术打通文化IP产业供给侧和需求侧，构建泛娱乐文化IP商业新场景、新机遇和新空间，赋能行业新发展。

（三）深化产学研合作，推动东莞城市IP产业化发展

城市IP产业是由一系列的文化政策、文化活动、文创平台、城市艺术、城市建设行为等组成。要借力发力，交合创新，通过创意、投资、运营合体，把东莞人文元素带入世界文化前沿。制定颁布一批城市历史文化资源产业开发名录，支持城市历史文化资源向文艺作品和内容产品转化，适时推进《东莞特色历史文化资源数据库》和《东莞城市IP核心资源数据库》建设。通过投资孵化或IP购买，将与东莞文化密切相关的IP纳入国有资产或文化事业管理，积累一批关键产权。鼓励运用区块链技术，开展城市IP孵化和衍生品开发，以城市文化体验中心和城市IP衍生品带动城市经济高质量发展。

（四）有效提升本地媒体传播力

媒体传播力是媒体组织、生产和扩散信息的能力。显而易见，城市信息的生产、整合和扩散能力，主要依靠本地大众媒介来完成，信息生产和扩散能力较强的城市，更容易引起本地及周边地区公众的注意。提升本地媒体传播力可以从以下两个方面着手。

第一，抓住良好时机。本地媒体要根据城市发展特色和优势及时创造或传播新概念，并不断向外扩散，将东莞城市的优质经济及文化资源及时扩散出去，在外媒的反复引用和传播中固化东莞形象。第二，本地媒体设置各类城市管理议程，及时沟通管理者与民众，既可推进城市管理有序进行，更是在无意中建构了良好城市形象。

（五）采用移情的方法，构建东莞市独特的IP城市形象

一个具有高辨识度且可以持续开发的城市IP形象，应具备深厚的文化底蕴、正确的价值观念与丰富情感。在信息化时代，IP形象设计面临新的要求：面对IP开发的内容性特征、人格化属性和情景化体验这三大核心要素进行针对性整合设计，使IP形象同时具有高识别度的视觉效果及流量集合与情感转化的能力。东莞可以运用移情的方法赋予IP情感属性，而IP外在的高辨识度的视觉效果则需要通过对地方民俗文化的元素提取与整合来实现。比较众多城市IP形象设计，可以看出几乎所有的IP形象都运用了不止一个元素，都是设计师经过对比分析、梳理筛选出的最具代表性的元素。

东莞市IP形象设计思路为"D1+D2+D3＝D"。其中，"D1"指的是形象参考；"D2"指的是外在视觉元素提取，如色彩、肌理、造型等；"D3"则指IP形象的呈现方式；"D"则是指经过融合整理出的最终城市IP形象。在东莞的地域文化中，可以挑选出来为东莞城市IP形象设计服务的有粤曲、粤剧、龙舟、莞香、千角灯、麒麟舞等。东莞市民俗文化众多，最具代表性的民俗文化当属非物质文化遗产，因此，在元素的选择上，可以关注东莞市的国家级非遗——东莞莞香和东莞千角灯。因此，"D1"元素选择麒麟，以麒麟作为形象参考，一方面麒麟是古代"四灵"之首，代表吉祥；另一方面麒麟舞是客家文化的根。"D2"元素选择东莞莞香，将其独特的肌理应用于IP形象，能在千篇一律的IP形象设计中打造截然不同的视觉体验，吸引受众。"D3"元素选择东莞千角灯，IP形象的呈现可以参考千角灯的立体化呈现方式，与现在大同小异的IP形象造型加以区分。综上所述，产生的"D"——东莞城市IP形象结合了麒麟的形象、莞香的视觉肌理、千角灯的

立体化呈现特征，是独具东莞地域文化特色的城市IP形象。

选取这三个元素不仅是因为它们是非物质文化遗产，更重要的是其蕴含了城市情感和城市记忆。这个城市IP形象能勾起当地人对城市的回忆，使参观者体会到东莞当地的历史文化和风土人情，将老莞人艰苦奋斗、励精图治、乐观向上的精神情感传递出去。

每座城市的民俗文化都是这座城市珍贵的精神财富，每座城市都应该有其文化影响下的鲜明的形象特征。将民俗文化运用到城市IP形象设计中，不仅能提升城市形象，让地域文化得到更好的保护、传承和发展，而且能对民俗文化和非遗技艺进行继承和发扬，进一步凝聚城市文化力、向心力，形成城市独有的性格。高效的城市IP形象设计能助力城市全方面发展，带动文化旅游业发展，提升消费水平，树立良好的城市形象，促进区域经济发展。

参考文献

[1] 邓庄：《城市化进程中的大众传媒》，光明日报出版社，2012。
[2] 王安中、夏一波：《C时代：城市传播方略》，新华出版社，2008。
[3] 刘志斌：《民俗文化对城市形象的构建与传播研究——以佛山"行通济"民俗为例》，硕士学位论文，华中师范大学，2018。
[4] 田聪聪：《部编版初中语文教材中的民俗文化及教学研究》，硕士学位论文，河北师范大学，2019。
[5] 宣炳善：《论陈华文的民俗学研究》，《广西民族学院学报》（哲学社会科学版）2003年第3期。
[6] 郝俊山：《北京城市虚拟形象IP的设计开发与应用研究》，硕士学位论文，广西师范大学，2020。
[7] 周洁：《基于移情法的文创产品设计研究——以莫高窟藻井艺术为例》，硕士学位论文，兰州理工大学，2018。

文旅融合与产业发展

Cultural and Tourism Integration and Industrial Development

B.6
发展潮玩产业　打造"潮流东莞"

谭汪洋　林春香　田恬　林环　莫延钦　麦正阳　陈肇仪*

摘　要： 东莞市提出要壮大潮流玩具等文化产业，打造"潮流东莞"等城市文化名片。东莞潮玩产业在全国乃至全球具有不可替代的制造优势。东莞市潮玩制造优势突出，但在原创IP研发和销售服务方面较为欠缺；制造产业链虽完备，但未形成产业集群；缺少人才和政策支持。因此，本文提出以下四点建议，一是固根强基，做深做强潮玩基础；二是强干优枝，做好做优潮玩研发；三是筑巢引凤，做亮做精潮玩品牌；四是开枝散叶，做大潮玩规模。

---

* 谭汪洋，中共东莞市委党校教授，主要研究方向为文化学、传播学；林春香，博士，中共东莞市委党校副教授，主要研究方向为文化学；田恬，东莞市文广旅体局文物和博物馆科副科长，主要研究方向为博物馆学；林环，东莞市委网信办网络传播和社会工作科科长，主要研究方向为传播学；莫延钦，东莞日报社办公室主任，主要研究方向为传播学；麦正阳，东莞广播电视台广告中心主任，主要研究方向为传播学；陈肇仪，东莞市投资促进局办公室主任，主要研究方向为经济学。

发展潮玩产业　打造"潮流东莞"

关键词： 潮玩产业　SWOT 分析　东莞

习近平总书记指出，要推动文化产业高质量发展，健全现代文化产业体系和市场体系，推动各类文化市场主体发展壮大，培育新型文化业态和文化消费模式，以高质量文化供给增强人们的文化获得感、幸福感。随着我国社会生产力水平极大提高和社会供给能力显著增强，人们对精神文化的需求越来越高，对精神文化产品供给提出更高要求，文化产业成为增强人民群众获得感、幸福感的重要产业，同时在培育新的经济增长点、赋能经济社会发展、提升城市形象方面发挥着更大的作用。

2022 年召开的东莞市第十五次党代会提出，要全力推进文化强市建设，抓好国家文化和旅游消费试点城市建设，壮大动漫游戏、潮流玩具等文化产业，促进文旅消费升级。同年 4 月，全市宣传思想工作会议紧扣"思想引领+文化供给"这一核心，发展壮大文化产业，突出打造潮流文化等"七大文化"，明确城市形象新定位，打造"潮流东莞"等城市文化名片。潮玩是潮流文化的重要组成部分，具有独特的情感价值属性。把发展潮玩产业作为建设"潮流东莞"的关键抓手，不仅有利于东莞城市形象升级，还可借助"潮玩名片"让更多人特别是年轻人了解东莞，为东莞发展注入新的活力。本文通过采用文献研究法、问卷调查法、实地观察法等调研方法及 SWOT 分析法，立足东莞实际，就东莞市如何发展潮玩产业、打造"潮流东莞"提出建议。

一　潮玩的内涵及发展

（一）潮玩的定义和分类

"潮玩"，即"潮流玩具"，是一种融入艺术、设计、潮流、绘画、雕塑等多元素理念的玩具，又被称作"设计师玩具"。潮玩主要分为手办模

型、盲盒和 BJD（球关节娃娃）、艺术玩具 4 类。

手办模型指的是现代的收藏性人物模型，也可能指汽车、建筑物、视频、植物、昆虫、古生物或空想事物的模型，经常会被混淆到所有人物模型上。而真正意义上的手办都是表现创作者个性的 GARAGE KIT（简称 GK），指没有大量生产的模型套件。盲盒，起源于日本，小纸盒里装着不同样式的玩偶手办。一般每种盲盒都会成系列、按照季节售卖，每个系列都会有 12 个左右的款式，每个盒子上没有样式，只有打开才知道自己抽到什么，即所谓盲盒名字的由来。BJD 的全称是 ball joint doll（球关节娃娃），指关节处由球形零件连接起来的娃娃，玩家可以更换 BJD 的样式，如服装、手脚、头发，甚至眼球，展现自己的个性。艺术玩具是指由艺术家设计制作，尺寸由几厘米到几十厘米不等的玩具。

（二）潮玩的兴起与发展

20 世纪 90 年代潮玩首次以工作室或独立设计师的形式出现在中国香港和日本，早期国内玩家热衷追逐外国潮玩和小众艺术玩具。2005 年中国内地也开始出现潮玩工作室与独立设计师，中国潮流玩具行业开始逐渐市场化。

Frost & Sullivan 的数据显示，2019 年全球潮玩市场规模为 198 亿美元，预计 2024 年市场规模将达到 418 亿美元。相比于全球市场，中国的潮玩市场增速更快，2015~2019 年中国潮玩市场规模从 63 亿元增至 207 亿元，根据 Frost & Sullivan 的预计，2024 年中国潮玩市场规模将达到 763 亿元。潮玩产品在中国乃至全球市场显露巨大消费动能。

（三）发展的背景和动因

1. 整体经济发展带动

2010 年，中国人均 GDP 突破 4000 美元，潮玩产业开始进入成长期，出现了泡泡玛特、52Toys 等本土品牌。2019 年人均 GDP 超过 1 万美元，意味着我国经济发展质量稳步提升，人民生活持续改善，居民消费升级，开始追求更精致的生活方式，更加注重质量和情感满足。

2. 消费观念变化拉动

在年轻人不断寻求自身价值和社会认同的背景之下，潮玩这种以潮流为核心、以玩具为载体、彰显个性的商品，成为如今"Z世代"[①]自我表达的符号和途径；互联网的高速发展，改变了"Z世代"消费习惯，他们更愿意尝试网红产品或新品，更容易被关键意见领袖或熟人"种草"。潮玩同时也是一种社交媒介，潮玩爱好者可通过潮玩结交同好，找到属于自己的圈层并构建圈层文化。

3. 潮玩营销方式推动

盲盒是潮玩的重要营销方式，属于"惊喜经济"。消费者本就存在猎奇心理、从众心理，在概率认知偏差和翻本效应的影响下，容易一再消费。同时，潮玩具有精神慰藉功能，不少消费者把潮玩作为情感联结和精神陪伴，希望集齐全系列，从中获得精神满足。

二 东莞发展潮玩产业的SWOT分析

东莞玩具产业以OEM代工起步，外向型特点显著，享有"世界玩具制造之城"的美誉。据中国玩具协会统计，目前全球动漫衍生品80%由中国制造，其中超过1/3在东莞生产。2021年，东莞玩具出口再创佳绩。海关总署广东分署数据显示，2021年1~12月，东莞市玩具出口总额约为73.87亿美元，同比增长71.22%。

玩具及文体用品制造业是东莞市四大特色产业之一。根据市工信局统计，2021年，全市玩具及文体用品制造业共有规模以上工业企业410家，实现规模以上工业总产值524亿元，同比增长28.1%；完成规模以上工业增加值150.6亿元，同比增长21.9%，占全市规模以上工业增加值的3%。其中，2021年东莞市涉及潮玩生产的规模以上企业有57家，它们的工业总产值达128.31亿元，同比增长35.8%，增长幅度远高于玩具行业增速，带动作用明显。

[①] "Z世代"指1995年至2009年出生的一代人，又称"互联网世代"。

（一）S——东莞发展潮玩产业的优势（Strength）

一是制造产业优势突出。东莞制造工艺水平领先全国，从潮玩设计到量产前的打样、3D建模、材质选择、上色、涂装等各环节都具有效率高、质量好的优势，而且国内包括模具、夹具等大部分原料配件只在东莞生产，价格优势明显。可以说，东莞的制造优势对潮玩产业具有革新性意义。同时，由于工序复杂精细，目前手办生产仍有九成工序需依靠人工完成，东莞技能劳动者累计达125万人，玩具从业人员超过30万人，优质的技术工人资源为潮玩生产提供保障。经过40余年的发展，东莞逐渐形成以清溪、凤岗、虎门、常平、茶山、石排、万江为重点区域的玩具产业基地。其中，石排镇是东莞市潮玩生产的重要集聚地，现已有33家规模以上玩具企业，其中潮玩企业23家，在2021年实现总产值32.8亿元。

二是转型先发优势突出。随着传统制造业红利消退，东莞的潮玩行业已经充分意识到打造自主品牌和原创IP的重要意义，涌现了一批代工转向内销、打造自主品牌、发展销售终端的潮玩企业。在代工转内销方面，东莞为全国近85%的潮玩代工，国内潮玩巨头泡泡玛特近75%的商品产自东莞。在打造自主品牌方面，东莞打造出一批具有全国知名度的文化品牌和潮玩原创IP。第一类是直接借势成熟IP，如广东郎博旺事业有限公司早年依赖国外品牌订单，生产自主权较弱，近年来开始打造自主IP，与中日诸多版权方合作，开发经典IP衍生品；顺林模型有限公司多年来为车企制作模型，全球市场占有率超过40%，目前转型与知名艺术家联名推出潮玩IP"胖哒"。第二类是品牌IP自制，如东莞市德伸五金塑胶制品有限公司在存量传统玩具生产基础上，从贴牌代工转为共同研发，建立自有品牌Toycity，从事中国原创潮流IP孵化、产品开发及销售，原创IP有Laura、Angelboy等。该公司在未品牌化前，仅能赚取出厂价5%~8%的产品加工利润，拥有自主品牌后，其毛利润率可达50%以上，公司估值从2018年的500万元增长到2021年的1.2亿元。第三类是细分领域方面排第一，如摩动核，定位是中国风机甲动漫文化品牌，集前期设计、研发、模具、喷漆、组装、销售为一体，2021年合金成品模型全国销售额同比增长50%，同时布局衍生内容端，其玄幻IP《星甲魂将传》在腾讯漫画上线2个月，热度超8000万；东莞市微石文化科技有限公司开创金属DIY品牌"拼酷"，2018年前风靡海外，2019年后通过国潮联名，在国内"种草"无数，其产品"凤冠"潮玩月销22万件，年销售额过亿元。在发展销售终端方面，东莞产生了国内领先的潮流零售企业KK集团，旗下的KKV、X11遍布全国31个省（区、市）169个重点城市。至此，东莞潮玩产业的上中下游均已完备。

三是群众基础优势突出。发展潮玩产业契合"青春之城"建设，得到了东莞市民的普遍认同。16~35周岁是潮玩的主力消费群体和受众。根据《东莞青年发展调研报告》，东莞16~35周岁的人数超575万，外来青年占比超九成，是一座年轻的、外向的、有吸引力的城市。为了解市民对潮玩和潮流文化的看法，本文作者通过"东莞发布"发布了问卷，仅在24小时内就回收了1384份问卷。问卷的作答者横跨各年龄段，其中18~33岁的青年群体占71.39%（见图1），上班族占63%，学生占17%，月收入5000~10000元的占42.56%，10000元以上的占14.81%（见图2）。

在"对潮流文化的理解"（多选）方面，81%的受访者选择了"潮玩手办、模型"，由此可见，"潮玩是潮流文化重要组成"的观念深入人心（见图3）。

在"打造'潮流东莞'的基础"（多选）方面，绝大多数受访者认为"庞大专业高效的潮流制造业"（85%）和"年轻的人口基数"（64%）是基础（见图4）。

在"如何打造'潮流东莞'"（多选）方面，受访者认为"观念！潮流是一种生活方式和生活态度"（78%）和"人！潮人、设计师、创意型人才都来"（74%）是关键，此外受访者对打造潮流经营实体、建设消费终端也有较大期望，有64%的受访者选择了"融入生活的方方面面！楼下的咖啡馆也很潮"，有56%的受访者选择了"要有迪士尼/环球/长隆等文旅项目进驻"。

此外，91%的受访者认为潮玩形象的雕塑会使整个城市更年轻更有趣。

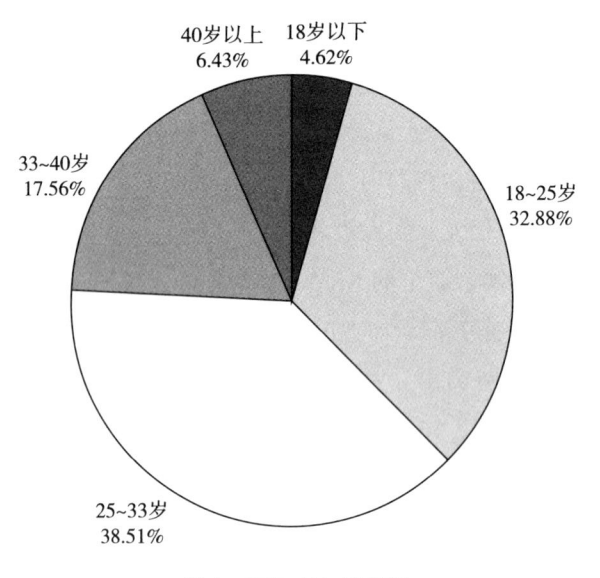

图 1　受访者年龄范围

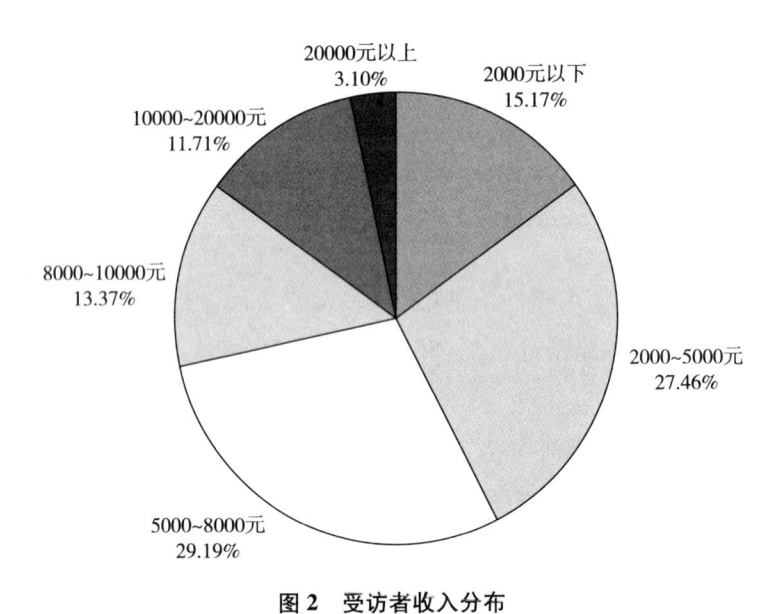

图 2　受访者收入分布

由调查可得，发展潮玩产业、建设潮流文化在东莞市民中有较广泛的群众基础和较强的认同感。

发展潮玩产业 打造"潮流东莞"

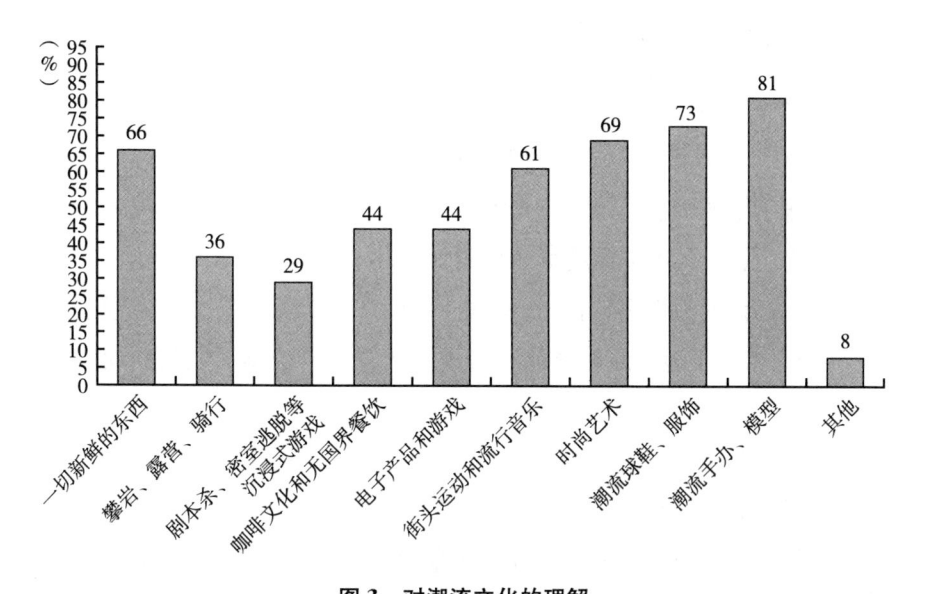

图 3 对潮流文化的理解

运动和活力之城，大家都爱打篮球、长跑和骑单车

生态很不错，周边都是公园、绿道和露营的帐篷

悠闲的生活方式，遍地咖啡馆、剧本杀、密室逃脱

庞大专业高效的潮流制造业

年轻的人口基数

图 4 打造"潮流东莞"的基础

（二）W——东莞发展潮玩产业的劣势（Weakness）

一是品牌不足，处于产业底端。潮玩产业的高附加值产业链环节（80%~90%）主要集中在上游的IP设计、授权、研发和下游的品牌管理、销售等，居于中游的制造业处于产业链底端。而东莞的潮玩产业基本仍以代加工生产为主，整体产业结构处于低附加值环节。据调研，东莞有4家工厂为市值800亿元的泡泡玛特代工，但这些代工厂所得收益不足产品总利润的5%。随着用工、土地、原材料等要素成本上升，传统制造业的利润空间可能还会下降。

二是人才不足，制约做强自主IP。随着潮玩企业逐步走向自主IP化，潮玩行业对中高端设计人才和高素质产业工人的需求不断增大、要求不断提高，人才供给与产业需求的结构性矛盾愈发突出。缺少设计和销售人才，因此，虽然部分重点潮玩企业的总部注册地为东莞，却不得不把设计和销售团队设在"北上广深"等城市，中小企业则将开发工作外包给市外团队。设计师虽在打样、制作过程中要到东莞停留，但由于缺少艺术氛围、政策保障，也基本不在东莞留下扎根。

三是服务不足，缺少产业信息聚合。尽管东莞的玩具制造产业链完备，个别镇街在政策引导和企业发展过程中形成了产业聚集，但东莞市仍未建立起行业信息平台、交易平台和研发平台，信息不对称，设计端企业难以高效匹对到合适的制造企业。

（三）O——东莞发展潮玩产业的外部机遇（Opportunity）

一是我国将进入潮玩爆发期。国内潮玩产业方兴未艾，2025年中国将进入爆发期，规模预计突破1500亿元；而国潮的兴起也为潮玩市场注入源源不断的本土IP动力和丰富的创意空间，潮玩的受众层面将进一步扩大。如按东莞制造了国内约85%的潮玩来看，从供给角度推测，2025年东莞潮玩产品的供应规模可达1275亿元，将为东莞市经济发展提供新的增长点。

二是"潮流东莞"城市名片逐步形成。自Molly、冰墩墩等潮玩"出圈"后,"世界玩具看中国,中国玩具看东莞"深入人心。当前全国尚无一个标榜"潮玩行业"与城市深度融合的城市。如果东莞立足潮玩制造优势,加大力度发展潮玩产业,培育叫得响、立得住、传得开的潮玩IP,将有利于营造更年轻、更包容、更多元、更有活力的城市氛围和城市精神,吸引更多"潮人"扎根东莞,将"潮流东莞"打造成为东莞独一无二的城市名片。

三是"潮玩+"具有较强带动属性。过去潮玩总被标榜为"无用但快乐"的产物,但经过调研发现,潮玩有精神慰藉属性,具有很强的赋能作用,能够打破不同圈层的文化隔阂,可通过授权、联名等形式成功融入社会各阶层,例如篮球文化和历史文化,都可用潮玩进行二次包装,使其更"出圈";将潮玩衍生到其他的传统行业,可增加这些行业的附加值,如"文旅+潮玩""餐饮+潮玩"。

(四)T——东莞发展潮玩产业的外部威胁(Threats)

一是机制:行业制度标准滞后。目前绝大部分潮玩产品执行的是通用模型产品标准(GB/T26701),其中没有针对性的安全条款,因此按该标准生产的潮玩有可能对儿童健康构成一定的风险;一些商家利用盲盒的随机属性,质量参差不齐,诱导过度消费,损害消费者合法权益,影响潮玩整体形象。在潮玩领域,目前仅有团体自律标准《鉴赏收藏用潮流玩偶及类似用途产品》和上海市市场监督管理局发布的《上海市盲盒经营活动合规指引》,行业专门监管制度和标准的时效性和实效性明显滞后,对潮玩行业的质量、销售、服务未形成正向引导,不利于潮玩行业提升品牌形象和长远健康发展。

二是政策:产业引导政策欠缺。IP开发和推广端的设计、动漫游戏、影视、文化艺术等行业的具体政策相对滞后;生产端的规划、土地、环保等环节的政策相对欠缺,出现产业层次与生产资质倒挂现象,例如由于近年来环保政策逐渐收紧,新兴企业如摩动核等拥有自主IP的全产业链潮玩企业难以办理环境评价,但早期通过环境评价的玩具企业大多从事代工业务,效能较低;销售服务端的金融、税收和产业宣传营销推广政策相对不足,一定

程度上制约了潮玩的全产业链发展。如KK集团计划海外上市，但由于东莞市缺少相应政策支持，KK集团不得不到深圳、珠海等地注册企业。

三 东莞发展潮玩产业的建议

经过深入调研，本文认为，潮流文化是一种生活方式。相比于东莞其他传统产业（如鞋类、箱包、家具等），潮玩产业的体量不大，但因其具有工艺制造优势及品牌、设计的优势，迅速在国内乃至全球市场中占据不可或缺的地位。东莞市发展潮玩产业，优势大于劣势、机遇高于挑战，是发展潮流文化的必由之路，可带动和引领其他行业走向品牌化、潮流化。

（一）固根强基：做深做强潮玩基础

1.培育根基——培育本土龙头

围绕东莞本土具有重大发展潜力、具有特色的头部潮玩企业，建立"品牌+生产+渠道"的生态闭环，在资源要素方面给予支持，力争打造出1~2家泡泡玛特级别的标杆潮玩企业，引领全市潮玩行业发展。

2.搭建基础——建立组织联盟

强化公共服务，大力培育潮玩土壤。按照"政府引导、市场主导、企业主体"的原则，在市级层面，统筹宣传、网信、工信、商务、文化等部门，成立潮玩产业发展领导小组，围绕潮玩产业专题研究制定一揽子配套政策，对IP知识产权原创、人才及企业吸纳、本土数字文化创新、企业升级转型降本等进行扶持。引导市内头部潮玩企业，抢先注册成立潮玩产业联盟，推进潮玩企业之间的产业联动、资源共享、创新互促；借助东莞市潮玩产业链优势，率先制定潮玩行业标准和规范，引导行业健康有序发展。

3.稳打稳扎——打造产业集群

结合数字经济，打造潮玩产业集群平台。在线下聚集东莞强势中端生产资源，快速响应市场需求和行业创新，提升产业竞争力；线上依托互联网企业搭建上中下游资源信息撮合及产业升级"云园区"，推动东莞制造数字化、智能化转变，推进反向定制（C2M）创新发展，增强企业柔性生产和市场需求适配能力。

（二）强干优枝：做好做优潮玩研发

1. 突出引导企业产品IP化

引导企业加大研发投入力度，培育具有自主知识产权、东莞文化元素的原创IP；鼓励潮玩生产企业与国际、国内顶尖潮流IP设计企业合作，争取更多有影响力的国际IP、国潮文创IP授权。

2. 突出帮助"产学研"转化

探索搭建潮玩IP版权线上交易平台及线下交易场所，加快推动一批潮玩IP设计创新成果转化，提高转化率，调动设计师设计成果转化和创新创业的积极性，实现共同研发、IP交换、IP共享等；强化知识产权保护，加大行业侵权打击力度，推动行业良性发展。

3. 突出城市氛围体验供给

在中心城区建设沉浸式潮玩体验空间，搭建潮玩产品集聚、展示、体验、销售、交流的场所。为消费者提供一个潮玩文化与体验相互推进的沉浸式造梦空间；依托石排镇产业基础，建设潮玩街区。通过建设潮玩博物馆、潮玩主题商业街，引进国内外潮牌服饰、潮玩零售集合店、高端连锁餐饮、运动体验空间、网红打卡店等，打造"网红潮空间"。

（三）筑巢引凤：做亮做精潮玩品牌

1. 精准引进潮玩产业链

围绕潮玩产业链的设计端和销售端两个重要缺失环节，编制潮玩产业招商图谱，开展精准招商活动；引导设计端和销售端"两端"在外的本土潮玩企业将产业链高附加值环节"回归"东莞。

2. 精心吸引优秀潮玩人才

在中心城区打造高品质低成本的潮玩设计师创意园，为设计师提供涵盖研发、生产、推广营销的一站式产品服务；建立高等教育、职业教育、继续

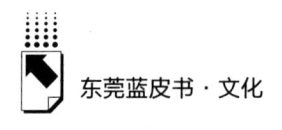

教育不同层次潮玩人才培养体系，探索与国内知名美术学院在设计人才引进方面开展合作。

3. 精密部署引进"国级"展会

积极对接中国玩具协会、潮玩及收藏专委会等协会资源，争取将国家级的潮玩展会、论坛、行业峰会、主题活动等落户东莞，聚集全国的潮玩企业家、设计人才、消费者等资源，提升东莞知名度与影响力。举办一场高规格、高水平的潮玩行业峰会来扩大东莞潮玩产业知名度和影响力。

（四）开枝散叶：做大潮玩规模

1. 走出去跨界联动——从潮玩到周边

引导潮玩行业与电子信息、文化创意、动漫、食品饮料、服装鞋帽、箱包等行业深度互动、衍生、联名，构建产业链相互支撑的良性发展的内生机制，发挥"1+1>2"的叠加效应。

2. "走出去"融入城市——从线上到线下

将潮玩作为城市外宣新元素和着重点，在线上对东莞潮玩进行全媒体宣传报道、创意策划包装和舆论氛围营造；在线下加强城市氛围营造，在中心城区城市地标、重要路口定期展示大型潮玩艺术装置，将潮玩元素融入城市宣传，引导市内餐饮、酒店民宿、文旅企业与潮玩企业联名开发创意产品，推动潮玩与城市经营深度融合。

3. "走出去"抢占市场——从东莞到世界

借助东莞市玩具出口企业与境外IP运营企业的良好合作基础，支持鼓励头部潮玩企业"走出去"发展，通过境外投资、并购或合资设立分支机构等方式，推运东莞市潮玩企业国际化，抢占国际市场，"走出去"参加各类潮玩展会、论坛、行业峰会、主题活动等，与世界潮玩进行交流，提升东莞潮玩知名度与影响力。

B.7
东莞乡村文旅高质量发展研究*

杨亚南 陈婕**

摘 要： 东莞市具有发展乡村文旅的有利条件，不仅具有优越的地理区位和丰富的自然资源，而且具有深厚的人文底蕴和良好的产业基础。近年来东莞市出台了一系列发展乡村文旅的政策措施，推进乡村文旅融合，赋能乡村振兴建设，但也存在政府部门的统筹协调机制不健全、文化和旅游产业融合程度不深等问题。为此，东莞需要优化政府统筹机制，完善资金和人才保障政策；构建高水平公共服务体系，推动乡村文旅高质量发展；数字赋能商旅文联动优势，打造数字化商旅文服务平台；多元主体联动，促进乡村文旅项目提质增效；综合采取多种措施，保证点状供地使用效果。

关键词： 东莞乡村 文化和旅游产业 高质量发展

东莞市以习近平新时代中国特色社会主义思想为指导，深入学习贯彻习近平总书记关于乡村文化旅游的重要论述和视察广东重要讲话，全力贯彻落实省委省政府关于推进文化旅游产业发展的要求。东莞发展乡村文旅，有利于改善基层村社人居环境，满足城乡居民日益增长的个性化、多样化需

---

* 本文为2021年度东莞市社会治理研究专项一般课题"党建引领下社会治理参与主体联动机制研究"（编号：2021SHZLYB08）、2022年东莞市哲学社会科学规划课题《以乡村文旅引领东莞乡村振兴研究》（编号：2022ZD08）的研究成果。
** 杨亚南，博士，东莞市社会治理研究院、东莞理工学院法律与社会工作学院（知识产权学院）讲师，主要研究方向为城市管理、基层社会治理；陈婕，博士，东莞市社会科学院文化研究中心副主任，助理研究员，主要研究方向为经典与解释、琴学、地方文化。

求，促进东莞城市高品质发展；有利于立足各镇街的特色文旅资源和文化优势，传承当地的优秀传统文化；有利于提高当地居民的文化品位和生活质量，营造新时期"湾区都市、品质东莞"的城市形象。

一 东莞市乡村文旅发展的现状

（一）东莞发展乡村文旅的有利条件

1. 地理区位

东莞位于珠江口"黄金内湾"，毗邻广深、港澳，地处广深走廊中心节点和亚太经济走廊中心位置，是粤港澳大湾区重要节点城市。目前东莞市属于珠三角城市群中的核心城市，城市的城镇化水平较高，在发展乡村文旅方面具有较大的潜在市场需求。

2. 人文底蕴

东莞拥有5000多年的人类活动史、1692年的建县史、1266年的建城史，是岭南文明重要起源地和发展地，是全省国家保护单位分布密度最高的地级市。市内大量的古村落、革命纪念地、非物质文化遗产等形成了独具莞邑特色的人文资源，为东莞乡村文旅发展奠定了坚实的基础。

3. 产业基础

东莞是国际制造业名城，其产业基础良好，产业链完整，有助于乡村文旅业态的多元化发展。截至2023年2月，全市拥有省级文化旅游融合发展示范区2个，国家4A级旅游景区14个，全国乡村旅游重点村2个，省域旅游示范区3个，省旅游风情小镇3个，省文化和旅游特色村9个，省乡村旅游精品线路7条，省工业旅游精品线路3条，省百强旅行社2家，五星级酒店9家。① 截至2022年10月，全市拥有市级以上农业龙头企业55家、农民合作社148家、家庭农场141家、各级农业产业园23、具有一定规模及知

---

① 资料来源：东莞市文化广电旅游体育局。

名度的农业休闲场所 120 多个。①

4. 自然资源

东莞具有江、湖、山、海等类型多样的自然景观，拥有耕地、林地、草地、水面、滩涂多种类型的土地。截至 2020 年底，全市共有城市公园 1223 个；森林公园 21 个，其中国家级森林公园 1 个；自然保护区 6 个；湿地公园 25 个，其中国家级湿地公园 2 个；国家级生态镇 10 个；②拥有银瓶山、观音山、水濂山、莲花山、华阳湖等生态旅游景区。东莞具备发展乡村生态旅游与休闲观光旅游，以及省内、华南地区短期旅游的优势。

5. 政策保障

东莞市制定实施了与乡村振兴和旅游相关的一系列措施，其中《东莞市乡村建设规划（2018—2035 年）》提出以建设人文湾区、休闲湾区为总体目标推动东莞乡村振兴；《促进全域旅游发展实施方案》提出推动文化产业与乡村振兴的紧密结合；《关于实施点状供地助推城乡高质量融合发展的实施意见（试行）》为乡村文旅的用地问题提供了新的解决办法。

（二）乡村文旅融合有序推进，逐步赋能产村融合

1. 文化赋能产村融合，助推文旅产业打造

东莞文化与产业、市场、科技逐渐融合，文化和旅游产业形成了双向融合、相互促进的格局，发展势头良好，不仅有量的显著增加，而且有质的明显提升。从规模看，2020 年东莞文化及相关产业实现增加值 549.83 亿元，仅次于深圳、广州，稳居全省第三位。旅游产业方面，2022 年东莞市接待国内外游客 3886.26 万人次，实现旅游收入 307.41 亿元。

2. 公共文化服务体系不断健全，助力乡村文旅发展

东莞市全力推动全域文明创建，深化公共文化服务体系建设，实现市级以上"文明镇"全覆盖，基层综合性文化服务中心城乡全覆盖，初步

---

① 资料来源：东莞市农业农村局。
② 资料来源：《东莞年鉴（2021）》。

实现城乡基本公共服务均等化。全市结合乡村文化振兴工作创新举办"共享文化年"活动，打造"四个100"共享文化项目。截至 2022 年 6 月，共推出超过 2600 场公益文化活动，惠及市民群众 310 万人次。[①] 农村人居环境、人文氛围转变较大，居民认同感大大增强，消费群体逐渐向乡村回流。

3. 加强保护应用，推进乡村文物和非物质文化遗产转化为文旅景观

东莞市乡村文物、非物质文化遗产的保护活化力度日渐加大，文旅资源加速向文旅产业转化。全市不断促进文物资源变精品业态、名人故居变文化窗口、革命遗址变旅游景点、居民建筑变民宿创客、地方民俗变旅游节庆。截至 2022 年底，东莞市共有广东省历史文化游径 4 条、粤港澳大湾区文化遗产游径 2 条。

4. 依托红色革命资源，打造红色文旅线路

截至 2022 年底，全市共有红色革命遗址 117 处，其中全国重点文物保护单位 2 处、省级文保单位 1 处。[②] 东莞市依托红色文化资源，打造了"东征风云之旅""近代开篇之旅""东纵丰碑之旅""峥嵘岁月之旅""莞邑文蕴之旅""前进荣光之旅""继往开来之旅""时代印记之旅""榴花抗战之旅""勇攀高峰之旅" 10 条"走读红色东莞"主题旅游线路。[③] 同时定期开展红色旅游宣讲和研学活动，助推乡村文旅发展。

5. 多方位多渠道发力，构建乡村文旅传播体系

东莞市举办"粤港澳大湾区公共文化和旅游产品采购会"，搭建起首个辐射粤港澳大湾区的文、旅、体产品大型公益性展示交易平台；开发了东莞"江湖山海"非遗系列活动及 16 条相关主题文旅体验路线；举办了"畅游东莞·四季如歌"旅游推广活动；借助融媒体平台和港澳国际旅游（产业）博览会、亚洲文化旅游展等大型文旅产业平台，构建了多元一体的乡村文旅传播体系。

---

① 资料来源：东莞市农业农村局。
② 资料来源：中共东莞市委党史研究室。
③ 中共东莞市委党史研究室编《东莞红色之旅》，中共党史出版社，2015。

（三）乡村振兴成效显现，发展业态日渐多元

1. 古村旅游

东莞依托古村建筑、村史、习俗、非遗等资源，开发古村旅游线路，大力促进乡村振兴。例如，茶山镇以南社古村作为核心，联合红色寒溪水、牛过蓢古村落，打造了多条精品乡村旅游线路和红色旅游线路。茶山南社古村落和石排塘尾古村落联合打造的"岭南古村落历史文化游径"，是东莞市第一批入选"广东省历史文化游径"的线路。寮步西溪古村秉承文化振兴推动乡村振兴的理念，以莞香文化为核心，着力打造"西溪明城"，吸引了众多游客，成为深受民众喜爱的"打卡点"。

2. 休闲观光农业旅游

东莞以"自然风光、现代农业、农事体验、生态休闲、农耕文化"为主线，开发休闲农业观光旅游。麻涌镇大力发展观光农业，目前成功打造了4个中国乡村旅游金牌农家乐、5个省级休闲农业与乡村旅游示范点、7个市级休闲观光农业示范点，形成了以华阳湖为核心、多类文旅产品共同发展的格局，[①] 成为东莞乡村文旅助推乡村振兴、乡村振兴反哺乡村文旅的样本。

3. "农业+研学"旅游

东莞将观光、特色种植和产品深加工等相融合，开发了以体验农事为主题的农业研学乡村文旅模式。东城街道东江印象特色农业园将农业耕种、研学体验、劳动教育等相融合，打造"生态农业示范基地、农业科普教育实践基地、休闲农业体验"相结合的文旅综合体，面向粤港澳大湾区的大中小学生，开展形式多样的研学旅游。

4. "旅游+互联网"新发展模式

厚街黄金小镇是国家特色小镇战略的实践平台，该小镇由行业龙头企业主导，以贵金属和珠宝首饰为产业核心，采用"旅游+互联网"新发展模

---

① 资料来源：东莞市麻涌镇华阳湖公园管理中心。

式，形成集产、城、人、文、旅于一体的产业模式和全新发展空间，打造了工业旅游和网红微旅游相结合的新型产业社区，助推了乡村文旅发展。

二 东莞市乡村文旅发展过程中存在的主要问题

（一）政府部门的统筹机制有待进一步健全

政府部门的统筹协调机制需要完善，多部门协作需要进一步加强。第一，职能部门之间的协作成效有待提高。全市发展乡村文旅需要统一布局，东莞市部分文旅项目涉及的问题较多，需要多部门协作才能有效解决。有的景区由多个镇街各自分片进行监管，管理上存在较大的协调难度，联合管护的目标很难充分实现。第二，部分文旅项目存在分散化和同质化问题。部分镇街的乡村文旅项目特点和亮点不足，没有串联成线，难以有效发挥成片效应。在旅游项目设计上，有的文旅项目创新意识不强，过于追求潮流和同质化模仿，特色不足，部分镇街缺乏地域特色鲜明、群众参与广泛的特色品牌项目。第三，多元主体参与发展高质量乡村文旅的合力有待加强。有些镇街硬件建设和软件提升需要及时升级，以适应文化旅游的发展需要；市级政府管理部门、属地政府、文旅项目经营的企业、本地居民这四个主体之间的关系需要进一步理顺；乡村文旅发展的土地统筹规划和活化机制有待完善，旅游产品的同质化现象突出，核心竞争力有待提升。

（二）基础设施和配套设施建设有待完善

东莞市乡村文旅的基础设施与公共配套设施的建设存在不足，突出表现在以下三个方面。第一，可进入性是乡村文旅高质量发展不可或缺的条件，东莞市的公共交通尤其是地铁的服务水平有待进一步完善。目前东莞市地铁只有1条线路和17个站点，没有形成线网效应，覆盖率过低，缺乏直接到达景点的地铁线路；同时，人们出行过于依赖汽车，目前东莞市的汽车保有量已超 300 万辆，位居全省第二（仅次于深圳），交通拥堵越来越严重，降低了游客在东莞旅游的意愿，更影响游客饮食、住宿、交通、游玩、购物、娱乐的综合体验感。第二，部分游客服务中心和游客集散中心难以提供全方位的贴心服务。部分乡村文旅景区的游客服务中心和游客集散中心无法为游客提供及时、准确的"吃、行、游、购、娱"等全方面信息，制约了游客的多元化需求，需要进一步优化多功能设置。第三，停车场和公共厕所的数量和质量有待提升。目前自驾游的游客较多，部分游客在东莞市"吃、行、游、购、娱"的过程中遇到了停车难、停车贵的问题。部分乡村文旅景区没有很好地落实"厕所革命"的相关要求，没有针对残障人士的特殊需求配备相关设施，配套设施建设受到用地指标的限制，卫生条件需要提高。

（三）文化和旅游产业融合程度有待深化

目前东莞市的文化和旅游产业的融合程度有待进一步提高，需要进一步深化。第一，现有文化旅游资源需要加大开发利用力度。有关部门对东莞市的文化旅游要素和功能要素的统筹规划有待进一步加强，部分文化旅游资源招商引资的能力有待进一步提高。第二，部分文化旅游产品的开发水平需要进一步提高。东莞市乡村文旅的发展过程中存在文化和旅游融合产品相对较少、文化旅游品牌缺少、产品结构单一、文化旅游消费不足等问题，现有乡村文旅项目的内涵挖掘不够。部分现有文化旅游产品不能有效满足全国各地游客与日俱增的个性化和多元化需求，需要在文化旅游产品供给上提高服务对象的精准度，增强文化旅游产品供给方式的灵活性。第三，文化、旅游、产业、商业多元融合的竞争力有待提升。目前部分文旅项目的文化产业与乡村文旅产业融合程度需要深化，部分乡村文旅项目服务的专业化、品质化、综合化水平需要提高。在文化和旅游产业的融合过程中，有些具有地方特色的企业参与文旅项目孵化和建设的积极性不高，全市的文化旅游产业对当地经济发展的拉动效果与同类的"新一线"城市和"双万"城市相比存在一定差距，还需要大力培育更多全国知名的文旅项目品牌。

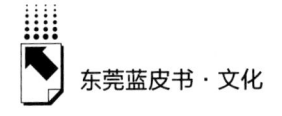

（四）乡村文旅项目的运营管理水平有待增强

目前，东莞市乡村文旅项目的运营管理受到多个因素的影响，运营管理水平需要进一步提升。第一，文旅项目经营容易受到负面影响。第二，缺乏具有较高知名度的东莞文旅项目。目前东莞市乡村文旅产业发展的部分项目过于雷同，旅游特色不明显，旅游产品同质化程度高。有的文旅项目在管理上采取简单的"拿来主义"，没有充分开发利用当地的旅游资源，没有体现出足够的本地文化特色，导致游客容易出现审美疲劳。第三，乡村文旅新业态发展的力度有待增强。目前，东莞新的旅游组织形态有待进一步创新，需要优化相关的市场环境，激发更多在线旅游运营商的出现，促进产业间的业务融合型新组织迅速发展；部分旅游产品没有满足市场上旅客多元化的物质需求和精神需求，旅游产品没有根据市场需求进行有效细分；文旅经营形式需要进一步创新，在乡村文旅与元宇宙融合上还没有形成突出优势，不同类型的企业之间没有实现充分协作，云旅游、沉浸式旅游、线上演播、网络营销等数字化技术的应用水平有待进一步提升。

（五）点状供地政策的实施效果有待提升

用地指标是制约东莞市乡村文旅发展的根本问题之一，虽然目前东莞市已经发布了点状供地的相关政策文件，但政策执行存在一定难度。第一，多部门协作成效有待提升。点状供地项目涉及自然资源局、环保局、交通局等多个部门，各部门的统一协调机制有待优化。有的政策实施缺少承接上级部门政策的标准细化指引，地方政府部门缺乏自主改革的有效空间，不愿承担改革带来的风险。第二，部分点状供地项目的实施效果不佳。点状供地和乡村文旅项目周边租用地的土地使用年限和产权不同，导致续租容易形成纠纷，二者如何进行有效衔接存在诸多不确定因素，农民和有关文旅项目运营的企业容易发生续租纠纷。此外，文旅产业具有明显的投入高和回报周期长的特征，这降低了开发商的投资预期，进而影响文旅项目的落地和实施进度的推进。第三，点状供地项目监管难。点状供地的拿地成本较低，有的企业可能出现以"点"为基础,圈(地)而不投的现象,导致土地没有得到及时的开发和利用,造成资源浪费。点状供地项目的用地本身存在空间碎片化的现象,容易导致用地分散和监管困难。

三 东莞市乡村文旅高质量发展的建议

(一)优化政府统筹机制,完善资金和人才保障政策

发展乡村文旅需要优化统筹协调机制,加强各部门之间的协作,提供资金人才保障,为此,东莞市需要采取以下三方面措施。第一,优化政府部门的统筹机制,由主管部门牵头,成立由发改、文旅、宣传、住建、商务、农业农村等多部门和有关单位组成的乡村旅游工作专班,建立重大乡村文旅项目工作领导小组,集中解决乡村文旅发展遇到的土地、资金、政策等问题;建立国有旅游产业投资平台,承担重大旅游项目招商、旅游基础设施建设、旅游宣传推广等工作。第二,灵活采用多种方式争取多元主体的资金,鼓励各种金融机构通过有效信贷模式和服务方式,增加对各种小微旅游企业和乡村旅游项目经营企业的金融扶持;鼓励社会资本、产业资金加大对乡村文旅项目经营的支持力度。第三,优化人才保障政策,通过各种途径建立健全引进人才、使用人才和留住人才的有效机制;重点引进旅游管理、企业经营、创新开发和职业技能方面的人才,重点对乡村旅游经营管理者、非遗传承人和乡村旅游服务人员进行培训,聘请乡村文旅领域的专家学者,提高乡村文旅规划策划、运营管理、宣传营销等方面的专业服务水平。

(二)构建高水平公共服务体系,推动乡村文旅高质量发展

构建高水平公共服务体系,推动乡村文旅高质量发展,可以显著提高游客旅游出行的舒适度,优化游客在饮食、住宿、交通、游玩、购物、娱乐过程中的综合体验感。第一,确立乡村文旅高质量发展的理念,全市按照

"湾区都市、品质东莞"的总要求和"宜融则融、能融尽融"的总思路,确立乡村文旅高质量发展的理念;构建适应群众需求的乡村文旅服务体系,积极探索乡村文旅在空间、功能、载体、宣传等方面深度融合的路径和方法;围绕乡村文旅公共服务融合发展,形成理念拓展、场景拓展、路径拓展、形式拓展、宣传拓展"五个拓展"的公共服务新发展模式。第二,优化公共服务推进机制,优化政府对旅游审批事项的服务,借鉴上海市浦东新区的"文体旅一证通"做法,激发市场活力,大幅缩短审批时间,大量减少审批提交材料,实行要素监管和熔断监管;进一步盘活社会资源,从公共文化服务供给侧和需求侧进行双向推动,提升公共文化服务的公益性和普及性;运用新媒体的宣传推广和粉丝群体优势,让更多年轻群体感受到东莞市文旅公共产品的魅力。第三,加强基础设施和公共配套设施建设,提高游客旅游出行的便捷度和舒适感;优化公共交通服务,增加地铁线路、站点和运营里程;实施定制化和个性化的高品质公交服务,利用微信小程序等软件优化线路时刻表;优化游客服务中心和游客集散中心的多功能设置,满足游客"吃、行、游、购、娱"的多元化需求;加大人文关怀力度,满足老龄人口、残疾人士、低龄人群的现实需求,为他们提供满意的无障碍旅游公共服务。

(三)数字赋能商旅文联动优势,打造数字化商旅文服务平台

鼓励相关主体统筹考虑文化旅游要素和功能,对文化旅游业态产品进行创新,不断优化乡村文旅的产业结构。第一,政府制定配套政策,打造数字文旅产业新高地,把完善"数字+文旅"体验场景和探索发展数据要素市场作为重点任务持续推进;积极打造数字化新消费场景,推动商圈5G网络全覆盖,搭建智慧商圈综合服务平台,扶持"在线新文旅发展",推动实体商业企业数字化转型;出台支持商旅文数字化发展的产业政策,鼓励市场主体大力发展数字化商旅文融合项目。第二,加强数字化商旅文信息平台建设,完善5G数字网络基建,为推动商旅文融合发展奠定良好的网络基础;打造一站式商旅文服务宣传推广平台,为游客提供景点介绍、线路导览、视听服

务、在线预约、VR体验等服务，挖掘大湾区几千万人口的巨大潜在市场；通过线上直播和微视频开展宣传营销，为游客呈现更直观、更丰富、更全面的东莞市商旅文资讯信息。第三，加快商旅文市场主体数字化转型，推动文化旅游与科技融合，引入虚拟现实（VR）、增强现实（AR）、混合现实（MR）、人工智能、元宇宙等先进科学技术，增强乡村文旅项目和景点的趣味性、互动性和体验性；在全市打造一批"元宇宙+文旅"的场景，通过采用全场景空间、虚拟渲染以及其他的数字技术，设置沉浸式体验场馆；开发沉浸式文旅体验产品，加快元宇宙文旅体验产品建设，充分利用东莞市的特色旅游资源，提升游客的综合体验感。

（四）多元主体联动，促进乡村文旅项目提质增效

为了促进乡村文旅项目提质增效，需要进一步发挥政府、市场和社会等多元主体的各自作用，实现多方有效联动。第一，全力助企纾困，支持乡村旅游发展。政府在资金、税收、产业发展等多方面对优质的乡村文旅企业给予优惠政策，用好旅游发展的专项资金，采用无偿资助、贷款贴息以及其他方式，加大对乡村文旅项目的扶持力度；对退款产生的平台支付手续费予以一定补贴，对经营管理存在较大困难的优质文旅企业给予一次性的补贴。第二，整合各种乡村文旅资源，激发文旅产业新活力。通过整合现有的乡村文旅资源，重点聚焦品牌特色文旅项目和优质文旅企业，帮助部分乡村文旅企业做大做强，向"专精特新"的方向发展，将东莞市打造成为宜居、宜业、宜游的人文湾区、休闲湾区，建设"品质文化之都"；积极推动休闲农业的新业态发展，建立乡村文旅发展的服务平台，通过重点依托水乡功能区的文旅项目，开展整体运营招商工作，实现政府和市场主体的良性互动。第三，调动乡村文旅项目属地多元主体积极性，促进乡村文旅可持续发展。通过调动当地社会组织、村民等各方力量参与乡村文旅项目建设，发挥村民作为当地特色文化主要传承者的作用；鼓励文旅企业带动当地居民就近就业，发挥本地居民的监督作用，促进乡村文旅的可持续发展。

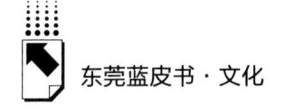

（五）综合采取多种措施，保证点状供地使用效果

为了提高点状供地政策的实施效果，需要综合采取多种措施。第一，完善政府统筹规划和部门协同机制，主要牵头单位制订年度计划，落实用地指标，相关部门审核项目进度；相关职能部门积极履行监管主体的责任，形成一个牵头部门、一个专班运作、多个部门配合的"1+X"工作模式；优先保障重点扶持的项目和优质项目，优先消化原有的历史遗留建设用地，优化现有的用地布局。第二，完善和落实以用地需求为导向的分类审批制度，对不同的用地采取差异化的管理方式，实行国有建设用地和集体建设用地两种管理方式；严格控制用地范围和规模，明确开发和经营范围，实施精准土地供应政策；在供地方式上，根据项目区内的土地性质，采用差别化弹性供地方式。第三，为了保证土地资源的优化使用和高效使用，严格实施动态监管，对施工效率低下、工程质量不达标、供地时间超过规定期限无法开工建设、破坏环境生态的项目实施退出机制，确保点状供地项目的实施效果；实行全过程监管，加强考核管理，制定专项验收标准，建立多元主体联动的验收方式，全面评价项目实施成效。

参考文献

[1] 陈波、刘彤瑶：《场景理论下乡村文旅融合的价值表达及其强化路径》，《南京社会科学》2022年第8期。

[2] 蒋昕、傅才武：《公共文化服务促进乡村文旅融合内生发展的动力机制研究——以宁波"一人一艺"乡村计划为例》，《江汉论坛》2020年第2期。

[3] 芦人静、余日季：《数字化助力乡村文旅产业融合创新发展的价值意蕴与实践路径》，《南京社会科学》2022年第5期。

[4] 孔凯、杨桂华：《民族地区乡村文旅融合路径研究》，《社会科学家》2020年第9期。

[5] 邵瑞：《网络传播与乡村文旅产业融合发展研究》，《传媒》2021年第13期。

[6] 孙以栋、俞强：《长三角地区乡村文旅融合高质量发展策略》，《江苏行政学院

学报》2020年第5期。
［7］王惠林：《乡村振兴视域下政党组织社会的机制与运行空间——基于S省J镇党建创新实践的考察》，《南京农业大学学报》（社会科学版）2022年第1期。
［8］吴茂英、王怡、李秋成：《乡村文旅小微企业助力乡村振兴的多重效应》，《旅游学刊》2021年第4期。

B.8 数字经济赋能东莞文旅产业转型升级的路径研究

王金良 袁 丹*

摘 要： 文旅是一座城市的灵魂和根脉，数字经济作为重要战略举措已成为"十四五"时期发展的新引擎，也为文旅产业发展提供了新契机。本文结合调研数据和统计年鉴数据对东莞数字经济的基础发展、数字产业化发展和产业数字化现状，以及东莞历年文化产业、旅游产业发展的现状进行剖析，提炼了数字经济促进东莞文旅产业转型升级的动因机制和作用路径，归纳了在数字经济下文旅产业转型升级的主要问题，进一步提出了宏观层面应注重顶层设计，中观层面应壮大市场主体，微观层面应注重数字化文旅产业消费者的需求挖掘等针对性措施，以期积极探索开发东莞市文旅产业转型升级的新模式、新业态，协同推进数字经济赋能文旅产业的优化升级，实现东莞市数字经济和文旅产业创新发展。

关键词： 数字经济 文旅产业 东莞

---

* 王金良，广东科技学院管理学院科研副院长、工会主席，副教授，主要研究方向为电子商务、数字经济；袁丹，广东科技学院电子商务教研室主任、讲师，主要研究方向为文旅产业、直播电商。

一 东莞数字经济赋能文旅产业转型升级的现状概况

（一）东莞数字经济发展现状

1. 数字经济基础发展现状

（1）数字基础设施建设

数字经济发展的基础是宽带网络。数字基础设施建设不仅能推动数字经济及相关行业的发展，而且还能加快数字化转型。2012~2021年，东莞市固定互联网用户数量增长迅速，移动电话用户数量处于波动状态，如图1所示。

图1 东莞市电信业基础情况

资料来源：《东莞统计年鉴》。

随着"千兆城市"等重点任务举措的推进，东莞智能终端产业快速发展。截至2022年，东莞智能终端产业相关的注册企业超9000家。据2022年9月发布的《东莞市发展新一代电子信息战略性支柱产业集群行动计

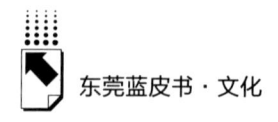

划》，预计到2025年，东莞新一代电子信息产业规模以上总产值可达1.2万亿元，其中智能终端产业规模以上总产值可突破1万亿元。

（2）5G基站建设

5G基站建设是培育数字经济的基础性、牵引性工程。2022年我国5G基站新增88.7万个，截至2023年1月，5G基站已达到231.2万个，预计2023年将突破290万个。

在抢抓数字经济发展机遇的纲要精神指导下，东莞信息基础设施也在不断夯实。2021年，东莞市致力于建设五个5G示范区，分别位于松山湖高新区、滨海湾新区、水乡功能区、长安镇及谢岗镇，并累计建成5G基站1.4万余座，实现了对市（镇）中心区域、重点工业园区等区域的5G信号覆盖。2022年共完成新建5G基站3947座。目前，已经形成了一批代表性应用项目，包括：广东移动与华为在松山湖T园区实施的5G智能制造专网项目，涵盖电子制造业最典型的制造流程、八大类应用场景、45个用例；南方电网广东东莞供电局和东莞联通合作推进的"5G无人机+程序化操作"试点项目。

（3）数字经济重点平台载体建设

目前，东莞市建设了一批能支撑全市经济高质量发展的数字产业园区，并将其认定为"东莞市数字产业集聚试点园区"，从而推动东莞软件研发、信息技术服务、工业互联网、人工智能、云计算及大数据等产业实现集聚发展。这些数字产业园区具有较好的产业基础、清晰的发展定位和完善的创新体系等特征，有助于东莞打造数字经济融合发展聚集区。

2. 数字产业化发展现状

（1）电子信息产业

电子信息产业是东莞市五大支柱产业中的第一大支柱产业，同时也是数字经济的核心产业。东莞的电子信息产业涌现了一批先进的龙头企业，例如华为、生益科技、蓝思科技、华贝电子等，它们形成了完整的产业体系，其综合配套率超过90%，可以实现由基础零部件到终端产品制造或由消费类到投资类产品制造。2012~2021年,东莞市电子信息制造业的企业数量有了较大增长,如图2所示。

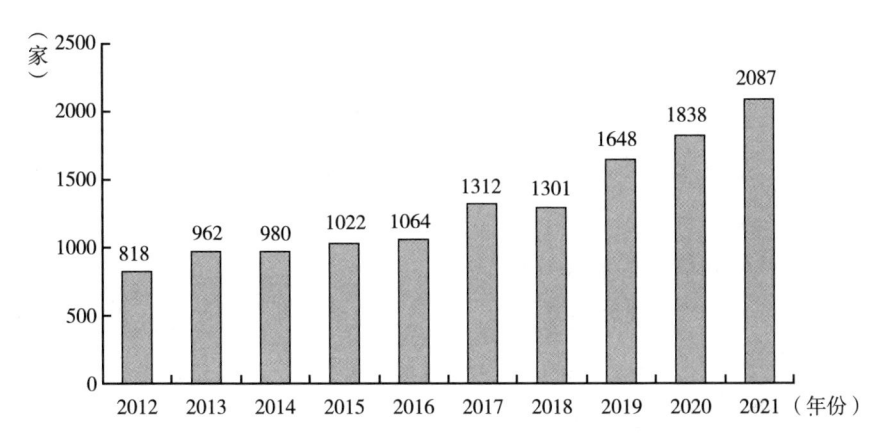

图 2　2012~2021 年东莞市电子信息制造业企业数量情况

资料来源:《东莞统计年鉴》。

东莞共有9家企业入选广东省电子信息行业协会公布的《2022年广东省电子信息制造业综合实力百强企业榜单》,它们分别为:OPPO广东移动通信有限公司、维沃移动通信有限公司、东莞华贝电子科技有限公司、广东生益科技股份有限公司、东莞新能源科技有限公司、台达电子(东莞)有限公司、东莞东聚电子电讯制品有限公司、东莞富强电子有限公司、广东小天才科技有限公司。2022年这9家百强企业营业收入合计同比增长37%,高于本届百强企业总营业收入增速25个百分点,高于全省规模以上电子信息制造业营业收入增速32.4个百分点。

(2)集成电路等核心先导产业

近年来,东莞的集成电路产业发展已初具一定规模。2020年,东莞市具有一定规模的集成电路工业企业有28家,总营业收入达110.12亿元,同比增长10.8%。2022年,松山湖成立了东莞市集成电路中心,目前该中心已成功引进包括三叠纪、元合智造、德诺半导体等近20家产业链优质企业入驻,总投资额近10亿元。截至2023年2月,已有20家集成电路产业链优质企业在东莞市集成电路创新中心集中开工，涉及集成电路设计、材料、工艺、设备等多个领域。2023年预计总产值达3.5亿元，并初步形成东莞区域领先的集成电路创新产业生态平台。

此外，东莞市还引进了第一支战略科学团队——"集成电路与半导体器件特色工艺团队"，该团队涵盖了20余位国际国内顶尖人才，初步形成了以集成电路领域高层次人才科技成果产业化带动的示范效应，预计成果转化值达9亿元。

（3）软件和信息技术服务产业

软件和信息技术服务业是东莞市重点发展的产业，也是东莞市政府4个重点扶持的产业之一。东莞制造业的发展离不开软件和信息技术服务产业的支持，否则难以实现数字化转型升级。2020年，东莞市有117家规上互联网和相关服务企业、软件和信息技术服务企业，总营业收入达119.75亿元，同比增长24.5%。2022年1~12月，东莞全市规上互联网和相关服务业、软件和信息技术服务业实现营业收入355.74亿元，同比增长103.3%。其中，规模以上互联网和相关服务业实现营业收入48.96亿元，同比增长11.6%，规模以上软件和信息技术服务业实现营业收入306.78亿元，同比增长134.0%，规上企业数量新增34家，同比增长30%。

3. 产业数字化发展现状

（1）制造业数字化

东莞是"先进制造业名城"，素有"世界工厂"之称，同时也是一座以外向型经济为主的"双万"城市。2012年以来，东莞率先推出了住所信息申报、新业态企业集群注册、全程电子化登记等便利化措施，市场主体持续保持高基数上的高增长态势。截至2022年4月，东莞市实有市场主体达150.27万户。从行业结构来看，排名前三的行业分别是批发和零售业、制造业、住宿和餐饮业，其中制造业有31.25万户，占据全市市场主体的20.80%，对数字化转型有着庞大的市场需求和潜力。

近年来，大力发展数字经济，实现数字化转型已经成为新一轮科技革命和产业变革的目标所在。东莞也出台了多项措施以推动产业数字化和数字产业化。截至2022年11月，东莞已累计推动5100多家规模以上企业数字化转型。2023年东莞市政府"一号文"《关于坚持以制造业当家推动实体经济高质量发展的若干措施》进一步明确了制造业数字化转型的目标：力争到2025年底全市营业收入超百亿元的制造业企业不少于25家，产值超千亿元的制造产业集群不少于7个，先进制造业增加值占规模以上工业增加值的比重不低于50%等。东莞市制造业高端化、智能化、绿色化发展迈上新台阶。

（2）现代服务业数字化

东莞现代服务业的快速发展同样离不开数字化的支撑。2020年，东莞市第三产业增加值提升至4426.83亿元，占GDP的比重达45.9%，全省排名第4，与2005年相比增加了1044.34亿元，对经济增长贡献越来越大。全市纳税百强企业中超六成属于服务业，它们对税收的贡献突出，成为全市经济社会稳步发展的主要支撑力量。2020年，东莞现代服务业增加值达2822.11亿元。2022年，东莞市规模以上服务业营业收入超1283.17亿元，同比增长12.9%，增速比1~5月加快了4.4个百分点。

据《东莞市国民经济和社会发展第十四个五年规划和2035年远景目标纲要》，东莞市产业整体呈"三四二"的布局体系，其中"二"指的是生产性服务业（如科技研发服务、工业和文化创意设计、信息技术服务、金融服务、电子商务、现代物流、检验检测认证服务、节能环保服务、人力资源服务）和生活性服务业（如旅游服务、体育服务、生命健康服务、教育服务、家政服务、养老托幼服务、助残托养服务）。近年来，东莞市进一步以高质量服务需求为导向，推动生产性服务业向专业化和价值链高端延伸，加快生活性服务业向高品质和多样化升级，打造优质高效、充满活力、竞争力强的现代服务业体系。

（二）东莞文旅产业发展现状

1. 东莞文化产业发展情况

（1）文化产业增长速度明显

东莞秉承共建共享、文化惠民理念，高标准建设文化设施，全方位打造文化品牌，多途径推动文化创新。2011年，东莞成为全国首批、广东省唯一的国家公共文化服务体系示范区创建城市，2013年底，成功创建全国首批、全省第一个国家公共文化服务体系示范区。东莞市的文化产业增加值从2013年的264亿元增加到2020年的549.83亿元，占地区生产总值的比重为5.64%。

截至2021年，东莞市已拥有粤晖园文化产业基地、广东三十三小镇文化创意产业园、东莞运河创意公社产业园、万科769文化创意园4个省级文化产业园区，另有2个园区已获得省级文化产业示范区创建资格；拥有力嘉环保包装印刷产业园、东莞市泰库文化创意产业园、互联网产业园等9个市级文化产业园区。

从2001年到2022年，东莞经历了"文化新城"、"文化名城"与"品质文化之都"的发展阶段，目前，又到了文化强市建设的新阶段。2023年，东莞市出台了推进文化强市的"1+8"政策体系，重点发展"文化+"等新业态，推动文化装备制造、玩具制造等传统文化产业提档升级，同时，制定了文化及相关产业增加值占GDP比重要由2020年的5.64%提升到2026年的6.5%的发展目标。

（2）潮流文化产业蓬勃发展

2021年，东莞成功迈上"双万"新起点，成为全国第15个地区生产总值过万亿元、人口超千万的城市，人均GDP达到高收入经济体水平。同时，东莞城市吸引力不断提升，城市人口和青年人口吸引力指数均居全国第三，被列入全国青年发展型建设试点城市。2022年6月26日《直播大湾区》的央视栏目用1小时的专题直播，全景式地展示了东莞的发展。从鸦片战争博物馆和莞草技艺传承，到咖啡、露营、潮玩等潮流文化产业的蓬勃发展，再到篮球城市焕发的火一样的激情，完整诠释了东莞的城市魅力——青春之城、活力之城、梦想之城。

（3）文化产业公共设施相对完善

第四次全国经济普查数据显示，就产业类型而言，2018年东莞文化制造业增加值实现400.92亿元，占全市文化产业增加值的75.15%；文化批发和零售业增加值实现27.29亿元，占全市文化产业增加值的5.12%；文化服务业增加值实现105.27亿元，占全市文化产业增加值的19.73%。此外，一些新的科技展览馆、图书馆等公共文化设施已建成，为促进全民阅读搭建了良好的平台。整体而言，东莞市文化产业较2010年有了较大的发展，具体如表1所示。

表1 东莞市2010~2021年部分文化艺术、文物事业单位数量

单位：个，万册

年份	电影放映单位	影剧院	艺术表演团体	公共图书馆	公共图书馆藏书量	博物馆
2010	46	62	4	505	701	30
2011	52	62	5	622	771	31
2012	59	11	6	649	1020	31
2013	66	11	10	641	1061	31
2014	60	11	16	641	996	33
2015	79	9	20	641	1015	48
2016	96	7	20	605	1014	49
2017	125	7	26	653	1066	54
2018	140	7	26	653	1096	48
2019	159	7	30	653	1152	53
2020	140	7	28	657	1174	53
2021	136	4	25	657	1254	53

资料来源：《东莞统计年鉴》。

2023年东莞市政府工作报告中，进一步明确提出"文化强市行动"，实施"四馆一剧院一空间"高品质文化供给工程，着力提升东莞文化软实力。第一，加快推进十大文体设施建设；第二，打造首批10个高品质新型公共文化空间示范点；第三，建成不少于60个城市阅读驿站；第四，实现70%的基层综合性文化服务中心提质增效目标；第五，促进优质文化资源向基层延伸；第六，办好"文化馆之夜""博物馆之夜"等活动，打造"潮流东莞""爱乐东莞"等文化品牌矩阵，让东莞故事、东莞声音传遍四面八方。

2.东莞旅游业发展情况

(1) 旅游景点丰富

以"世界工厂"闻名的东莞,也是一座文化名城,有着较多的名胜古迹。目前,东莞不仅拥有国家级3A、4A旅游景区,还有一些著名的省、市、国家级森林公园与湿地公园等,主要旅游景区如表2所示。

表2 东莞主要旅游景区

类别	主要景点
国家级森林公园	广东观音山国家森林公园
省级森林公园	大岭山森林公园、大屏嶂森林公园
市级森林公园	东莞市银瓶山森林公园、东莞水濂山森林公园、威远岛森林公园、东莞市黄旗山城市公园、宝山森林公园、黄牛埔森林公园、同沙生态公园、南门山森林公园、东莞碧湖森林公园、东莞山水天地森林公园、旗岭森林公园、东莞清溪森林公园
市湿地公园	东莞城市湿地公园、广东麻涌华阳湖国家湿地公园、东莞市莲湖公园、东莞荔香湿地公园、道滘蔡白沿江路湿地公园、沙田穗丰年湿地公园、望牛墩水乡公园、万江龙湾湿地公园、东莞大岭山生态湿地公园、石排燕窝湿地公园
国家级3A旅游景区	东莞香市牙香街、广东麻涌华阳湖国家湿地公园、东莞市森晖自然博物馆、东莞市鑫源食品文化体验区、企石黄大仙公园、清溪大王山森林公园、东莞市唯美陶瓷博物馆、东莞市圣心糕点博物馆、东莞市仙溪福地欧公文化景区
国家级4A旅游景区	隐贤山庄、鸦片战争博物馆、东莞市科学技术博物馆、东莞市可园博物馆、东莞展览馆、东莞市银瓶山森林公园、东莞市龙凤山庄影视旅游区、广东观音山国家森林公园、东莞市南社村和塘尾村古建筑群景区、东莞市松山湖景区、东莞市寮步香市文化旅游区、逸颐艺舍博物馆、东莞广东东江纵队纪念馆、东莞市香市动物园、东莞市粤晖园旅游景区

(2) 旅游接待能力较稳定

2011~2019年,东莞市国际及港澳台旅游人数相对比较稳定,国内游客人次增长平缓。2020~2022年,国际及港澳台旅游者人数骤减,国内游客人次也有一定幅度的减少。

（3）旅游产业有较大增长空间

2011~2019年，东莞市国际旅游外汇收入增长平缓，旅游总收入逐年递增。而2020~2022年受不确定因素的影响，国际旅游外汇收入和旅游的总收入都呈下降趋势，如图3所示。

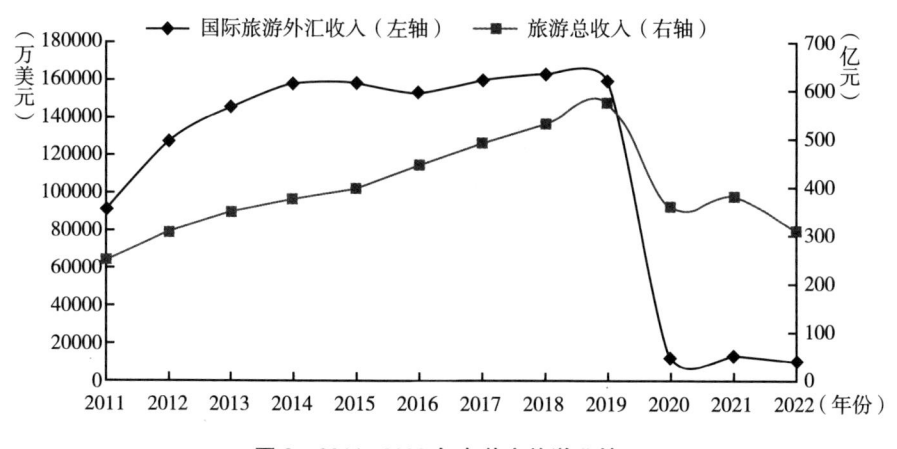

图3 2011~2022年东莞市旅游业情况

资料来源：《东莞统计年鉴》。

2023年春节期间，东莞文旅市场强劲回暖，文旅消费迎来"开门红"。截至2023年1月28日，东莞市共发放2期文化旅游体育专项消费券，发放消费券8万多份，将近30万人次参与领券活动，直接拉动消费463万元。相关数据进一步显示，春节7天假期，东莞对外开放的A级旅游景区23家，日均接待人数为10.03万人次，日均营业收入达270.69万元，共接待游客70.2万人次；春节7天营业收入共计1894.81万元，比2022年春节假期增长123.34%。

（三）数字经济下东莞文旅产业转型升级的SWOT分析

东莞地处广州和深圳之间，地理位置优越。东莞充分融入粤港澳大湾区城市群发展，同时也承揽了周围一线城市人口和产业外溢。随着粤港澳大湾区建设推进，东莞的数字经济也取得了较大的发展，也为文旅产业的转型升级提供了新思路和新挑战，具体分析如图4所示。

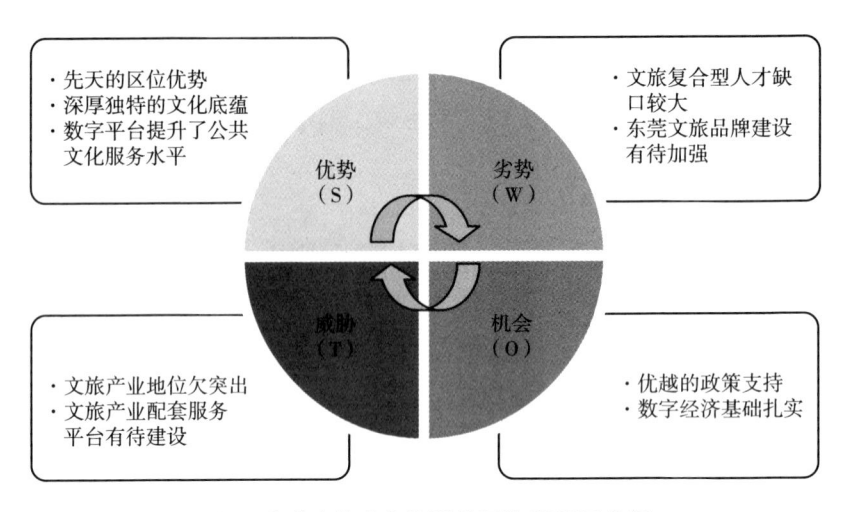

图 4　东莞文旅产业转型升级的 SWOT 分析

优势（S）
·先天的区位优势
·深厚独特的文化底蕴
·数字平台提升了公共文化服务水平

劣势（W）
·文旅复合型人才缺口较大
·东莞文旅品牌建设有待加强

威胁（T）
·文旅产业地位欠突出
·文旅产业配套服务平台有待建设

机会（O）
·优越的政策支持
·数字经济基础扎实

二　东莞数字经济赋能文旅产业转型升级的作用机理

（一）数字经济促进东莞文旅产业转型升级的机制

数字化技术在文旅行业广泛而深度的应用，潜移默化地改变着游客的需求、行为与体验，突破了传统供应链下各类旅游企业的边界，大幅提升了文化和旅游的智能基础设施建设和公共服务效能，推动了东莞文旅产业的转型升级（见图5）。从顶层设计到底层建构，数字经济改变了文旅产业需求端的认知与行为，改变了供给侧的生产与交付方式，也完善了行政监管手段，提升了公共服务的效能。

1. 数字经济改变了消费者的认知与行为

数字经济时代的消费者从旅游经营者的"营销目标"转变为文旅产业价值链上的重要组成部分，处于体验生态的中心。消费者会利用一切可利用的手段获得消费情感上的满足，而非被动购买。

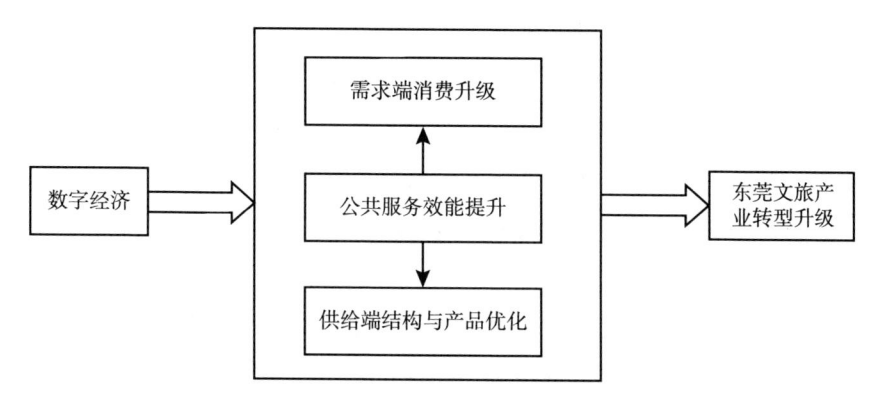

图5 数字经济促进东莞文旅产业转型升级的机制

2.数字经济改变了供给端的服务业态

依托数字科技的普及，文旅产业"云、网、端"基础设施建设逐步完善，数字经济改变了传统文旅产业的商业模式，提供了新的营收点和价值创造机会。文旅产业供给端业态的创新与数字技术的进步密不可分。一系列新型数字化技术的发展，比如云存储、人工智能、量子计算、物联网、5G、区块链、AR、VR、元宇宙等，为东莞文旅产业的数字化转型发展提供了良好的技术生态环境，为改造与提升传统文旅产业业态、丰富数字文旅产品供给、提升服务水平、改善产业链环节提供了强有力支撑。

3.数字经济提升了公共服务的效能

文旅产业的外部环境变化和消费升级都很快。数字经济有利于创造一个可以使消费者与文旅企业进行对话并共同构建个性化体验的环境。东莞应根据国家出台的数字文旅政策总体部署和规划因地制宜地出台相应的细化政策，实现数字政府的转型，并精准地获取行业资源分布、文旅企业发展、游客消费行为习惯等数据，更好地进行政策引导、优化公共服务。

（二）数字经济促进东莞文旅产业转型升级的路径

1.数字经济通过提升信息化水平，扩大东莞文旅产业的规模

数字技术提供的跨空间、时间的文旅体验使消费者的文旅消费行为不再

局限于线下,利用数字技术展示文旅产品的方式逐渐被消费者所喜爱,消费者可在移动端上对文旅经典有直观的认知。数字技术可为消费者推荐合适的旅游线路,可挖掘消费者的潜在旅游需求,并进一步释放消费潜力,拓宽消费群体,增加旅游市场份额,扩大东莞文旅产业规模。

2. 数字经济通过赋能公共服务与行业监管,优化东莞文旅产业的外部发展环境

数字经济能够通过大数据、数字化治理等赋能公共服务与行业监管,为文旅产业的发展提供良好的政策和市场环境。

从行业角度出发,应完善全域客流管控机制,优化资源配置,提升行业监管和服务能力。从政府角度出发,应进行市场运行态势的实时预判,通过集成的指挥调度,协调各部门联动工作,出台政策指导规范发展,构建适应动态变化的制度环境。

3. 数字经济通过合理化供需结构,优化东莞文旅产业的产业结构

数字经济通过扩充营销渠道,为文旅产业经营者营造了浓厚的价值共创氛围。以消费者需求为突破口,加快文旅产业供给侧改革,优化市场供需结构;以数字技术为依托,以文旅体验为主线,满足游客自主性、多元化的旅游需求,积极引导文旅企业加大对数字技术应用的研发力度,增强文旅企业自主创新能力,开发多元化产品。

三 东莞数字经济赋能文旅产业转型升级的主要问题

为进一步了解数字经济下东莞文旅产业转型升级存在的主要问题,本文课题组基于问卷调研方式收集了265份调研问卷。通过问卷整理归纳,发现当前东莞文旅产业转型升级面临五大问题。

(一)宣传力度不足

据调查结果,被调查者对东莞文旅产业了解程度不高,超过一半被调查者

没有体验过东莞文旅。

在东莞的文旅融合项目中，消费者仅了解篮球文化节、东莞音乐剧节、潮流东莞露营节和南社古村落文旅融合主题系列活动等文旅项目，对其他文旅项目了解甚少。本文的调查结果显示，有59.25%的被调查者认为东莞市政府在文旅产业方面的宣传力度一般（见图6），同时，有41.13%的被调查者认为东莞文旅产业品牌效应不强，知名度不高，这也跟宣传力度不大有一定的关系。

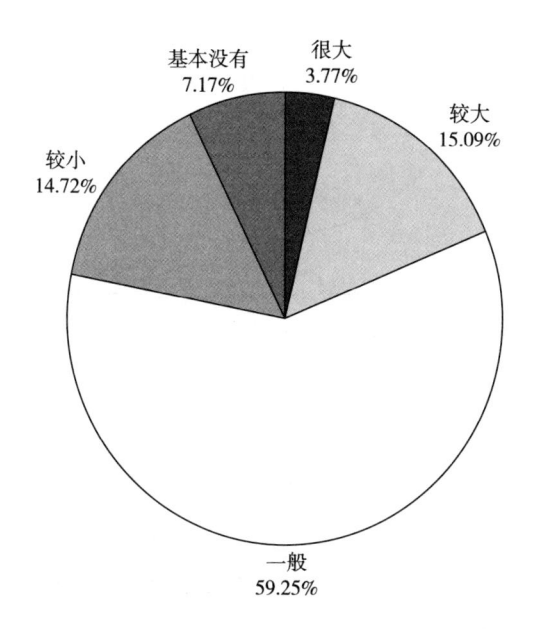

图6 被调查者对东莞文旅产业的宣传力度的评价

资料来源：课题组问卷调研。

（二）整体评价一般

本文的调查结果显示，有44.15%的被调查者对东莞文旅产业的评价为一般（见图7），他们认为东莞文旅产业的服务质量、附近的交通情况、基础设施建设情况仍有较大的改进空间。同时，42.64%的被调查者认为政府应提高对文旅产业的重视程度，加大财政投入力度。

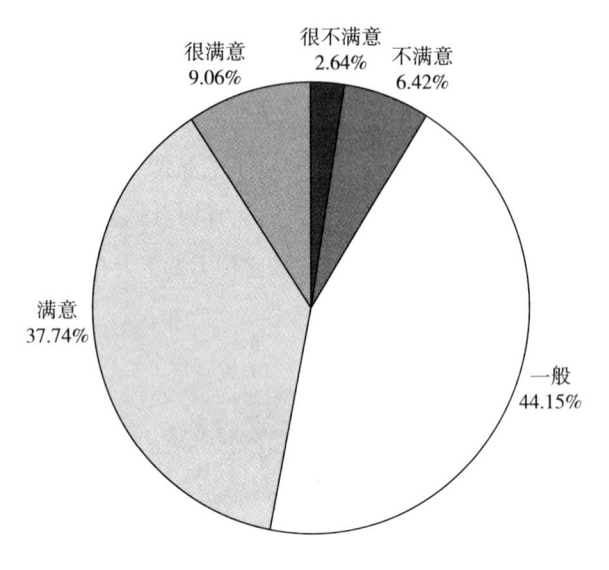

图 7　被调查者对东莞文旅产业的整体评价

资料来源：课题组问卷调研。

（三）服务质量不高

本文的调查结果显示，基于 1~5 分的评价层级，被调查者对东莞文旅产业的服务质量的评分平均为 3.48 分。其中，满意及以上（4~5 分）的比例达 47.55%，很满意（5 分）的比例仅为 10.19%，如图 8 所示。

进一步调研发现，对于服务质量不高的原因，绝大多数被调查者认为文旅产业的基础设施情况需进一步提升。仅有 43.77% 的被调查者对东莞文旅产业的基础设施持满意的态度，如图 9 所示。

（四）文化和旅游有待深度融合

本文的调查结果显示，54.72% 的被调查者认为东莞的特色风俗有待深入挖掘，44.91% 的被调查者认为东莞的当地特色自然资源和人文资源融合不够紧密；54.72% 的被调查者认为文化和旅游跨界融合是当前最大的发展趋势。大部分被调查者认为东莞文旅产业的"莞味"十足，但"莞味"特

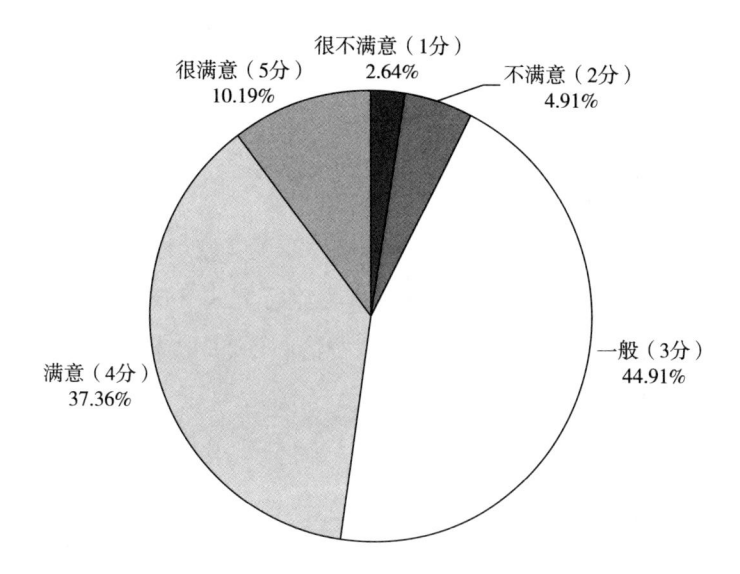

图8 被调查者对东莞文旅产业服务质量的评价

资料来源：课题组问卷调研。

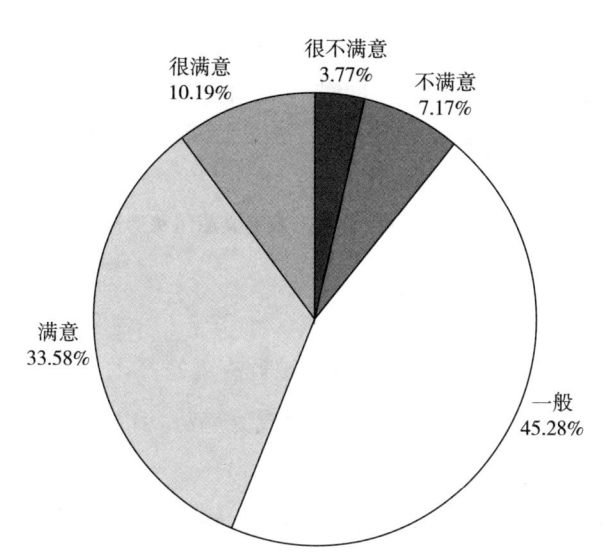

图9 被调查者对东莞文旅产业的基础设施建设的态度

资料来源：课题组问卷调研。

色风俗在文旅产品或文旅项目上还有待深入挖掘，即东莞特色文化与旅游项目仍未深度融合。

（五）消费者优先考虑东莞本地周边游

受国际形势变化与不确定因素的影响，东莞文旅产业的发展面临较大的冲击和挑战。本次调查中，被调查者认为旅行方式（63.40%）、旅游偏好（48.68%）、消费能力（48.68%）及消费信心（29.81%）是影响消费者文旅消费选择的主要因素（见图10）。

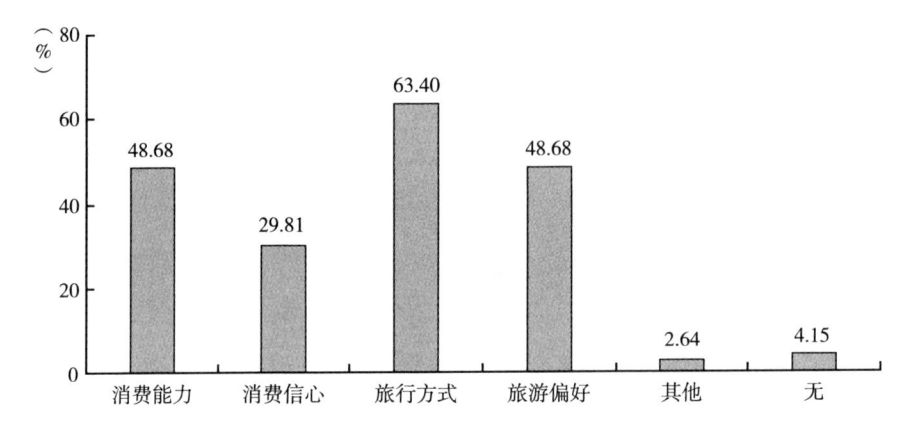

图10 被调查者认为影响消费者文旅消费选择的因素

资料来源：课题组问卷调研。

此外，本次调查中，有68.68%的被调查者选择了本地游和周边游。同时，以露营等为代表的微旅游、微度假成为趋势，17.74%的被调查者选择了微旅游、微度假（见图11）。

当前，消费者的出游目的、出行方式、旅行距离和旅游习惯都已发生显著变化，75.47%的被调查者认为消费者的文旅消费需求受旅行距离影响，61.13%的被调查者认为消费者的文旅消费需求受出行方式影响（见图12）。

图 11　消费者旅行方式选择

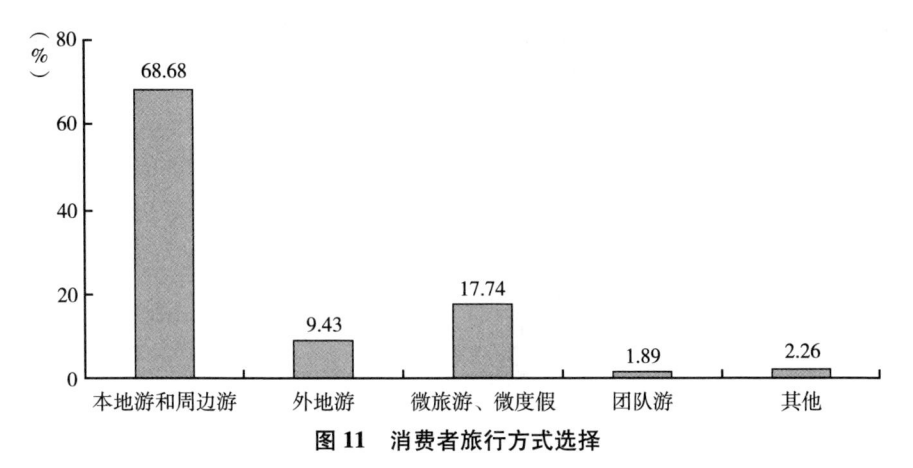

资料来源：课题组问卷调研。

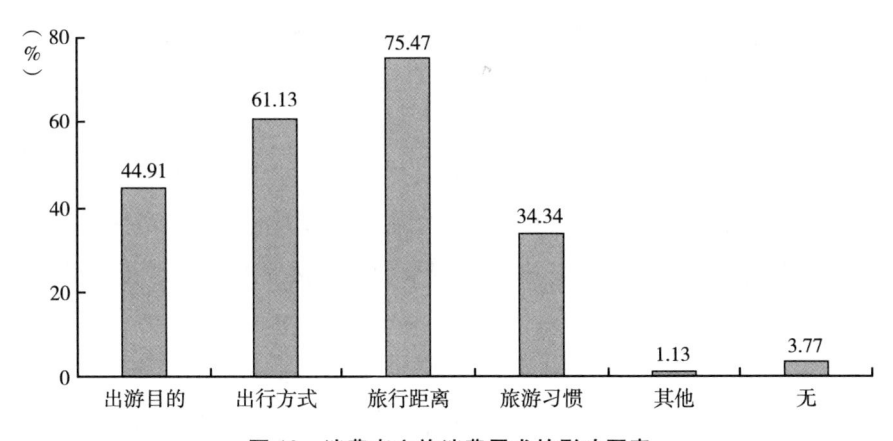

本地游和周边游 68.68%；外地游 9.43%；微旅游、微度假 17.74%；团队游 1.89%；其他 2.26%。

图 12　消费者文旅消费需求的影响因素

资料来源：课题组问卷调研。

出游目的 44.91%；出行方式 61.13%；旅行距离 75.47%；旅游习惯 34.34%；其他 1.13%；无 3.77%。

四　东莞数字经济赋能文旅产业转型升级的优化策略

数字经济为文旅产业的提质升级提供了极大助力，东莞文旅产业应充分借助数字化渠道，融合政策、技术、信息等要素，依靠在线新经济积极推动转型升级。东莞文旅产业尚处于发展阶段，其转型升级不能一蹴而就，在推进过程中要坚持宏观调控与市场调节并举。基于问卷调研，39.62%的被调查者对东莞文旅产业数字化转型的前景十分看好（见图13）。

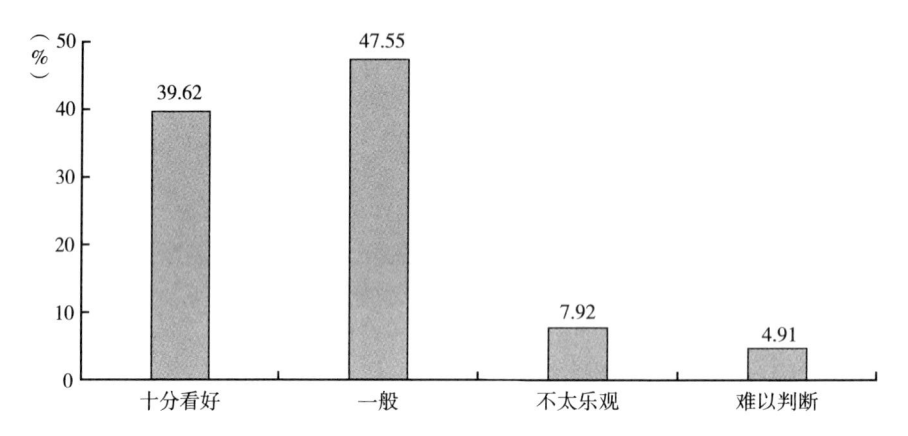

图13　被调查者对东莞文旅产业数字化转型前景的看法

资料来源：课题组问卷调研。

数字技术渗透文旅产业必然会丰富文旅业态、细化市场需求、扩大产品范围、增强文旅体验。然而，目前东莞文旅产业发展也确实存在一些不足，被调查者们提出了一些建议，本文以词云的方式展示被调查者提出的建议（见图14）。

图14　被调查者对东莞文旅产业发展的建议词云展示

资料来源：课题组问卷调研。

为更好地发挥数字经济对文旅产业的赋能作用，以更好、更快地实现东莞文旅产业的数字化转型，东莞可以从宏观、中观和微观层面循序渐进。

（一）宏观层面

1.注重顶层设计，研究制定配套政策

近年来，数字文旅产业迎来重大发展机遇。"十四五"时期，文旅产业转型升级还需进一步加强政策引导，强化法制保护，全方位优化"数字+文旅"顶层设计，通过在财政、税收、金融、人才支持、知识产权保护等方面制定鼓励政策，给予数字文旅企业发展信心。进一步加强市场调研，明确数字文旅的市场定位、传播计划、业态模式和具体项目，通过精细化的策略引导行业发展，鼓励多元市场主体参与，激活数字经济市场主体的活力，促进数字文旅新消费，为数字文旅产业发展提供良好环境。

2.加强数字化转型，夯实产业发展基础

随着数字化发展，预约旅游成为常态，已进入分时预约、精细化运营的新阶段。要扩大旅游景区、示范区的5G网络覆盖范围，推进物联网感知设施建设；规范各地区旅游大数据中心建设，对游客服务机构与景区内部的引导标识系统等进行数字化与智能化改造升级；运用政策与激励机制，组建文旅企业与数字基础设施的联盟体，力求打造集约高效、智慧绿色、标准完善的文旅"新基建"体系；通过文旅新基建促进数字文旅产业补齐基础设施短板，推进文旅产业顺利转型发展。

3.建设智慧文旅一站式服务平台

建设智慧文旅平台，打造"一部手机游东莞"的东莞全域智慧旅游平台即"一个中心+三个平台"。其中，"一个中心"是旅游大数据中心，为政府决策提供依据。"三个平台"是游客信息服务平台、文旅企业服务平台和政府监管服务平台，它们将东莞市文旅产品和功能服务集中在旅游大数据中心，游客、企业、政府均可使用手机客户端，在为消费者提供方便快捷服务的同时还有利于联动大湾区文旅产业，促进文旅产业交流合作，实现互利共赢。

（二）中观层面

1.转变经营理念，壮大市场主体

数字文旅新业态要求企业转变经营思维与商业模式，根据数字经济背景下文旅产业的发展趋势，构建自身的发展战略；企业决策者应及时转变传统的经营理念，重新规划企业运营模式，并基于数字化实现纵向与横向的无障碍连接与交互，建立平台分布式的组织模式，提升文旅产业效率。

2.利用技术衍生文旅新业态，优化产品供给

文旅行业和市场要准确把握新业态、新模式下的市场环境，一要及时抓住已有的数字技术，培育更加成熟的业态，紧随快速兴起的新兴数字技术，培育面向新趋势、新需求的创新业态，并制定适应性规划，大力鼓励创业创新。二要扩大优质数字文旅产品供给，加快释放新兴消费潜力，发展沉浸式体验型文旅消费，引导和培育网络消费、体验消费、智能消费等消费新热点与新模式；找准"云看展""VR旅游""文旅元宇宙"等"云游"项目的主要机会点和问题点，明确各数字旅游产品的特性，挖掘隐性消费者，明确不同业态和具体产品在竞争中的机会和威胁，推进数字文旅产业稳步转型升级发展。三要利用多元化渠道，完善传播体系，以社交平台为载体，展示消费者的实际体验，提升文旅景点的知名度。

（三）微观层面

1.注重数字化文旅产业消费者的需求挖掘

在数字技术发展和文旅产业融合发展的背景下，深度挖掘文化旅游行业的真实需求，精准研判游客行为习惯、文旅消费特征及消费结构；从游客流量、游客画像、逗留时间等基础层面对游客行为进行深入分析，探求文旅产业发展现状，提高游客留存率；整合旅游在线平台、旅游监管、网络舆情、口碑评价等数据并进行综合分析，做可视化数据展示，为游客提供决策依据和解决方案。

2. 挖掘优质资源，打造示范文旅IP项目

文旅IP的应用是助力文旅产业转型升级的重要手段。要想让文创IP为文旅产业带来实质性收入，除了需要在线新经济强大的传播能力，更需要文旅机构的整体配合。线上文创IP推出后，线下景区、场馆需要将其作为核心特色重点宣传，形成呼应。游客进行实地游览时，线下场馆可以围绕该形象设计展览和游玩主题，推出互动游戏，深化游客对该形象的认同感，提高文创IP的生命力。

3. 加快数字化人才队伍建设

数字经济时代文旅产业转型升级发展，迅速扩增了人才体量的需求，并且对人才的综合能力提出了更高的要求，尤其是"数字+文旅"新领域的运营人才。数字化人才队伍的建设应立足当前市场经济需求，不仅要注重人才吸引，更要注重人才培养与成长。此外，还要完善人才评价标准，制定数字化复合型人才的认定办法，制定人才支持政策。从人才的引进、培养、评审，到在产业中发挥作用，全方位把控跟踪。

总　结

作为一个"双万"城市，东莞应在制造业提供强力的经济支撑下，加强文旅建设，努力成为"品质文旅之都"，实现高质量发展。尽管东莞文旅事业快速、长足发展，但仍存在宣传力度不足、整体评价一般、服务质量不高、文化和旅游有待深度融合等问题。对此，有必要考虑数字经济赋能，从宏观、中观和微观三方面采用一定针对性的优化策略，以更好地促进东莞数字经济和文旅产业规模化、集群化、专业化发展，提升东莞城市发展的软实力和重要竞争力，打造粤港澳大湾区服务业创新发展高地。

公共文化服务及体制机制创新

Public Cultural Services and Institutional Innovation

B.9
社会力量参与公共文化服务研究
——以东莞为中心的考察

袁敦卫*

摘　要： 当前，我国的公共文化服务与传统的计划经济体制有复杂的内在关系，基本实行由政府文化部门主导、社会力量有限参与的供给机制。引导社会力量参与公共文化服务，是文化供给侧改革的重要内容，有助于实现供给侧与需求侧良性互动，推动文化资源优化配置。东莞应在公共文化服务的理念变革、供给主体、供给方式和绩效评估等方面进行系统探索，统筹推进，最终实现文化的大发展、大繁荣，助力中华民族伟大复兴。

关键词： 公共文化　社会力量　东莞

---

* 袁敦卫，东莞市委党校文化与社会教研部教授，东莞理工学院文学与传媒学院特聘教授，主要研究方向为近现代文化理论和当代文化现象。

一 研究背景：社会力量参与公共文化服务的历史回顾

（一）关于"社会力量"

1954年9月颁布的《中华人民共和国宪法》较早出现了"社会力量"这一表述，其中第四条提出：中华人民共和国依靠国家机关和社会力量，通过社会主义工业化和社会主义改造，保证逐步消灭剥削制度，建立社会主义社会。在该条文中，"国家机关"与"社会力量"是相对概念，虽然内涵和外延都未作详细界定，但社会认知是基本一致的。作为单独概念，二者沿用至今。随着社会发展，国家机关的内涵基本稳定，而社会力量的内涵发生了较大变化，主要可以从社会职能、人员身份、经济属性等方面予以界定。

社会力量有广义和狭义之分，广义的社会力量是指能够对社会发展施加影响的基本单元，包括自然人、法人（包括党政机关、事业单位、非政府组织、非营利机构、社会团体和企业等）；而狭义的社会力量主要包括私营企业、社会组织（包含社会团体、民办非企业单位和基金会）和个人。[①]

（二）社会力量参与公共文化服务的四个阶段

公共文化服务是公共服务的重要组成部分。所谓的公共文化服务，是根据2017年3月1日起施行的《中华人民共和国公共文化服务保障法》第二条所界定的，即由政府主导、社会力量参与，以满足公民基本文化需求为主要目的而提供的公共文化设施、文化产品、文化活动以及其他相关服务。新

---

① 汪勇杰：《社会力量参与公共文化服务的合作涌现与政府引导》，博士学位论文，天津大学，2017，第11页；由于我国国有企业特殊的经济、政治和社会属性，学术界一般不将其归为社会力量。

中国成立70多年来，我国的公共文化服务与其他公共服务如教育、医疗、社会保障等的发展大体同步，根据社会力量发挥作用的情况，可以粗略划分为以下四个阶段。

第一阶段：新中国成立至改革开放初期，政府统管一切人财物，社会力量基本缺失。在此阶段，我国经济增长较为缓慢，既缺乏明确的"公共服务"意识（"公共服务"这一概念起源于20世纪60年代末英美等国家的"新公共管理运动"），也缺乏对政府职能定位的清晰认识，公共服务长期处于低水平供给状态。以东莞为例，党的十一届三中全会以前，东莞的文化设施"基本上处于旧场地、老设备、30年不变的状态"，"农民是'日求三餐，夜求一宿'，青年人是'日求三餐，晚玩一牌（扑克）'，一年除了看几场电影，就没有什么文化娱乐活动了"。① 除了若干中心城市，全国的公共文化状况相差不大。社会力量基本上没有形成土壤和空间。

第二阶段：改革开放初期至2002年，公共文化服务市场化与社会化探索阶段。改革开放后，随着民营经济迅速崛起，人们对物质文化生活的需求不断提升，政府按照固有模式提供公共文化服务的能力远远跟不上时代的需要，因此，市场化、社会化的探索全面铺开，比如录像厅、台球室、游戏厅、电影院、歌舞厅遍布大街小巷，极大地丰富了人们的精神文化生活，也在很大程度上弥补了公共文化服务的不足。比如从1979年至1987年，东莞"社会办文化发展相当快，全市企业、集体、个体办的各种文化娱乐场、摊档有400多个，形成了种类多、数量大的社会文化市场"，此外还有16家中外合资宾馆设置了歌舞厅，"很多企业家甚至把文化活动作为提高企业知名度、密切内外关系、沟通经济业务往来的'内引''外联'的使者"。② 因此这一阶段的公共文化服务，政府的职能和作用相对被弱化，社会力量初

---

① 中共中央办公厅调研室综合组编《东莞十年：1979－1988》，上海人民出版社，1989，第13、140页。
② 中共中央办公厅调研室综合组编《东莞十年：1979－1988》，上海人民出版社，1989，第141~144页。

步凸显，沿海经济发达地区则更为明显。

第三阶段：2002~2015年，公共文化服务规范化、标准化、均等化阶段。进入新世纪，一方面随着改革深化，各级政府财力快速增长，从中央到地方都普遍加大了对公共文化事业的扶持力度，另一方面由于驳杂的社会文化给社会主义核心价值观带来了巨大的冲击，政府开始加强对公共文化领域意识形态的引领，也在客观上强化了公共文化服务"管办不分"的趋势。在一定意义上，这一阶段是对第二阶段的"调整"和"矫正"，社会力量在被"规范"的同时，发展势头也受到了一定的抑制。

第四阶段：2015年至今，公共文化服务"再改革"阶段。所谓的"再改革"，实际上是对第二阶段"再社会化""再市场化"的深化探索。在这一阶段，随着社会治理难度加大，政府治理的有限性日益显现，需要社会力量参与、补充。2015年，《关于加快构建现代公共文化服务体系的意见》《关于做好政府向社会力量购买公共文化服务工作意见的通知》等重要文件的出台明确表述了引导社会力量参与公共文化服务是切实提高我国公共文化服务效能、增强人民群众获得感的重要制度创新。需要注意的是，第四阶段并不是对第二阶段的简单重复，而是体现了"否定之否定"的唯物主义哲学原理，是在体制创新基础上对第二阶段的逐步深化。

二 当前我国公共文化服务的供给机制与效能

（一）供给机制

当前，我国的公共文化服务基本实行由政府文化部门主导、社会力量有限参与的供给机制。该机制下，涉及的政府主体包括文旅部、文旅厅、文旅体育局及其下属的图书馆、博物馆、文化馆、纪念馆、展览馆等；涉及的社会主体包括部分文化企业、社会组织等；该机制下，政府主体提供的公共文

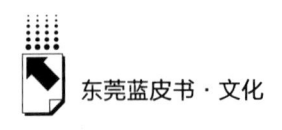

化产品与服务形式单一，存在地区差异、城乡差异等，供需存在结构性矛盾，服务不均衡。

（二）效能

我国对公共文化服务的效能并无统一的评价标准，实际评估中由于场馆基础建设不统一、评估方法多以主观性评估为主，难以对文化机构服务效能进行客观准确的评估。[1] 各地服务效能受经济、文化、社会等多种因素影响，高低有别。一般来说，经济发达、公共文化服务意识强的东南部沿海地区和中西部中心城市，文化服务效能较高，而其他区域效能偏低；在文化部门包揽与社会力量广泛参与两种模式下，前者服务效能更低，后者服务效能更高。文化部门的惯性主导，实际上变为文化部门包揽、包办、自导自演自评的"独角戏"。在文化领域"不平衡不充分发展"的总体背景下，引导、鼓励社会力量参与公共文化服务，深化文化体制改革是解决当前机制不畅、效能偏低、社会满意度不高等问题的主要方法。

三 社会力量参与公共文化服务：机制创新的动力与阻力

（一）需求变化

2017年10月，党的十九大报告指出，中国特色社会主义进入新时代，我国社会主要矛盾已经转化为人民日益增长的美好生活需要和不平衡不充分的发展之间的矛盾。这种"不平衡不充分的发展"包括公共文化服务供给的不平衡不充分，广大人民群众的文化获得感和生活幸福感都偏低，是引导社会力量参与公共文化服务的内在原因和根本动力。

---

[1] 郭帅、高全力、邵连合：《基于模糊粗糙集的公共文化服务效能评估方法》，《计算机技术与发展》2022年第12期。

2022年10月，党的二十大报告虽然未直接提出社会力量参与公共文化服务，但特别强调要"坚持把社会效益放在首位、社会效益和经济效益相统一""健全现代公共文化服务体系，创新实施文化惠民工程"。提升公共文化服务的社会效益，健全服务体系，创新惠民工程，需要社会力量积极参与，这也是社会各个阶层文化需求发生变化的集中反映。

（二）理念更新

公共文化服务是公共服务的重要组成部分。作为一个专有概念，它是"服务型政府"理论的延伸。21世纪初，我国社会科学研究者受20世纪70年代以来英国、美国等发达国家以市场力量提升政府绩效而兴起的"新公共管理""政府再造"等政治改革思潮的影响[1]，提出我国政府职能应从审批型、全能型向服务型转变。

党的十八大报告提出，要建设职能科学、结构优化、廉洁高效、人民满意的服务型政府。习近平总书记在不同场合也重申，为人民服务是我们党的根本宗旨，也是各级政府的根本宗旨。可以说，"公共文化服务"、"公共服务型政府"与"政府五大职能"（宏观调控、公共服务、市场监督、社会治理、环境保护）一样，是我国对政府职能认知全面化、系统化、科学化的结果。

2012年6月，文化部"社会文化司"（1994年成立）正式更名为"公共文化司"，这在一定程度上反映了文化主管部门社会观念的变化："社会的"意味着是"公共的"。

2018年8月21日至22日，习近平总书记在全国宣传思想工作会议上的讲话指出，要推动公共文化服务标准化、均等化，坚持政府主导、社会参与、重心下移、共建共享，完善公共文化服务体系，提高基本公共文化服务的覆盖面和适用性。习近平总书记还指出，要大力推动文化

---

[1] 高清濂、李双荣、张雅清：《西方发达国家服务型政府建设对我国的启示》，《对外开放》2010年第11期。

领域供给侧结构性改革，以高质量文化供给增强人们的文化获得感、幸福感；要坚定不移地将文化体制改革引向深入，不断激发文化创新创造活力。

（三）政策推动

在国家层面，2013年11月，党的十八届三中全会明确提出推动公共文化服务社会化发展；2015年1月，《关于加快构建现代公共文化服务体系的意见》出台；2015年5月，《关于做好政府向社会力量购买公共文化服务工作意见的通知》出台。引导、鼓励社会力量参与公共文化服务是这些重要文件的核心精神，也是党的十九届四中全会的重要内容，同时也是切实提高我国公共文化服务效能、增强人民群众获得感的重要制度创新。

2012年1月1日起施行的《广东省公共文化服务促进条例》提出，公共文化服务是指各级人民政府及其文化等有关主管部门或者社会力量向公众提供的公共文化设施和公益性文化产品、文化活动及相关文化服务。该条例是省级层面较早提出把社会力量引入公共文化服务的规范性文件。

2014年9月，《东莞市公共文化服务社会化发展促进办法》印发。该办法旨在贯彻落实党的十八届三中全会关于"推动公共文化服务社会化发展"的精神，积极引导和鼓励社会力量、社会资本参与公共文化服务，大力培育文化类社会组织，提高公共文化服务社会化发展的多样化、专业化、常态化、制度化水平，加快构建现代公共文化服务体系。

（四）现实阻力

1. 公共文化部门暂时难以适应"管办分离"的角色转变

当前我国各级公共文化部门（图书馆、博物馆、文化馆、展览馆等）基本具备"办文化"的多项职能，但对于"管办分离"之后从"办文化"向"管文化"的角色转变，则显得认识模糊，无所适从。"办文化"更多需要的是某个方面的专业技能，如策划、排练、组织、歌舞演出等，需要的是单一技能的"专家"；而"管文化"更多需要的是行业领域的综合素养，如统筹、协调、宏观指导、中长期规划等，需要的是公共文化领域的"行家"。前者需要的是"划好桨"，而后者需要的是"掌好舵"。

2. 社会力量整体偏弱，参与能力不足

社会组织是社会力量的重要主体，是参与公共服务不可或缺的"生力军"。整体而言，我国社会力量参与公共服务的能力不足。与部分先进城市相比，东莞社团数量偏少，参与公共服务的能力也相对欠缺。2019年7月，东莞共有各类社会组织4660家，2020年1月达到5790家，半年内增长24.2%，虽然增长速度较快，但截至2022年底能有效参与公共文化服务的社会组织，尤其是文化类社会组织仅有437家，不到总量的10%。

2020~2022年，受国内外各种不确定因素影响，东莞社会组织数量大幅减少，截至2023年3月，仅有4584个。其中减额最大的是各类学生接送站（受政策短期内大幅波动影响，东莞中小学校大多恢复为学生提供午休和课后辅导服务，接送站数量锐减）。

从整体上看，东莞社会组织的"先天不足"主要表现在：第一，服务承接能力有限，服务总量无法满足公众需要，很多社会组织除了发起者和少量骨干成员，基本上无法调动更多的社会资源；第二，服务的专业化水平偏低，无法提供较高质量的文化产品和服务；第三，自身运营和"造血"能力弱，稳定性和延续性都不强。

3. 社会力量参与公共文化服务的路径不明

由于目前文化体制改革尚不到位，社会力量参与公共文化服务的路径并不明朗。2015年1月，中共中央办公厅、国务院办公厅印发了《关于加快构建现代公共文化服务体系的意见》，其中第二十条提出各级文化部门要创新运行机制，完善事业单位法人治理结构，推动公共图书馆、博物馆、文化馆、科技馆等组建理事会，吸纳有关方面代表、专业人士、各界群众参与管理，健全决策、执行和监督机制。完善年度报告和信息披露、公众监督等基本制度，加强规范管理。从改革的初衷来看，这项法人治理结构的改革措施是有新意的，但在实际操作中却成了"走过场""形式大于内容"，对于推

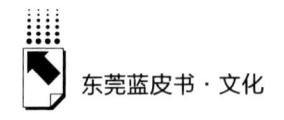

动公共文化服务的社会参与基本上没有实质意义，这说明当前的制度设计还缺乏针对性，难以取得实效。

四 社会力量参与公共文化服务：路径探索

（一）涵养社会组织是基本方向

从国内外理论研究成果和国内先进城市的实践经验来看，扶持、培育、鼓励社会组织发展壮大，是引导社会力量参与公共服务的必经之路。对于公共文化服务来说，文化类社会组织的培育更是当务之急。但从目前的发展态势来看，社会组织发展不是短期内能够见效的，需要更多的体制配套与机制创新。

除了一般的社会组织，社会企业也是一股值得关注的社会力量。社会企业介于传统的以营利为目的的企业和民间非营利组织之间，以社会责任感而非利润驱动。英国社会企业联盟将其定义为"运用商业手段，实现社会目的"的企业。根据少数学者的研究，东莞目前没有法律意义上的社会企业，也缺乏相关的制度配套。但少量企业具备社会企业的特征，也是未来值得关注的发展方向。

（二）补强企业文化是东莞特色

企业文化是公共文化的重要组成部分，直接影响企业的竞争力。2019年11月底，东莞实有各类市场主体122.89万户，企业55.27万家，同比增长11.05%，市场主体及企业数量居全省地级市第1位。截至2023年1月，东莞实有市场主体突破158万户，稳居全省地级市第1位。与此相应，东莞约有600万人在各类企业工作，因此，补强企业文化是社会力量参与公共文化服务的重要途径。

补强企业文化的主要方式包括：指导大中型企业设立各类文体协会，在企业工人集聚区设立社区文化中心，为企业常设的文化项目提供专项资金，鼓励企业员工进行业余文艺创作展演等。

（三）鼓励公益捐赠是重要补充

2014年9月，《东莞市公共文化服务社会化发展促进办法》提出，鼓励各种社会资本通过资助项目、赞助活动、提供设施等形式参与公共文化服务。按照马斯洛的需求理论，文化匮乏属于人类"社交需求"阶段的"高级匮乏"，已经基本脱离生理、安全等初级需要；而我国传统的"救急不救穷"的文化心理也使得"文化慈善"和"文化公益"不如其他的慈善公益诉求（如贫困、残疾、灾难等）受重视，因此东莞的文化慈善也较为薄弱。

在企业参与公共文化服务方面，东莞也摸索出许多新经验。桥头企业家李扬辉先生于2007年捐资设立东莞荷花文学奖，每两年一届，至2023年6月已连续举办九届；他又于2016年独家冠名赞助设立"扬辉小小说奖"，每届出资10万元。寮步镇的美塑公司十余年来持续赞助桥头镇面向全市举办"美塑杯"小小说大赛。这三项文学活动在省内外都产生了较大影响，活跃了东莞公共文化。

不仅如此，以力嘉国际为代表的多家桥头企业出资赞助桥头镇每年一度的油菜花节、荷花艺术节，桥头镇文化部门则利用公共平台与资源，以广告和冠名等方式回馈企业，形成了稳定长效的双赢局面。

鼓励社会捐赠，需要从制度层面拓宽渠道，如抵税（营业税、遗产税）制度、荣誉制度、优先享受公共服务（教育、医疗、社保、公共文化）制度等，努力为捐赠人营造良好的捐赠软环境，让乐善好施成为社会主义先进文化的重要部分。

（四）盘活用好国有存量资源是必要选择

当前，东莞市公共财政资金投资新建的公共文化场馆众多，其中公办图书馆33座、公办博物馆18座、镇街大型演出场馆十余座，但这些场馆多年处于利用率偏低、国有资产无形流失的状态。为了用好、盘活这部分存量资源，可以通过委托管理、经营、合作、资源交换的方式向社会力量开放。比如东莞市的玉兰大剧院、展览馆以及各镇街的大型文化场馆等，都可以通过制度配套创新吸引社会力量参与管理、运营，既实现了物尽其用，又增加了公共文化产品的供给总量；所得租金等现金收入可投入文化再生产，缓解财政压力；而其他文化福利如公益演出等则可免费或以优惠价格提供给广大市民。

此外，充分发挥公办文化机构人才资源的专业技术优势，与社会力量结合，开发满足市场需求的文创产品也是符合政策导向、激发文化机构活力的重要途径。在这一方面，故宫博物院、南京博物院和福建博物院积累了丰富的经验，值得参考借鉴。

（五）推进社区文化治理是根本落脚点

社会力量参与公共文化服务，最终目的不在于单方面增加公共文化服务的总投入和总产出，而在于通过公共文化服务的均衡化、多样化和社区化，实现社区的文化治理。美国理论家约翰·加德纳认为，一个健康的社区其本身就是消除冲突的工具。[1] 随着工作和人居环境的变化，我国居民已经逐步由"单位人"转为"社区人"。但当前，我国社区公共文化长期滞后于社区空间的变化，社区治理的整体性要求与居民的个性化诉求之间存在较多的矛盾冲突，因此，需要将公共文化融入社区治理，让社区居民成为公共文化服务的真正参与者和推动者。[2] 社区文化治理，首先需要每个社区建立共享型文化空间，设立开放性的社区议事制度，鼓励社区居民积极参与公共事务，用科学的机制化解矛盾，并达成共识。

广东晓一文化传媒有限公司成立于2021年9月，经营场所位于东莞植物园区域。其与东莞图书馆南城分馆合作，将家居用品展示销售、休闲餐饮、商业拍摄等项目融为一体，创造了商业经营与公共文化服务融合的新模式。从2021年起，东莞市文化馆共评选出160个类似的公共文

---

[1] 〔美〕珍妮特·V. 登哈特、〔美〕罗伯特·B. 登哈特：《新公共服务》，方兴、丁煌译，中国人民大学出版社，2010。

[2] 颜玉凡、叶南客：《新时代城市公共文化治理的宗旨和逻辑》，《江苏行政学院学报》2019年第6期。

化空间，不但促进了社区公共文化的均衡分布，也营造了和谐的社区文化氛围。

（六）塑造"公共""和谐"的价值观是最高目标

习近平总书记曾指出，要把社会主义核心价值观的要求体现到法律、规章和公共政策之中，并转化为具有刚性约束力的法律规定。[1] 任何公共服务，只有与公共精神、公共政策相联系，倡导需求无限而资源有限语境下的和谐理念，才能实现其最高目标。英国政治学家海伍德认为，与"公共"一词联系紧密的"政治"一词，揭示了公共领域所包含的多样性：政治的发生起因于多样性（我们并非都完全相同）和稀缺性（资源永远不可能满足所有人）。[2] 这与我们所强调的公共服务的"均等性"（正因为并非人人相同，我们只能提供人人机会平等的均等化服务）和"基本性"（资源永远是有限的，不可能满足所有人）是完全一致的。

让众多差异较大的人和谐共处，需要公共文化培育的公共精神、和谐理念作为市民的精神纽带和共识基础。公共生活最为丰富的地方，莫过于一个国家最主要的城市。城市的公共服务通常比乡村地区更为完善，一个重要的原因是城市的经济发展水平更高，但最根本的原因是城市本身所包含的多样性迫切要求其形成公共领域。因此，社会力量参与公共文化服务，最高的目标是更有效地塑造公共精神、和谐理念，以维系社会有机的公共生活，这也是社会主义核心价值观在国家层面的要求和体现。

（七）绩效评估是检验创新机制的核心标准

在现有的公共文化服务供给机制下，效能偏低是一个较为普遍的现象。引导社会力量参与公共文化服务，主要目的在于提高供给主体、供给方式和公共文化产品的多样化水平。而创新之后的机制能够在多大程度上实现这一

---

[1] 《习近平新时代中国特色社会主义思想学习纲要》，学习出版社、人民出版社，2019。
[2] 〔英〕安德鲁·海伍德：《政治学核心概念》，吴勇译，天津人民出版社，2008。

系列目标，则需要通过科学的绩效评估。

绩效评估的主要指标包括供给文化产品的质量和供给总量、文化消费者的整体评价（满意度）、对国家（城市）治理能力的建构作用、对个体消费者精神生活和思想观念的平衡价值等。绩效评估需要建立系统、明确、可操作性强的评估标准和机制，由相对独立的第三方机构来实施，以保证评估过程和结果的公信力。

参考文献

［1］中共中央办公厅调研室综合组编《东莞十年：1979～1988》，上海人民出版社，1989。

［2］〔美〕约翰·斯坦纳等：《企业、政府与社会》，诸大建等译，人民邮电出版社，2015。

［3］袁敦卫：《论公共文化服务的有效性与有限性——以东莞市为中心的考察》，《岭南学刊》2012年第3期。

B.10 文化强市背景下公共图书馆城乡一体化发展的"东莞样本"*

赵爱杰**

摘　要：《关于推动公共文化服务高质量发展的意见》提出，加强城乡公共文化服务体系一体化建设，促进区域协调发展。东莞是全国第15座"双万"城市，具有外来人口占比高、流动性大的人口结构特点。东莞市公共文化服务在解决城乡不均等、区域不均衡、群体不均匀的问题上探索出了"东莞道路"。本报告以东莞公共图书馆城乡一体化发展为样本，从技术创新、网络构建、规范管理、特色服务等方面梳理和提炼特色经验和做法，借鉴其他城市公共图书馆服务体系先进经验，针对东莞实践中存在的统筹力度不足、专业人才欠缺、镇街（园区）分馆发展不均衡、基层服务网点管理薄弱等现象，提出推动行政管理和行业管理融合、优化专业化用人机制、加强镇街（园区）图书馆统筹职能、推动多方融合发展、构建阅读活动品牌体系等改善现代公共图书馆服务体系的建议。

关键词： 东莞　图书馆　城乡一体化　公共图书馆服务体系

---

* 该项目为2022年广东省图书馆学会"公共图书馆城乡一体化建设的'东莞样本'研究"课题（项目编号：GDTK22024）成果。
** 赵爱杰，东莞图书馆读者服务中心副主任，研究馆员，主要研究方向为公共文化服务、绩效管理、动漫专题服务。

党的二十大报告提出，健全现代公共文化服务体系，创新实施文化惠民工程。文化和旅游部、国家发改委、财政部出台的《关于推动公共文化服务高质量发展的意见》提出了加强城乡公共文化服务体系一体化建设，促进区域协调发展，健全人民文化权益保障制度。我国城乡二元社会结构，存在劳动力、资本和产业等要素的城乡配置结构不均衡，城乡发展差距扩大等问题。城乡一体化是实现中国现代化和新型城镇化战略的重要途径，也是打破城乡二元文化结构、弥合城乡文化发展鸿沟、实现城乡有机融合的根本途径，对于实现社会信息公平、践行公共文化服务均等化、改善基层群众文化民生、保障人民群众基本文化权益有着重要意义。

东莞是全国第15座"双万"城市，已经连续多年保持人口净流入态势。面对庞大的服务人口数量，东莞市坚持保基本、促均衡、补短板、增效益，在解决城乡不均等、区域不均衡、群体不均匀的问题上探索出"东莞道路"。

一　东莞市公共图书馆城乡一体化发展的背景

（一）东莞市的基本情况

东莞是国际制造名城，2021年跃入地区生产总值过万亿元、人口总数超千万的"双万"城市行列，也是全国5个不设区的地级市之一，实行市直管辖镇的两级管理体制。全市陆地面积2460平方米，全市下辖4个街道、28个镇，共32个镇级行政区，另设有东莞松山湖科技产业园区1个功能区。截至2021年底，东莞市常住人口达1053.68万人，其中户籍人口278.61万人；外来人口占比超过2/3，位居全国第一，以产业工人为主，青壮年占比也比较高，人口流动性大。

（二）东莞市公共图书馆城乡一体化发展的政策保障

2001~2010年，东莞市委市政府实施"文化新城"战略，提出建设

"图书馆之城"、"博物馆之城"、"广场文化之城"和"音乐剧之都"。2004年、2005年，相继出台《东莞地区图书馆总分馆制实施方案》《东莞市建设图书馆之城实施方案》，以东莞图书馆新馆建设为契机，推进城市图书馆公共服务体系建设。① 2006年起，市财政设立"图书馆之城"建设专项资金，用于统筹镇、村的基础设施建设和品牌项目打造。2010年，东莞市委市政府实施"文化名城"战略，"图书馆之城"建设作为重要组成部分被纳入了政府重要议事日程。2013年东莞成功创建全国首批、全省第一个国家公共文化服务体系示范区；2014年，东莞入选国家公共文化服务标准化试点城市，在全国率先出台《东莞市构建现代公共文化服务体系实施意见》等"1+4"政策文件。2016年，出台的《东莞市公共图书馆管理办法》，是全国首个地方性图书馆政府规章，该管理办法构建了运行有效的公共文化服务制度体系。

站在"双万城市"新起点，2022年，东莞市出台《关于推进文化强市建设的意见》，提出打造"书香东莞"文化品牌；出台《东莞市公共文化服务高质量发展实施方案》，提出打造全国领先的图书馆服务网络，加快镇街（园区）图书馆新一轮建设，建设更有温度的书香东莞，把阅读作为更好满足千万人口精神文化生活新期待的重要抓手。

（三）东莞公共图书馆城乡一体化发展的现状

东莞构建了包括市馆、镇街（园区）分馆、村（社区）基层服务点三级架构，图书流动车、绘本馆、城市阅读驿站、"我+书房"等多种形态的图书馆服务体系，实施"一馆办证，多馆借书；一馆借书，多馆还书"的服务模式。通过总分馆体系建设，形成了优势互补、功能齐全、服务便利的图书馆共同体；通过基层图书馆和服务点建设，构建了布局合理、便捷高效的服务网络；通过区域性技术网络建设，形成了文献资源、服务资源共建共享机制，实现城乡间、区域间公共文化资源的均衡配置。截至2022年12

---

① 邝艳梅：《东莞公共图书馆服务体系建设研究》，硕士学位论文，华中师范大学，2017年。

月，东莞共有1个总馆、53个分馆、102个图书流动车服务站、510个村（社区）基层服务点、73个城市阅读驿站、31家绘本馆。

二 公共图书馆城乡一体化发展的"东莞经验"

东莞市因地制宜，采用技术突破、业务统筹优先的策略，进行区域图书馆集群管理，创造出具有东莞特色的公共图书馆城乡一体化发展模式。①

（一）以技术创新区域图书馆集群管理与协同发展模式

东莞图书馆联合专业软件公司共同研发出"Interlib图书馆集群网络管理平台"，促进全市图书馆整体协同发展。该平台具有"数据集中管理、零维护、易推广"的特点，极大地降低了基层图书馆技术门槛和运行成本，基层图书馆无须重复采购数字资源、业务平台、服务器和软件设施，以及配置技术人员，有效解决了镇村基层图书馆缺资源、少人才、弱管理的现实问题，为国内其他地区公共图书馆城乡一体化发展提供了解决方案。2007年，东莞市"区域图书馆集群管理与协同发展模式"项目获评第二届文化部创新奖；目前，Interlib平台已被全国3500余家图书馆采用。

2005年，东莞推出全国首家自助图书馆；2007年，推出全国首台图书馆ATM（图书自助服务站）。2011年，东莞市实施"文化惠民"工程，在全市33个地区建成了通借通还的24小时自助借阅服务网络。2011年12月，"无人值守'永不关闭的图书馆'"获得了"广东省图书情报创新服务奖"。

为适应社交化、本地化、移动化的互联网发展趋势，图书馆推出东莞市民学习中心平台。该平台以流媒体视频资源为主要形态，基于知识体系进行精准资源整合，基于个性化设计交互学习环境，基于虚实阵地结合方式，实

---

① 李晓辉：《城市图书馆公共服务体系均等化的实现——以东莞图书馆实践为例》，《图书馆理论与实践》2014年第11期。

现海量资源线上服务24小时不打烊，实现从文献中心向学习中心转型，推动优质文化资源以"平台+内容+终端+服务"形式向基层延伸，促进文化资源均等发展。

（二）构建纵向垂直、横向多元、便捷高效的城乡服务网络

针对市、镇两级行政管理特点和镇、村图书馆工作普遍薄弱的现实情况，东莞依托总分馆制构建了市—镇—村三级图书馆服务体系。在现有1个总馆、53个分馆、510个村（社区）基层服务点、33个24小时自助图书馆的垂直服务体系基础上，实现100%村（社区）图书馆（室）联网。横向上，通过"政府+市场"模式吸收学校、企业、医院、监狱、社区、家庭等多元社会形态加入城乡图书馆网络，将优质资源延伸至服务网络末梢。创新馆校合作方式，通过"班级微书馆"项目将文献资源下沉至校园班级；创新社会合作方式，通过"固定服务站""城市阅读驿站""阅读加油站"项目将文献资源下沉至企业和社区；创新家庭阅读新方式，通过"我+书房"家庭图书馆项目实现文献资源到户服务，打通城市阅读"最后一公里"。

图书流动车是东莞图书馆服务体系的重要补充和延伸。结合城市人口结构和特点，东莞关注外来工人员的文化需求，深入社区基层和工业园区，合理设置图书馆站点、规划路线和服务时间。

目前，流动服务已经实现全域覆盖，包括固定服务站、流动服务站、临时服务站等多种形态站点102个。将"互联网+"和快递物流融入图书馆服务，推出"邮享阅读—图书快递服务"，为全市读者提供图书快递服务；将传统借阅从线下转为线上，打破图书馆馆舍空间、开放时间、辐射范围等因素的限制，拓宽服务时空范围，缩小不同区域群众享有阅读服务的差距，提升公共服务均等化水平。开发移动总分馆系统，为固定服务站、"班级微书馆"、"阅读加油站"、"我+书房"等基层服务网点将文献资源转借给读者提供便捷的技术支持，切实提升文献资源利用效率；开发"文献转借"系统，支持读者将已借阅文献转借给身边朋友，让读者自由分享好书、充分参与文献流通。

（三）以规范管理提升图书馆体系服务效能

标准化建设和规范化管理是图书馆城乡一体化发展的业务基础和服务质量保障。东莞图书馆提出"规范标识、集中管理、同一平台、凸现特色、共享资源"的总体要求，制定《东莞图书馆总分馆工作条例》《东莞图书馆总分馆业务系统管理规则》等一系列业务标准和工作规程，指导和培训基层员工熟练操作业务系统，熟悉各项服务规则，提升整体业务水平；制定《东莞图书馆总分馆VI系统》，规范标识系统，强化视觉识别，塑造一致性的图书馆公共文化服务形象。

以考核激励促进基层服务质量提升。从2004年开始，东莞实行基层文化考评制度，将"参与东莞地区总分馆体系建设"等要求纳入对基层政府的文化工作考评。2016年，出台《东莞市公共文化服务体系绩效评估办法》，明确各级政府的公共文化主体责任，制定绩效评估指标及评估办法，推动基层提升服务效能。2022年，出台《东莞市公共文化服务高质量发展实施方案》，提出推进"书香镇街（园区）"建设。2023年计划推出首批5个书香镇街（园区）。

构建总分馆工作协调机制。建立东莞地区总分馆馆长联席会议制度，聚焦研讨图书馆服务体系的难点、重点问题，总结汇报各馆工作开展情况等。建立总分馆活动联动机制，分为统一型，如世界读书日、东莞读书节等重大阅读节庆活动，全市各馆统一行动，形成文化合力；参与型，如儿童故事大王比赛，"约·绘东莞"作品征集等，搭建全市活动平台，各馆自愿参与；帮扶型，如阅读推广人培训、志愿讲师等，结合分馆薄弱环节进行活动资源的帮扶和业务指导。实施研究项目管理，通过东莞图书馆公共服务体系建设研究项目，指导分馆员工结合工作实践开展基层网点建设、视频宣传营销、阅读推广服务、特殊群体服务等业务研究，提升服务水平；建立"连线"信息统筹机制，每月汇集总分馆特色活动，展示特色项目和员工风采，加大分馆活动传播力度。

（四）打造特色体系，实现服务增值

创新公共电子阅览室建设形态。新环境，形象设计理念是"统一标识、统一风格、统一技术、统一服务、统一管理"，打造公益数字文化服务"连锁店"；新技术，通过"文化e管家"平台实现集成管理、绿色上网、资源服务、云计算管理和监控等，减轻基层人员压力；新形态，构建融合纸质媒体、固定终端和移动手持终端的多形态、立体式的数字文化空间；新管理，依托总分馆体系通过模块化、组件化快速构建市域公共电子阅览室服务体系。2011年和2012年，公共电子阅览室建设连续两年被纳入东莞市政府"十件实事"之一，并在国内部分地区被直接复制或借鉴。

创建全国首个绘本专题图书馆服务体系，以体系化、专业化、精细化引领全国绘本阅读服务新模式。响应社会热切关注的儿童绘本阅读需求，以"体系化"拓展阵地，协同绘本馆和服务点开展"绘本四季"、东莞市原创绘本大赛等联动阅读活动；以"专业化"提升品质，编制我国首部绘本专题书目总汇——《绘本文献总览》，研制"阅绘999"指导书目，注重绘本阅读的专业研究支撑；以"精细化"彰显特色，从选址、设计、书目、活动等多个角度为绘本馆建设提供精细化业务指导。截至2022年底，全市共建成31家绘本馆、45个绘本阅读服务点。2018~2022年，绘本馆共接待人员超173万人次，绘本外借量近158万，开展活动5100余场，活动参与近39万人次。

（五）服务成效

东莞市图书馆城乡一体服务网络覆盖全市33个地区，全市读者能够享受到便捷的阅读生活；文献外借量从2005年的53万余册增长到2022年的740余万册，服务效能提升明显。加强分馆建设指导和业务统筹，基础设施水平不断提升，厚街新馆（6000平方米）、万江新馆（6000余平方米）、麻涌新馆（7000多平方米）相继落成，服务阵地更加稳固，逐步缩小城乡服务差距；通过总分馆统筹协调机制，打造东莞读书节城市阅读品牌，松山湖分馆"汉字家园"、茶山分馆"方志里的东莞"、莞城分馆"图书馆志愿馆长"等特色阅读品牌，全年举行的各类读者活动达7000余场，活动供给内容更加丰富，文化品质显著提升。2020年，湖北农民工吴桂春为东莞图书馆写下120字留言，引发社会广泛关注，阅读量累计突破10.8亿次；《人民日报》发布的快评《让书香，成为一座城市最大的眷恋》展现了一个有温度的书香东莞，这都是东莞市公共文化服务坚持城乡一体化、均等化发展、润物无声的缩影。

三 东莞公共图书馆城乡一体化发展面临的困难和问题

（一）图书馆城乡一体化发展的统筹机制有待深化

东莞公共图书馆城乡一体化发展不改变原有行政隶属及人事和财政关系，并以技术统领、业务协作和资源共享为特征。在现行体制背景下，总馆对分馆的统筹仅限于业务指导方面，没有行政管理权，分馆人事、财务和文献统购统编等更深层次业务的权限归属各级政府部门。市政府和文化主管部门是公共图书馆服务体系建设的责任主体，东莞图书馆实际承担了统筹推进的职责，但还需要明晰和镇街（园区）政府、文化主管部门之间的关系，并建立有效的统筹协调机制，否则在属地管理、条块分割的行政关系下，业务规划、服务体系建设的推进力度都有可能受到影响。此外，东莞图书馆服务体系具有扁平化的架构特点，因此，总馆对各分馆的业务统筹、技术辅导、资源整合、人员培训等工作任务繁重，工作机制有待创新。

（二）专业人才欠缺制约图书馆服务体系发展

镇街（园区）分馆、村（社区）基层服务点是公共图书馆服务网络的"骨干"和"末梢神经"。基层工作人员的专业素质与工作能力，直接影响区域图书馆的整体服务形象。然而当前，基层图书馆员工不足，部分镇街

（园区）分馆人员编制不足，人员待遇低，流动性较大，导致管理人员缺乏。有些村（社区）基层服务点、阅读驿站的工作人员是兼职，馆舍开放时间不稳定，造成资源浪费。同时，专业人才不足。当前，镇街（园区）分馆具有图书资料专业职称的人员占比偏低，这对基层图书馆开展业务规划、统计分析、标准执行、业务研究和活动策划等工作带来影响。村（社区）基层服务点大部分管理人员学历不高，专业知识背景匮乏，只适合开展图书分类、图书借还等基础性服务工作。总分馆体系对基层图书馆的工作既有数量要求又有质量要求，专业人才欠缺将在一定程度上制约东莞公共图书馆服务体系建设成效和基层图书馆服务成效。

（三）各镇街（园区）图书馆发展不均衡

镇街（园区）分馆是图书馆服务体系的"骨架"。东莞市各镇街（园区）经济实力不同、对文化建设重视程度不同，对图书馆的建设规划、财政投入、资源分配也有所差异，因此，各镇街（园区）分馆间的发展并不不均衡。各镇街（园区）分馆的经费保障情况不同，如大岭山分馆建筑面积达39884平方米，长安分馆建筑面积达29500平方米，万江分馆、厚街分馆、麻涌分馆等均在5000平方米以上；但同行政级别的高埗分馆、望牛墩分馆、大朗分馆、洪梅分馆、横沥分馆等馆舍面积还不足1000平方米。此外，各镇街（园区）分馆统筹力度不同，发展联网村社区服务点、城市阅读驿站的规模和数量也不相同。如东坑工人文化宫城市阅读驿站规模较大，总面积约630平方米，藏书近6000册；桥头分馆莲湖风景区城市阅读驿站面积约80平方米，藏书2700余册。

（四）基层服务点"重建设、弱管理"现象

村（社区）基层服务点、城市阅读驿站、固定服务站、阅读加油站、班级微书馆、家庭图书馆等基层服务形态是保障群众文化权益的重要途径。因此，东莞采取"政府+市场"的社会化合作方式构建图书馆体系服务网络，将文献和服务资源延伸至群众身边。前期建设更侧重数量的增长，但基

层服务点的后续运营则需要村（社区）、企业、学校、医院等组织持续地投入资金和人员，开展资源更新、延伸服务、活动策划、宣传推广等，引导群众积极利用图书馆文化设施和资源。但现实的情境是，由于缺少规划和持续的资金支持，基层服务点工作人员专业素养和管理意识薄弱，一些村（社区）基层服务点、固定服务站等存在未正常开放或无人值守等现象，藏书陈旧、数量不足，缺少配套活动，无法吸引群众，造成资源浪费，服务效益低下。

四 推动东莞公共图书馆城乡一体化发展的思路对策

（一）推动行政管理和行业管理融合，优化城乡协同发展的统筹机制

东莞市公共图书馆服务体系的有效建设，一要发挥政府的主导作用，强化各级政府主体意识，并加大执行力度；二要发挥行业力量，提升图书馆服务体系发展的专业性。探索组建由市文化主管部门领导牵头，吸纳图书馆行业优秀人才参加的专业管理委员会，统筹推进公共图书馆城乡一体化发展。依托管理机构的专业知识力量，对东莞市图书馆服务体系建设规划、工作标准、业务研究、资源优化、人才培养、日常运维等进行顶层设计，促进图书馆事业的发展。依托管理机构的力量，建立各级财政的长效保障机制，如市政府安排专项经费用于促进全民阅读，镇街（园区）政府将公共图书馆事业纳入经济和社会发展规划和年度计划等，促进服务体系的可持续发展；明确各级政府在设施统筹、人事安排方面的主体责任和权限，完善基层政府公共文化服务的考核机制，确保各项业务规划和发展措施能够有效落地，实现政府宏观管理和图书馆行业微观管理相结合。

（二）优化专业化用人机制，加强基层图书馆人才队伍建设

一是镇街（园区）图书馆设专职馆长，并实行馆长负责制。《东莞市公

共图书馆管理办法》为分馆馆长设定了准入门槛：镇街（园区）图书馆的馆长应当具有相应专业中级以上专业技术职称或者具有三年以上图书馆工作经验，并且全职在图书馆工作。借鉴"嘉兴模式"，探索改变现有分馆馆长人事管理权：由总馆向社会公开招聘、统一培训、统一考核和统一管理并派出。二是建立专业化的图书馆人才队伍，匹配相应的工作岗位需求，规范管理人员和专业技术人员的专业知识、专业技能和学历要求，并按照相关规定实行公开招聘。三是优化人才培养机制，人员工资与专业技术职称挂钩。通过继续教育学术交流、岗位培训、专业深造、讲座、终身学习等方式提高员工专业素质。各镇街（园区）应建立图书馆员工工资和福利待遇根据职称、工作绩效评定的制度，倒逼基层员工的学习成长。

（三）加强镇街（园区）图书馆统筹职能

在"市—镇—村"三级架构中，镇街（园区）图书馆既是分馆，也是总馆，有着承上启下的作用。面对市馆，充分发挥分馆职能，承接总馆的规划和各项任务，沟通落实到基层服务点；面对村（社区）基层服务点等，又要履行总馆职能，发挥镇一级的统筹规划和组织实施功能，让"总馆—分馆"模式在基层得到有效复制。一是要加强镇街（园区）图书馆的管理意识和责任意识，统筹管理城市阅读驿站等基层服务点，并积极发展基层服务点，提升基层文化服务效能。二是承担基层图书馆人员的培训工作，通过讲座、培训、轮岗、交流等方式开展专业培训，提高人员专业知识水平和业务工作水平，切实提升基层图书馆服务水平。

（四）推动多方融合发展，丰富基层公共图书馆的服务供给机制

推动公共图书馆社会化融合发展，缓解基层图书馆资源薄弱、人员不足的问题，这对公共文化服务扩容提质具有重要意义。由市、镇财政统筹专项资金，通过向社会购买公共文化产品的方式，强化文化资源整合和统筹，加强对外来务工等特殊群体阅读需求保障，加大对薄弱基层地区的服务配送力度，切实推动基本公共图书馆服务均等化、普惠化、便捷化。鼓励公益文

活动与社会力量结合，通过合作开发文化资源、企业公益赞助等方式，引导社会资本投入文化建设的"最后一公里"，缓解基层政府财政压力；推动公共文化服务体系融合发展，建立图书馆、文化馆、博物馆、美术馆等公益机构互联共享机制，推动优质文化资源向基层服务点延伸；加强文化志愿者队伍建设，充分发挥志愿者的专业特长和公益热情，缓解基层图书馆员工不足、师资不足的问题。坚持开放发展，引入社会力量参与内容供给侧改革，从满足基本文化需求向满足多样化需求转变。

（五）构建阅读活动品牌体系，促进图书馆城乡一体化服务体系提质增效

品质发展是公共文化服务高质量发展的主要特征。构建优秀阅读活动品牌体系，实现从基本服务提供向优质服务提供转变，满足和引领群众高质量文化需求。打造"书香东莞"文化品牌，结合东莞城市特色和服务优势，重点打造一个东莞书香文化名人IP——莞籍著名藏书家、版本目录学家伦明，彰显书香东莞底蕴。深化两个特色专题——立足"潮流东莞"城市名片，深化动漫专题特色；立足全国领先探索，深化绘本专题特色。通过总馆引领、市镇联动、共建共享，打造"423世界读书日"和"东莞读书节"两大城市阅读品牌，扩大活动的社会影响，突破基层公共文化资源有限、人才短缺的瓶颈。立足镇街实际情况，打造有品位、有特色的镇街阅读品牌，如寮步分馆"书香·书市"、大朗分馆"朗字系列"阅读品牌、长安分馆"莲溪书香节"等，缓解公共阅读服务供需错位、结构失衡矛盾，提升基层公共文化服务效能水平。

参考文献

［1］段宇锋、郭玥、王灿昊：《嘉兴市城乡一体化公共图书馆服务体系建设》，《图书馆杂志》2019年第3期。

［2］刘兰芬：《城乡一体化进程中公共图书馆建设模式研究》，《四川图书馆学报》2012年第2期。

［3］周菁齐、阮海红：《城乡一体化进程中农村社区图书馆的可持续发展研究》，《图书馆》2014年第6期。

［4］熊剑锐：《总分馆模式下的专题图书馆体系化建设——以东莞图书馆绘本馆为例》，《山东图书馆学刊》2019年第4期。

［5］宫平：《我国图书馆体系化研究的演化路径及特点》，《国家图书馆学刊》2019年第4期。

［6］毛婕：《城乡一体化视野下公共图书馆服务体系研究——以宁波市为例》，硕士学位论文，宁波大学，2017。

［7］艾丽斯娜：《城乡一体化背景下安徽省公共图书馆服务体系建设研究》，硕士学位论文，安徽大学，2014。

［8］陈渊：《城乡一体化背景下公共图书馆阅读空间建设研究——以佛山市南海区为例》，《山东图书馆学刊》2022年第6期。

［9］钱兰岚、王景、阮云：《乡村振兴背景下公共图书馆城乡一体化建设路径研究——以安徽省为例》，《图书馆研究》2022年第6期。

［10］周兰珍、吴建军、侯涤：《常州市公共图书馆服务网络现状与发展对策研究》，《江苏理工学院学报》2015年第3期。

B.11
东莞城市家具建设与地域文化研究

谭汪洋　林春香　刘东升　李进杰　黄幸　黄晓南　卢照明　钟燕*

摘　要： 城市家具是城市道路配套设施和公共环境设施，是完善城市功能、打造城市品质和彰显城市文化的重要手段，对城市环境的改善和提升有着重要的现实意义。东莞市对城市家具越来越重视，城市家具建设进入快速发展期。当前，东莞市城市家具在统筹规划、地域特色文化彰显、人性化设置、科技信息化应用、管理维护等方面还存在明显短板。因此，本文建议从加强统筹规划、融入地域文化、补齐功能短板、引入智慧家具、创新管养机制等方面提升东莞市城市家具建设和管养水平。

关键词： 城市家具　东莞文化　城市更新行动

习近平总书记在党的二十大报告中指出，坚持人民城市人民建、人民城市为人民，提高城市规划、建设、治理水平，加快转变超大特大城市发展方式，实施城市更新行动，加强城市基础设施建设，打造宜居、韧性、智慧城市。东莞市委第十五次党代会强调，东莞的发展目标是"城市综合

---

* 谭汪洋，中共东莞市委党校教授，主要研究方向为文化学、传播学；林春香，博士，中共东莞市委党校副教授，主要研究方向为文化学；刘东升，东莞市横沥镇城管分局局长，主要研究方向为管理学；李进杰，东莞市东坑镇公共服务办主任，主要研究方向为管理学；黄幸，东莞市樟木头镇党建工作办主任，主要研究方向为经济学；黄晓南，东莞市洪梅镇党政综合办主任，主要研究方向为管理学；卢照明，东莞市道滘镇规划所所长，主要研究方向为城市规划；钟燕，东莞市沙田镇教育管理中心、文化服务中心主任，主要研究方向为管理学。

环境达到国际一流湾区标准。城市能级显著提升，城乡人居环境品质得到全面改善""以深度城市化为方向，加快打造大湾区综合环境新高地"。

城市家具是城市道路配套设施和公共环境设施，是提升城市形象的重要举措，是完善城市功能、打造城市品质和彰显城市文化的重要手段，对城市环境的改善和提升有着重要的现实意义。近年来，东莞市城市家具建设虽然取得了一定成效，但设计建设和管理水平较低，与东莞市城市地位和经济实力还不匹配。因此，本文调研组先后到市城管局、市文广旅体局、"一心二轴三片区"指挥部、规划院等单位进行调研和座谈，实地走访东城、南城、滨海湾新区等街道、园区，通过文献研究、统计调查、现场观察等调研方法，就强化东莞市城市家具建设和管养，进一步提升城市形象，提出具体建议。

"城市家具"（Urban Furniture）一词起源于欧洲，是指设置在城市街道、广场等空间，融合于周围环境，提供公共服务的各类城市公共环境设施。城市家具是城市不可缺少的公共服务设施，也是城市公共空间的主要元素。城市家具与街道的质量密切相关，是展示城市形象的窗口和名片。城市家具主要分为公共照明、公共交通、公共服务、路面铺装、信息服务、交通管理六大系统，包括路灯、人行护栏、步行者导向牌、座椅、废物箱等45类设施（见图1）。

一 东莞城市家具建设的突出特征

近年来，东莞市高度重视城市规划建设和公共服务配套工作，城市家具作为城市公共服务配套的重要组成部分，随着城市建设发展不断深入和完善，也逐渐凸显出对城市形象提升的重要作用。东莞正在逐步把城市家具打造为"随处可见的城市形象风景线"。

（一）城市建设雏形初现，城市家具初具规模

从2000年至今，东莞的城市规划建设从"五年见新城"到"一心两轴

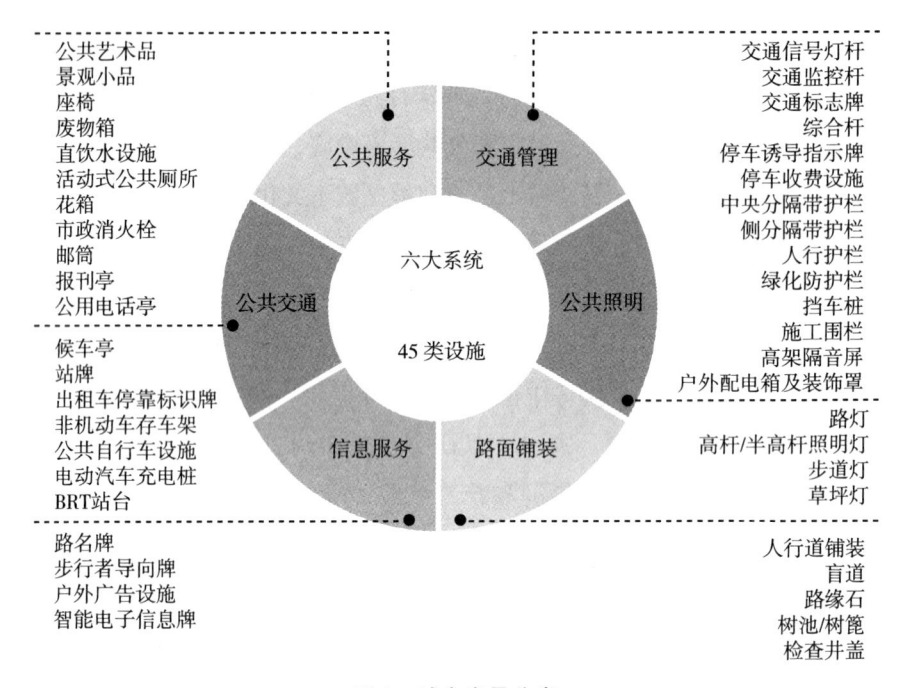

公共艺术品
景观小品
座椅
废物箱
直饮水设施
活动式公共厕所
花箱
市政消火栓
邮筒
报刊亭
公用电话亭

候车亭
站牌
出租车停靠标识牌
非机动车存车架
公共自行车设施
电动汽车充电桩
BRT站台

路名牌
步行者导向牌
户外广告设施
智能电子信息牌

公共服务
交通管理
六大系统
45类设施
公共交通
公共照明
信息服务
路面铺装

交通信号灯杆
交通监控杆
交通标志牌
综合杆
停车诱导指示牌
停车收费设施
中央分隔带护栏
侧分隔带护栏
人行护栏
绿化防护栏
挡车桩
施工围栏
高架隔音屏
户外配电箱及装饰罩

路灯
高杆/半高杆照明灯
步道灯
草坪灯

人行道铺装
盲道
路缘石
树池/树箅
检查井盖

图 1 城市家具分类

三片区",全力打造"湾区都市,品质东莞"。随着东莞城市建设向纵深发展,市行政办事中心、玉兰大剧院、市图书馆、青少年活动中心等一批城市地标建筑拔地而起,东莞大道、东江大道、松山湖大道、东部快速、常虎高速、环城路等一批城市主干道逐步建成。目前,全市道路总里程7952.3公里,绿道长度1303.6千米,人行道长度7541.3公里,盲道长度6526.8公里。随着城市建设步入快车道,城市家具作为城市配套的重要组成部分也逐步完善,基本能满足人们日常社会生活的需求。截至2020年底,全市共有公交场站614个,公交站点9519个;路灯照明灯42.77万盏,景观照明灯41.91万盏;镇级垃圾转运站438座,已完成升级改造;公共厕所1856座,配电箱5457台,城市道路消防栓21227个。

(二)城市品质持续提升,文化元素逐步融入

近年来,东莞切实加强对城市形象传播的顶层设计与系统谋划,先后组织实施两个"五年传播规划"和一个"三年行动计划",将莞香花作为设计原型的东莞城市标识系统正逐步融入城市家具的设计中。随着"强调品质、以人为本"的东莞三年城市品质提升工作的不断深入推进,东莞提出要以"一心两轴三片区"为重点抓手,围绕"衣食住行、安居乐业",提高市民工作、生活、休憩的便捷性和幸福感。以东莞大道品质提升工程为例,2021 年底完成的东莞大道及周边体育路、旗峰路、簪花路、丽峰路、美峰路等 9 条城市道路的慢行空间整治工程,是中心城区第一个全要素慢行提升工程,该工程进行了"断面空间、过街节点、地面铺装、家具标识"四大板块改善提升工作,完善了标识系统,对城市家具进行了标准化设置。项目改造了多项城市家具,其中包括 1000 多个道路井盖、近百个无障碍零高低差路口,新建了 6.4 公里的步行道、9.5 公里的自行车专用道和 114 处单车专用停放点。

（三）城市形象持续深化,实用性艺术化并重

立足"双万"新起点,东莞提出了深耕中心城区"一心两轴三片区"建设,通过强核心、聚规模、塑品牌,全面提升中心城区的软硬实力,推动经济的高质量和可持续发展,并在粤港澳大湾区城市竞合中脱颖而出。与此同时,《东莞城市形象传播工作规划（2022—2026）》（征求意见稿）从深化城市形象的视角出发,着力开展城市家具形象提升计划,将公共艺术纳入城市建设和空间规划,制定系统的城市雕塑与艺术装置规划方案和工作机制。对市政设施进行艺术化改造,在导示系统、公共座椅、公共厕所、垃圾回收、灯光照明、地面铺装、井盖等城市家具系统中,植入城市标识、潮玩、篮球、科创等代表性符号,把城市家具打造为更加亮丽的城市名片。目前,相关部门正在着手研究东莞城市家具的设计指引。至此,东莞城市家具从初期的重视实用阶段转而进入了适用与美观并重的阶段。

二 东莞城市家具建设和管养存在的主要问题

东莞城市家具建设经历了"五年见新城"、"三年城市品质提升工程",以及

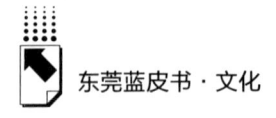

"一心两轴三片区"的建设阶段，城市家具投入规模不断扩大、品质不断提升。但作为全国第十五个"双万"城市，对比成都、杭州、苏州等城市，东莞在城市家具建设的整体规划、文化特色与管养运维方面仍然存在较大差距。

（一）缺乏有力的统筹规划

东莞城市家具大多依附于市政配套工程而设计建设，无论是市中心区还是各镇（街）都缺乏统一规划。一方面，市中心区、各镇（街）的城市家具风格各异、色彩混搭，与周边建筑、环境不协调。另一方面，市中心区与各镇（街）没有通盘考虑，也没有系统规范的建设指引，城市家具建设标准不一。当前，东莞由市城管局牵头全市城市家具建设工作，而城市家具建设是一项涉及多部门，且专业性、技术性很强的系统工程，仅由单个部门牵头承担，无论是行政级别、权威性，还是专业力量都不足以支撑其高效统筹谋划全市城市家具的高品质建设。

（二）缺乏明显的地域文化特色

东莞市城市家具的文化提炼和嵌入不足，辨识度不高，体现不出东莞文化特色。如个别城市家具刻有"每天绽放新精彩"的东莞标语，但不能唤起人们的东莞印象；以国际化标准建设的四段立体慢行连廊，给人第一感觉不是大气的东莞，反而认为像厦门的山海健康步道，缺乏东莞风味；"一心两轴三片区"率先建成的簪花路设置的城市家具在设计风格上没有考虑与东莞的"四张名片"和"七大文化"有效结合，缺乏大众审美、本土特色和城市文化内涵。

（三）科学化人性化设置不足

东莞市的城市家具功能不够齐全，科学化人性化设置不足。如街道上缺乏无障碍设施，导致残障人士缺少和整个社会的交流机会；个别公共区域未设置妇婴专区，对弱势群众的人文关怀不到位；电箱路灯杆、交通设施杆等市政杆体设置在非机动车道中间，妨碍行人通行；一些盲道被市政设施阻挡，导致盲道"九曲十八弯"；公园、购物中心等人口密集区域的公共厕所、垃圾桶等设置不足；文化艺术方面的设施较少，例如缺少报刊亭、雅俗共赏的雕塑等。

（四）智能化应用水平较低

当前东莞市城市家具的设计偏重于使用功能、复合功能、装饰功能，城市家具的智能化水平较低，与东莞"制造强市"的名称不匹配。一方面，东莞市对智能化的座椅、分类垃圾桶、公交站场等智能化城市家具投放使用较少。另一方面，东莞市使用智慧化城市家具的种类和场景较少，利用城市家具实现智慧化管理的覆盖面不广。目前全市仅有滨海湾新区启用143根"多杆合一"的智慧杆，通过整合公安、交警、城管职能等实现"合杆、合网、合箱"，建设智慧道路管理平台。石龙镇作为全国信息化试点城镇，正在实施智慧灯杆改造工程，预计三年内建成1550套智慧灯杆，这些智慧灯杆通过挂载各类智能设备，为石龙镇提供道路照明、移动通信、城市监测、交通管理、信息发布等城市公共服务。

（五）缺乏精准的管养维护

当前，东莞市部分城市家具存在"建管分离"的情况，政府部门更注重规划建设城市家具，而忽略后续管养。如：路口导向牌的内容缺乏有效审核监管，与城市正面形象不匹配；不少城市家具欠缺"实用性"和"耐用性"，建成后使用不便、容易破损；高昂的养护成本与有限的管养经费不匹配，导致管养不到位；个别城市家具建成后未及时明确管养部门，出现"管养真空期"。

三 提升城市家具建设和管养水平的建议

（一）强化统筹规划，科学高效建设

1. 建立统筹运行机制

建立协同一体的领导架构，加强部门间的联系，确保城市家具设置合

理、协调统一。组建统一管理架构，筹建全市城市公共空间建设管理指挥部，由市主要领导亲自挂帅，并由抽调人员集中办公，其中，指挥部负责对全市城市家具整体规划设计进行指引、对重点区域城市家具进行审批和监督。建立统筹协调机制，建立健全城市公共空间建设管理"1+7+N"统筹协调工作机制①、城市家具片区总设计师机制、先审后建工作机制、重点项目督办机制、问题反馈机制，明确工作流程规范，形成整体合力。建立指挥部例会沟通机制，定期对城市家具工作进行集中研判定调，定期协调、研究解决重点难点问题。

2. 建立统一规范指引

制定城市家具建设管理统一规范指引，为城市公共空间塑造提供明确方向。注重分类设计引导，将东莞城市家具划分为公共服务、交通管理、公共交通、信息服务、路面铺装、公共照明六大类，对其风格、色彩、材质等提出统一的控制引导，为其他种类城市家具提供参考指引。注重分级设计引导，将城市公共空间梳理为家具空间、慢行空间、退缩空间、街角空间、绿化空间，并根据不同空间的不同功能，规范公共空间秩序，改变以往无序占用的状况。比如家具空间应"合杆共箱"；慢行空间应宽阔平坦、畅行无阻；退缩空间应互动延伸、融合补充；街角空间应安全有趣、地标易辨；绿化空间应层次分明、生机盎然。注重分区设计引导，按统分结合、保持个性的原则，在统一指引的前提下，根据东莞六大片区的划分情况提出独具特色的设计风格指引。

3. 建立多元资金链条

利用政府主导、社会参与的资金模式，实现城市家具可持续的建设、管理、运营。在政府资金统筹方面，建立市财政奖励资金，对于重点区域达标城市家具给予一定额度资金补贴。在社会资本参与方面，优化收益分配方

---

① 在城市公共空间建设管理"1+7+N"统筹协调工作机制中，"1"指1个市级领导小组，"7"指综合协调小组和中心片区、松山湖片区、滨海湾片区、水乡片区、东部产业园片区、东南临深片区6个专责小组，"N"指各镇街园区；通过该工作机制，在市领导小组统一领导下，统筹联动各相关部门、镇街，发挥综合协调及系统决策作用。

案，固定提取城市更新项目中新规划条件地价的1%作为城市家具建设资金[①]，由项目开发主体按照比例和统一设计规范指引建设城市家具。同时，鼓励创新投融资模式，探索通过政府与社会资本合作等方式，并采取公益性捐赠税前扣除、减免公共空间场地租金和水电费用、冠名等措施，推动社会力量参与城市家具建设和可持续运营管理。

（二）融入地域文化，彰显城市形象

1. 塑造城市形象品牌

突出"科技创新+先进制造"的城市特色，以"创造"和"精彩"作为东莞城市品牌形象的核心定位和价值追求，围绕"创造精彩之城"这一总体形象品牌设计东莞城市家具，呈现立体全面、青春活力、开放奋进的东莞。

2. 提炼城市文化元素

挖掘提炼东莞特色文化，并将其融入城市家具之中，将无形的文化有形化，提升东莞城市知名度和影响力。可从燕岭古采石场、南社古村、石龙中山路、可园、莞城、下坝村、白沙村、沙角炮台、威远炮台等历史文化中提取东莞文化元素。同时，聚焦"每天绽放新精彩"品牌标识系统，从东莞市花（白玉兰花）、地标性建筑（传统以具有岭南建筑特色的可园为代表，现代以南城CBD地标建筑为代表）、龙舟竞技、吉祥物（篮球宝贝人偶）中提取代表性符号，植入城市家具设计，做到既从城市历史文脉提取"莞"元素，又从城市当代特色提取新形象。

3. 总体风格与区域特色相得益彰

在中心城区"一心两轴三片区"的建设发展基础上，对全市的城市家

---

① 固定提取城市更新项目中新规划条件地价的1%作为城市家具建设资金的比例设定，主要参考以下两个案例：案例1，美国费城是世界上第一个实施该政策的城市，费城复兴当局于1959年通过《百分比艺术计划》，要求保证不少于1%的建筑预算用于艺术品建设，西雅图在1973年确立了公共艺术百分比法案；案例2，2017年，浙江省发布了《浙江省城市风貌条例》，其中有涉及"公共环境艺术促进"的条款，对于应当配置公共环境艺术品的建设项目及要求做出了明确规定。

具进行总体布局,在风格、色彩方面进行统一规划。结合东莞山水地理布局和历史文化发展脉络,建议全市分"六板块"进行建设与更新:城区板块,打造"活力都市"风貌,现代简约风格,色调为"橙色";松山湖板块,打造"未来都市"风貌,现代智能风格,色调为"绿色";滨海湾板块,打造"海滨都市"风貌,动感时尚风格,色调为"蓝色";水乡板块,打造"水乡都市"风貌,城市副中心兼具水系风格,色调为"浅灰色";东部产业园板块,打造"现代产业"风貌,现代工业风格,色调为"紫色";东南临深板块,打造"生态都市"风貌,自然生态风格,色调为"青色"。在统一规划布局下,以点带面、示范先行,推进城市家具建设,充分展现东莞城市公共空间内在统一又不失个性的特点。对涉及全市的工程项目,如正在建设的碧道,要植入文化元素,既体现整体风格,又彰显不同地域的特色文化。

(三)补齐功能短板,体现人文关怀

城市家具要在细节处用心,设计应遵循以人为本的理念,增进人文关怀,不仅体现城市温度,更考验城市创新。一是满足多样化需求。增设细节性、人性化设施,考虑残疾人、老年人、幼童等特殊群体的使用需求,满足人们视觉审美的需求,充分考虑人们的生理、心理需求,提高市民的生活质量。另外,也要关注持续变化的用户情感需求,注重材料形态的清洁简约化,尽可能地满足用户对于空间环境综合利用的卫生健康需求。二是满足交流需求。充分利用高品质城市家具所形成的城市公共空间,消除不同人群的"距离",促进公民之间的互动。可利用滨水岸线、边角闲置地块、停车场、旧广场,建设口袋公园、露天咖啡、城市雕塑、小剧场、小围合的新活力空间,打造便于市民互动交流的城市客厅,增进邻里之间的信任,提高群众凝聚力。

(四)引入智慧家具,展现制造风采

随着"互联网+"、云计算、大数据等信息技术发展,充分利用5G通信、智能终端、AI技术、电子支付等高科技可赋予"城市家具"未来感。

将"智慧"融入城市家具中,一方面完善了城市家具的服务功能,另一方面提升了城市管理水平。一是实现市民使用体验最优化。例如,升级改造智慧公交候车亭,增加电子显示功能,并增设爱心座椅、电子监控摄像头及站牌候车亭智能管理系统等设施,让市民都能用得上、用得好。二是提升城市空间品质与文化品位。在街道、公园、广场、商业区域、文化历史街区等户外休闲空间,城市家具是环境景观的亮点。而智慧家具的出现为城市公共空间建设提供了新思路,例如,天津市重点在健身器材上"做文章",公园内设置"太极大师"AI武术大屏,市民可以跟着大屏中的提示做运动,智能屏根据动作进行打分,让运动更加有趣。三是提升城市管理效率。建议探索建立智慧路灯管理系统、智能交通管理系统、智能监控系统等,且多管理系统应实现互联互通、共享公用;构建城市家具管理的大数据平台与智慧中枢,逐步将城市家具构建为城市"智慧大脑"的"神经元"。

(五)创新管理机制,提升管养水平

"三分建七分管",城市家具建设不仅需要在设计建设上花心思,更需要在精细化、精准化管理上下功夫,在设计建设时兼顾管理养护,切实提升社会治理现代化水平。一是构建精细化管养模式。建议由城管系统作为管养的主管部门,科学构建城市家具精细化管理标准体系,制定管理清单、责任清单、网格清单,做到精细化管理、规范化管理有章可循。综合运用现代信息技术,建立城市家具资料库、管理档案库,以及城市家具管理信息化系统,通过监测预警,实时掌握城市家具状况,并快速作出响应,为科学智慧管养提供依据。二是构建社会化管养模式。合理引入社会力量,通过综合评价体系、养护管理机制,定期对养护单位进行考核,采用优胜劣汰的方式,提升管养水平。三是构建全民化管养模式。完善巡查、听证、评议制度,引导和组织市民为加强城市管理献计献策,鼓励市民参与爱国卫生志愿服务,并建立举报奖励制度。加大公益宣传力度,强化市民"主人翁"意识,畅通反映问题渠道,倡导市民积极参与城市家具的管养维护。

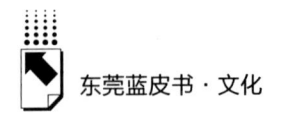

参考文献

[1] 何林茜：《连云港市城市家具建设与管理研究》，硕士学位论文，西北农林科技大学，2019。

[2] 黄梓轩：《谈广州市公共空间中城市家具的设计》，《智能建筑与工程机械》2021年第9期。

[3] 《"省社科专家话东莞城市名片"主题研讨会召开》，《东莞日报》2022年6月10日。

[4] 孔帅、王艺纯：《后疫情时代下城市家具的情感化设计研究》，《创意设计源》2021年第6期。

[5] 罗璇、张秋梅：《基于互动设计理念的城市家具研究——以杭州市城市家具为例》，《家具与室内装饰》2009年第2期。

[6] 欧幸军：《智慧化城市家具设计研究》，硕士学位论文，南京艺术学院，2021。

[7] 何林茜：《连云港市城市家具建设与管理研究》，硕士学位论文，西北农林科技大学，2019。

非遗传承与创新发展

Non-genetic Inheritance and Innovative Development

B.12
东莞非遗文化元素在服饰设计中的应用研究

程晓莉　陈思云　陈雨蒙*

摘　要： 本文通过借鉴其他地区非遗文化的传承与应用策略，研究"东莞非遗"文化元素在服饰设计中的创新应用，验证了"东莞非遗"文化元素在服饰设计中创新应用的可行性，为东莞非遗文化的发展找到了方法与路径，有助于东莞非遗文化的传承与创新。

关键词： 东莞　非遗文化　服饰设计

---

* 程晓莉，广东科技学院服装设计与工程专业建设负责人，副教授，主要研究方向为服装设计、非遗服装等；陈思云，广东科技学院服装设计与工程专业专任教师，副教授，主要研究方向为服装版型及工艺；陈雨蒙，广东科技学院服装设计与工程专业教师，讲师，主要研究方向为服装设计、服装数字化等。

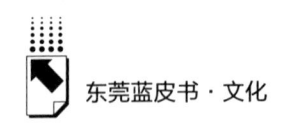

一 东莞非遗文化传承现状分析

（一）东莞非遗文化的基本情况

莞邑地区拥有丰富的非物质文化遗产，截至2022年底，东莞先后有10个项目列入国家非遗代表性项目名录，54个项目列入广东省非遗代表性项目名录，167个项目列入市级非遗代表性项目名录。为进一步加强非物质文化遗产的保护传承工作，东莞开展了非遗墟市、非遗进校园、非遗文创大赛等活动。东莞千角灯、龙舟制作技艺、木鱼歌、莞香制作技艺、寮步香市等国家级非物质文化遗产代表性项目的保护与传承情况良好，多个项目根据自身特色开展了具体活动。如莞香制作技艺项目保护单位设立莞香文化博物馆、莞香制作技艺展示厅、莞香制作技艺非遗传承基地、莞香传统工坊，定期开展公益性教学培训活动。

（二）东莞非遗传承与保护措施

1. 东莞非遗进校园

自2014年起，东莞市文化馆、市非遗保护中心围绕莞脉传承核心职责使命，持续开展"非遗进校园"活动。十年来，东莞"非遗进校园"活动内涵不断丰富，青少年的文化获得感不断提升，学校的办学品质也得到了提升。

2. 东莞非遗与服饰

2023年广东非遗服装服饰展示交流活动暨优秀案例作品发布会以"时尚岭南·非遗新造"为主题，通过"一展一秀一论坛"，展示广东非遗项目与创意时尚的巧妙融合，以及创造性转化、创新性发展的成果。东莞市文化馆的"东莞非遗原创服装展演"被评为非遗交流的优秀案例，"服装是时尚文化的重要载体，也是广东支柱产业。当非遗遇上时尚，精彩不言而喻"。

3. 东莞非遗与旅游

东莞非遗与旅游深度融合有了新路径。与万江共建"正丫湾龙舟民俗文化村"项目，探索传承发展龙舟文化的新模式，推动正丫湾文旅融合发展，让群众共享美丽乡村建设成果。开发出"寮步莞香文化之旅""东莞道滘裹蒸粽与寮步豆酱体验之旅"等十几条非遗文旅路线。

二 东莞非遗文化元素在服饰设计中的应用现状

基于历史渊源、行业基础、现实需求三方面因素，东莞将非遗工作实现创造性转化和创新性发展的突破点放在了服装设计产业上，策划推出了东莞非遗原创服装设计项目，以求在秉承传统、不失其本的基础上，以服装为载体，实践活态传承。

（一）莞香文化在服饰设计中的应用

如图1所示，该设计作品以非遗莞香中的莞香树放置许久后的颜色、树皮纹理及质感为设计元素。同时，作品为了表现树皮的粗糙感，对面料进行了二次改造。第一套设计作品搭配纱质的材料进行点缀，突出了面料的质感；第二套设计作品更多地表现树根所长的状态，运用了抽褶、堆积等设计手法，增强了视觉的冲击性；第三套设计作品应用了拼接手法，利用颜色之间的对比，将服装的效果表现出来。

（二）客家传统婚俗文化在服饰设计中的应用

如图2所示，该设计作品提取客家婚俗文化中新人服装的色彩及廓形，在色彩上采用喜庆的红色以及代表富贵的金、银双色，面料的质感更讲究光泽度，图案选用双凤寓意家庭事业腾飞、宏图万里。在廓形方面，采用平面裁剪的方法，将马褂进行创意设计。

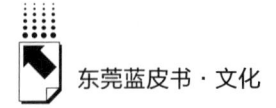

图 1　莞香文化元素在服饰设计中的应用

图片来源：2017年东莞非遗原创服装设计作品。

图 2　客家传统婚俗元素在服饰中的应用

图片来源：2017年东莞非遗原创服装设计作品。

（三）千角灯元素在服饰设计中的应用

如图3所示，该设计作品运用千角灯"有一千个角，有一千盏灯"的结构特点，把东莞非物质文化遗产千角灯元素与服饰相结合，制作了"一千个面一千个角"的千角灯服饰。

图 3　千角灯元素在服饰中的应用

图片来源：2017 年东莞非遗原创服装设计作品。

（四）莞草编织技艺在服饰设计中的应用

如图 4 所示，该设计作品运用莞草编织技艺，在裙装的设计中，运用白与黑面料进行编织，形成白色与黑色交替出现的方格，在配饰方面运用莞草编织技艺编织的篮子，与服装的编制形成完美的呼应。

（五）麒麟元素在服饰设计中的应用

如图 5 所示，该作品运用与麒麟相关的元素进行设计，在服饰设计中，帽子的设计借鉴了麒麟头部的造型，将麒麟威武的样子表现得淋漓尽致，而服装上的彩色条带与帽子进行呼应，增加服装的视觉效果。

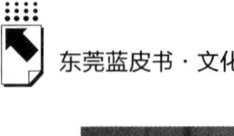

图 4　莞草编织技艺在服饰设计中的应用

图片来源：2017 年东莞非遗原创服装设计作品。

图 5　麒麟元素在服饰设计中的应用

图片来源：2017 年东莞非遗原创服装设计作品。

三　东莞非遗文化元素在服饰设计中的应用策略

（一）服饰作为东莞非遗文化载体的 SWOT 分析

1. 优势（S）

东莞非遗文化资源丰富，有多项国家级、省级以及市级非遗项目，这些非遗项目各具特色、文化内涵丰富，是东莞地域文化的典型代表，可成为服饰设计的创意源泉。服饰是东莞的支柱性产业，目前东莞正大力发展本土服饰品牌，制定一系列政策，全方位引进各类人才，建立高校合作机制，大力发展服装产业。将服饰设计作为东莞非遗文化的载体，可提升服饰的文化性与地域性，使本土品牌更具有特色及竞争力，为东莞服饰品牌树立良好的品牌形象。

2. 劣势（W）

好的服饰设计不仅取决于好的创意，还需要高超的设计水平。东莞很多服装企业的自主设计能力不足，缺乏专业的设计团队，设计能力和设计思维不够，多数企业的设计还停留在抄款、买款、改款这个阶段，这些都是服饰设计作为非遗文化载体的极大障碍。此外，由于宣传没有到位，大部分群众参与非遗保护与传承的意识不强。

3. 机会（O）

非遗保护与传承目前是国内研究焦点，其生产性保护工作也进入全面开展阶段，这为东莞非遗文化开发营造了良好的外部环境。随着国内经济增长、国民收入的增加，旅游业也为非遗产品的销售提供了广阔的市场。东莞作为服饰之都，设计以"本土非遗文化"为主题的服饰，对服饰品牌的提升、城市名片的宣传，都是一个非常好的机会，这些外部环境因素都为服饰作为东莞非遗文化传承新路径提供了机遇。

4. 威胁（T）

随着非遗文化的热度及价值的提升，各地方都在极力将非遗文化与产业

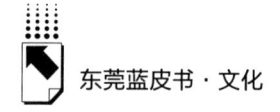

进行结合。首先，东莞服饰行业与非遗文化的融入程度过低，设计款式过于粗糙，影响了非遗文化的传承与创新；其次，政府对于东莞非遗文化产业发展的关注度过少，使得非遗文化的传承与创新只停留在表面，没有进行深度的落实；最后，消费者对融入非遗文化元素的服饰的关注不足且购买欲望过低，直接导致服饰企业不愿意运用非遗文化元素。

（二）东莞非遗文化元素在服饰设计中的应用问卷调查分析

本文对东莞市服饰企业的设计师及设计师助理进行关于东莞市非遗文化元素运用在服饰设计中的情况进行调查，调查分析如下。

1. 服饰设计中对东莞非遗文化元素的考虑

问卷题目一为"想过运用东莞非遗文化作为设计元素进行服饰设计吗？①有考虑；②一般考虑；③完全没考虑"。从问卷调查的数据来看，大部分的设计师是有考虑运用东莞非遗文化元素进行服饰设计的（见图6）。在2017年东莞市设计师协会与东莞市文化馆就非遗文化在服饰设计中的应用举办了一场走秀活动，在这场走秀中，设计师们脑洞大开，对东莞市各镇街的非遗文化进行考察，巧妙地将非遗文化元素运用在服饰设计中，这对非遗文化在设计领域的传播具有一定的积极意义，且对于设计师而言，有了更多的设计元素可以应用在服饰设计中。

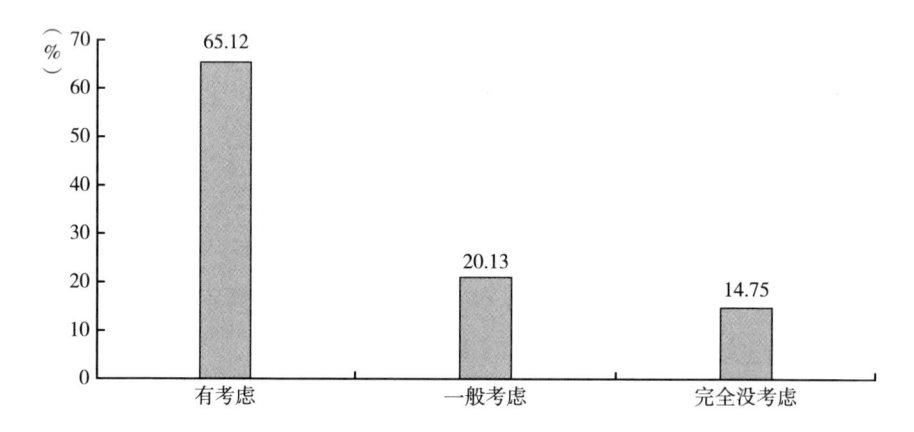

图6 服饰设计师对于东莞非遗文化元素的运用情况

2. 非遗文化元素在服饰设计应用中的商业前景

问卷题目二为"您认为东莞非遗文化元素运用在服饰文化上具有的商业前景如何？①非常看好；②一般看好；③不太看好；④完全不看好"。从问卷调查的数据来看，设计师对于非遗文化元素在服饰上应用的商业前景保持了比较中立的态度（见图7），任何设计元素运用在服饰设计中是否具有商业前景，与很多方面有关，如公司的营销、元素的应用水平等。但随着国家对非遗文化传承与保护的不断宣传与推进，本文认为，非遗文化元素在服饰设计中的应用具有一定的商业前景。

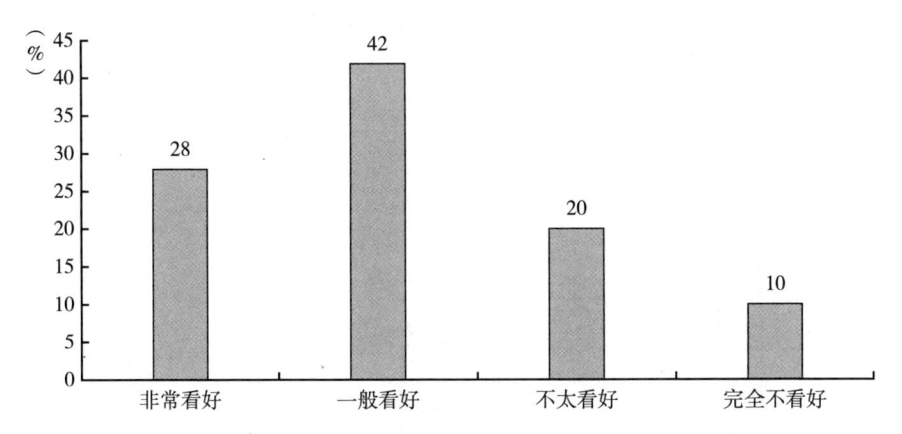

图7 服饰设计师认为东莞非遗文化元素是否具有商业前景

3. 东莞非遗文化元素适用的服装

问卷问题三为"如果将非遗文化元素运用在服饰设计中，您认为适合哪种类型的服饰？（多选）①男装；②女装；③童装；④中性服装；⑤潮牌服装"。从问卷调查的数据来看，更多的设计师认为非遗文化元素运用在女装、中性服装及潮牌服装中会更加合适（见图8）。

4. 东莞非遗文化元素适合的服饰风格

问卷问题四为"您认为非遗文化元素适合哪种风格的服饰？（多选）①休闲风格；②通勤风格；③OL风格；④学院风格；⑤民族风格"。从问卷调查的数据来看，设计师们比较认可非遗文化元素适合休闲、通勤及民族风格（见图9）。

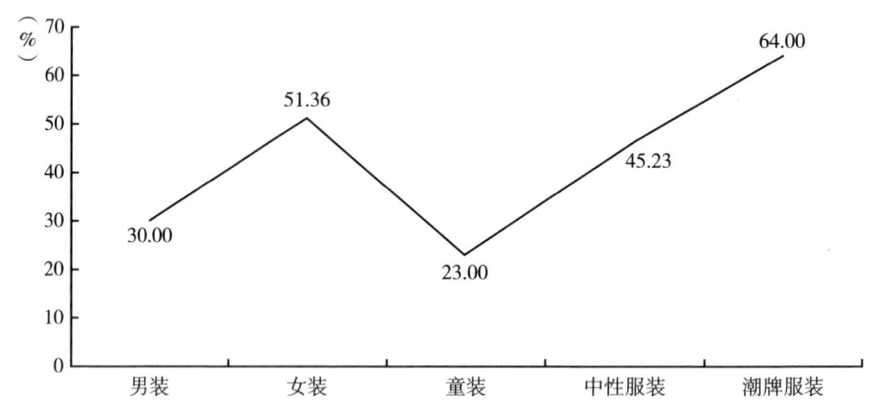

图8 东莞非遗文化元素适用哪种类型服装

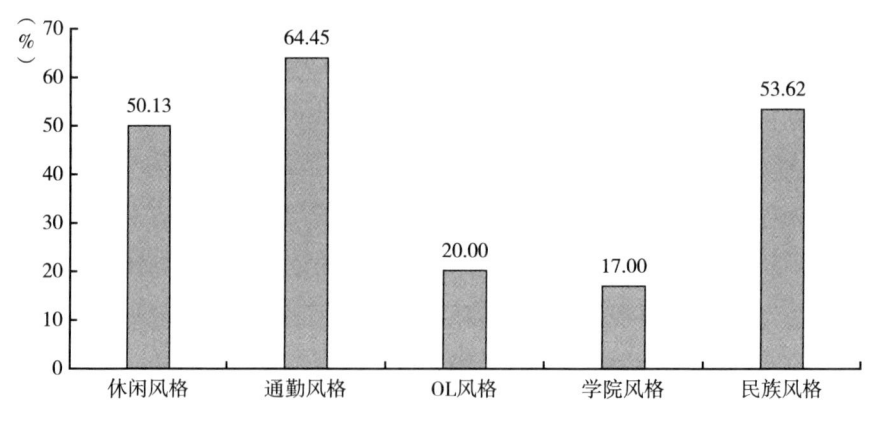

图9 东莞非遗文化元素适合哪种风格服饰

5. 东莞非遗文化元素在服装上的体现位置

问卷中问题五为"您认为东莞非物质文化元素在服装设计中可以应用在哪些方面？（多选）①图案；②色彩；③造型；④文化；⑤工艺技法；⑥其他"。从问卷调查的数据来看，图案是东莞非遗文化元素可以重点在服装上进行设计应用的点，故在后期进行东莞非遗文化元素在服饰设计中的应用时，可以重点提取非遗文化图案元素并将其应用在服饰设计中（见图10）。

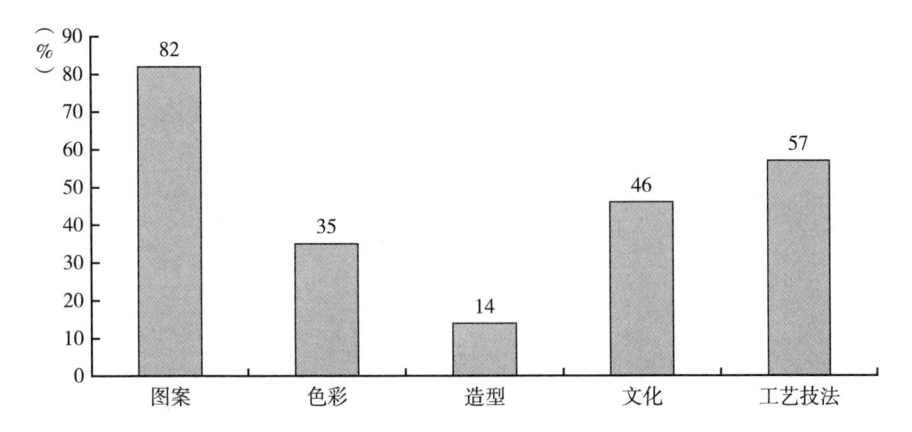

图 10　东莞非遗文化元素应用在服装的哪些方面

四　案例分析

（一）东莞非遗"千角灯"元素提取与应用

千角灯是民间一项伟大的美术作品，集书画、雕刻（刻纸）、刺绣、剪纸等民间手工艺为一体，灯中的书画、剪纸、刺绣都可以作为服饰设计的素材，千角灯在灯体的设计部分，运用了浮凸的等边三角形、梯形、四边形、长方形等框架，组成灯体的基本框架，便于后期剪纸及书画作品粘贴。这些集合的造型，同样也可以作为服装设计的元素，故千角灯具有高度的艺术资源，不论是意象的思想，还是具象的图案、色彩、造型、工艺等都可以为服装提供丰富的设计资源与元素。

1. 图案元素提取与工艺元素提取

服装设计通过款式、色彩、材质的搭配组合表现人的精神风貌，以及服装的风格。而服装图案在服装设计过程中则起到画龙点睛的作用，是服装设计中不可或缺的艺术表现语言。图案是一种装饰性的艺术，运用在服装上就是装饰性和实用性相结合的一种艺术形式。它来源于自然，以丰富的色彩和独特的结构借助服装这个载体来表达其强烈的视觉冲击力和艺术感召力。它是一种情感的象征,表达了不同的审美观念和生活情操。

(1) 年画图案

千角灯中运用了大量的代表美好寓意的书画,分别分布在千角灯的灯身、灯带部分,灯身部分有游鱼、山水、人物、花卉等国画,花卉则带露盛放、雀鸟则朝阳鸣唱、游鱼则戏水闲翔、山水则天水空蒙树石凝碧。在中间八角柱体的灯身部分,用扎有门楼和通花门旁的画框镶嵌着八幅彩画,如《风调雨顺》《欢庆丰年》《双喜迎春》《福禄寿星》《富贵吉祥》《麒麟送子》《三星拱照》等,这些寓意美好的年画代表着人们对美好生活的憧憬与向往,同时也营造出欢乐热烈的气氛。如图11所示,以娃娃抱鱼的年画为起点,提取出具有吉祥含义的娃娃和鱼的元素,寓意多子多福、年年有余;在此基础上将其进行卡通化的处理,使图案增加趣味性;颜色则提取朱红色和明黄色作为主色调,保留中国传统的年画味道。

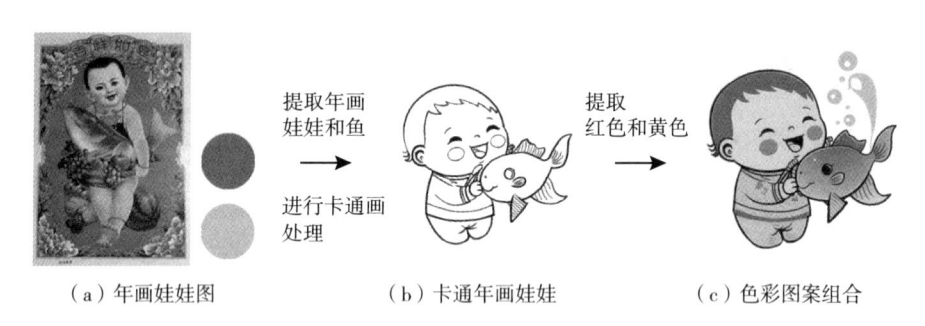

(a) 年画娃娃图　　(b) 卡通年画娃娃　　(c) 色彩图案组合

图11　"千角灯"年画提取

(2) 蝴蝶、荷花图案

千角灯的灯顶部分,象征着瓦当的三圈彩色重檐,檐口的上部有8条栩栩如生的彩蟒,蟒与蟒之间配以灯檐八座,三圈重檐之间,在粉红地上,粘贴着桃花、蝴蝶图案,在灯顶的下面,粘贴着荷花图案。如图12所示,对千角灯的荷花图案进行提取并加入火元素,寓意生生不息。而图13为将千角灯的蝴蝶元素与荷花相融合再设计出的图案。

东莞非遗文化元素在服饰设计中的应用研究

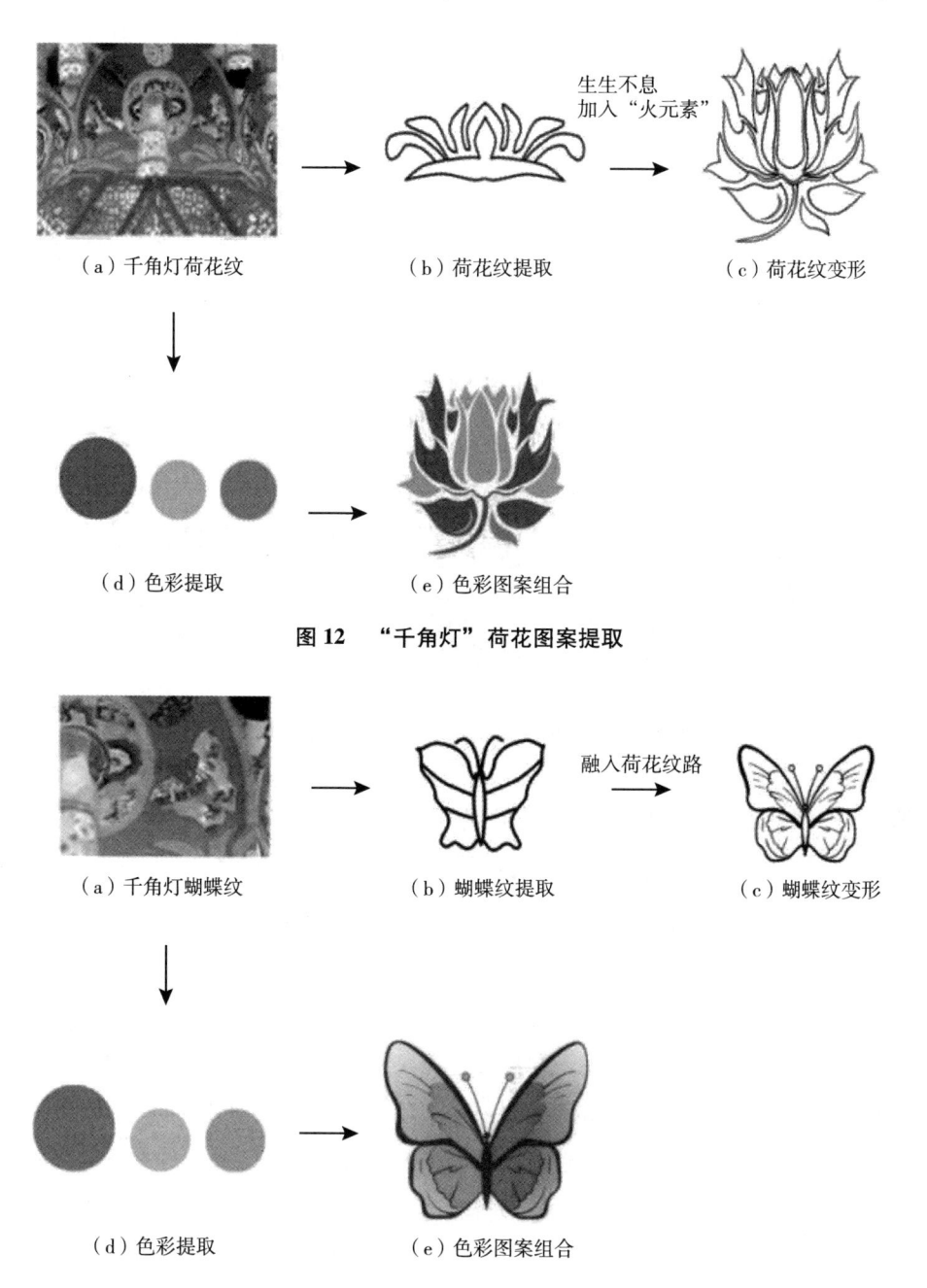

（a）千角灯荷花纹　　（b）荷花纹提取　　生生不息 加入"火元素"　（c）荷花纹变形

（d）色彩提取　　（e）色彩图案组合

图 12　"千角灯"荷花图案提取

（a）千角灯蝴蝶纹　　（b）蝴蝶纹提取　　融入荷花纹路　（c）蝴蝶纹变形

（d）色彩提取　　（e）色彩图案组合

图 13　"千角灯"蝴蝶图案提取

(3) 雕花工艺

千角灯的整体构造中，通华图案占较大的面积，通华图案主要有五种，分别是双金钱、梅花金钱、梅花盛开、梅开二度、十字顶梅图案。运用雕刻艺术（见图14），再运用纸扎工艺将雕刻好的图案粘贴在固定好的框架上，笔者认为通华图案最重要的作用是对书画图案的边沿进行装饰，从而形成视觉上的画框作用，颜色运用红色，给人强烈的视觉冲击力，又因为面积较大，给人喜庆、红红火火之感，与正月十五节日刚好映衬，表达着对美好生活的向往。

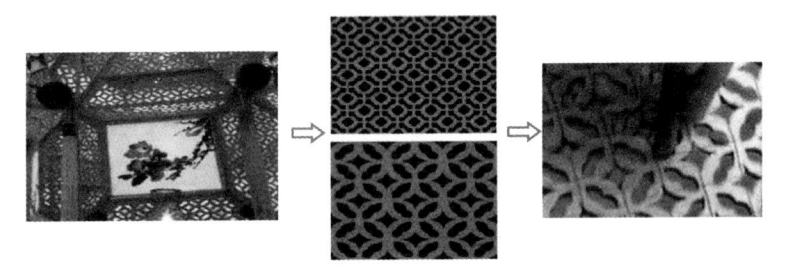

图14 "千角灯"雕花双金钱、梅花金钱工艺

2. "千角灯"元素在服饰设计中的应用

（1）千角灯元素在T恤款式设计中的应用

T恤简洁、大方、百搭，是深受年轻朋友喜欢的时尚单品，此系列T恤运用白色作为基本色调，第一套运用字体和图案做结合，字体的颜色应用千角灯的主要色调朱红色搭配白色的设计，图案应用的是千角灯中的年画图案元素，第二套和第三套运用千角灯的莲花纹及蝴蝶纹，色彩运用千角灯的主体色彩朱红色搭配以白色的设计（见图15）。近几年，T恤向更加体现个性、展示潮流的方向发展，越来越多的年轻人喜欢时尚、潮流的单品，潮牌已经成为当下年轻人热衷的对象，将非遗文化应用在年轻人喜欢的时尚单品上，用他们喜欢的方式表现设计，不但迎合年轻消费者，同时也在年轻群体中传播非遗文化。

图 15　千角灯图案元素在 T 恤中的展现

（2）千角灯元素在卫衣款式设计中的应用

卫衣诞生于 20 世纪 30 年代的美国纽约，当时是为冷库工作者生产的工装。但由于卫衣舒适温暖的特质逐渐受到运动员的青睐，不久又风靡于橄榄球员女友和音乐明星中。卫衣一般比较宽大，是休闲类服饰中很受顾客青睐的服饰。卫衣兼顾时尚性与功能性，融合了舒适与时尚，成为年轻人街头运动的首选。此系列卫衣运用千角灯的双金钱纹和梅花金钱纹制作卫衣的暗花图案（见图 16）。

图 16　双金钱及梅花金钱暗花纹在卫衣中的设计

（二）东莞"莞草编织工艺"文化在服饰设计中的提取与应用

1. 编织工艺元素提取

莞草编织具有较多的编织手法，因本团队的研究时间有限，故在学习的过程中，只学习到了其中一些较为简单的编织技法，如经纬编织、打结法、缠绕法等，运用莞草编织工艺，可以制作设计非常多精致的工艺品及服装配饰，故在以后的研究中，还有较大的研究和学习空间。

图 17 作品的名字是《草裙调子》，运用经线并排排列，纬线进行固定的方式，形成类似草裙的形式，故而取其名。在服装运用上，也可以运用经纬线的水平垂直编织，利用调整纬线的密度，从而形成不同质感的面料。在配饰方面，可以形成非常多流苏感的设计品。运用斜编的方式以及运用缺编线的方式形成镂空的形式（见图18）制作成一个精美的篮子，在服装设计中，镂空是经常运用的设计方式，但是运用线条的编织形成镂空形式，也是一种新的尝试。

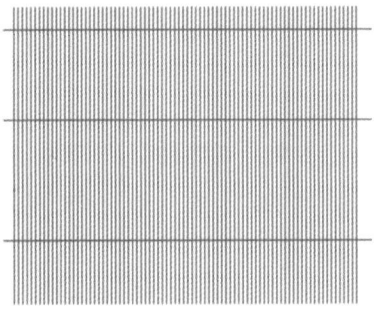

图 17 《草裙调子》设计作品

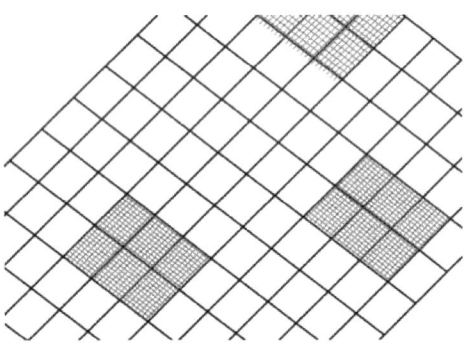

图 18 篮子斜编工艺

2. "莞草编织"工艺在服饰设计中的应用

本系列的包袋运用莞草的编织技法进行编织，可与可爱风格的服装进行搭配（见图19）。

图 19　莞草技法编织包袋

结　语

在新时代背景下，东莞非遗文化的传承与保护需要借助各方面的力量，东莞非遗与东莞优势服装产业结合，可以解决非遗传承的宣传问题。同时，千角灯作为优秀的国家级非物质文化遗产，是集刺绣、雕刻、剪纸等艺术工艺为一体的非遗产品，具有很高的审美价值及观赏价值，是中华民族民间艺术瑰宝之一。莞草编织作为省级非物质文化遗产，其编织工艺具有很高的借鉴价值。将千角灯中的设计元素、工艺元素及莞草编织的工艺应用在服装设计中，不仅可以达到"动态"的保护与传承，还可以丰富服装的色彩、图案、工艺等，增加现代服装的文化底蕴，为现代个性化的服装提供新的设计思路，是表达时尚个性与民族融合的有效途径。将非遗与时尚相融合，让非遗真正走入现代人的生活中，成为有生命、有活力的文化。

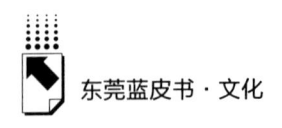

参考文献

［1］何环珠：《东莞市非物质文化遗产（上册）》，中国文联出版社，2010。
［2］王东民：《新时期非遗文化传承路径——以菏泽市曹县江米人为例》，《文物鉴定与鉴赏》2022年第24期。
［3］曾晶芳、曹心怡、冯德岭：《新媒体视域下非遗文化传承创新路径探究》，《传媒论坛》2021年第20期。
［4］罗业云、陈辰子：《新媒体环境下非遗文化的传承与创意传播》，《新媒体研究》2021年第2期。
［5］叶设玲、潘立勇：《非物质文化遗产传承与发展的形成、表达与转化：基于文化资本的视角》，《晋阳学刊》2022年第3期。
［6］苏专：《东莞非遗"千角灯"的艺术资源及其衍生品的设计》，《美术教育研究》2018年第4期。
［7］郭梦珂：《"千角灯"传承现状及保护路径探析》，《文化学刊》2018年第10期。
［8］冯果山：《东莞千角灯文化探究》，《美与时代（上）》2018年第7期。
［9］陈晓欣：《沙田镇残疾人康复就业服务中心：莞草越千年编织创收梦》，《大社会》2018年第6期。
［10］陈凤君、彭小鹏：《岭南草编艺术的传承与创新设计研究——以广东非遗莞草编织为例》，《艺术科技》2017年第8期。

B.13
东莞非遗传承中虚拟交互技术的应用探索与研究

——以千角灯为例

刘丽萍*

摘　要： 国家级非物质文化遗产千角灯的制作技艺，具有工序繁多、周期较长的特点，因此，其传承和推广受到了极大的限制。本研究重点为数字空间中的非遗文化传承以及制作工艺的活态传承。以应用虚拟现实技术为基础，深入探讨全息投影技术、界面交互技术、虚拟交互（VR）技术这三种应用技术与东莞千角灯制作技艺的融合和实现。从设计内容上看，通过活态工艺的展示沉浸式体验传统手工艺流程；从展示内容上看，强调交互式的体验过程。将理论调研充分融合到具体实践中，从非遗数字化传承、传播视角两方面出发，结合虚拟现实技术对东莞千角灯制作工艺的传承方式进行研究，探索虚拟技术应用于东莞千角灯制作技艺传承的路径与方法，为同类非遗数字化传承与传播提供一个参考样本。

关键词： 非物质文化遗产　千角灯　虚拟现实技术

近年来东莞市政府加大对文化旅游产业的支持力度，东莞千角灯制作技

---

* 刘丽萍，东莞职业技术学院人工智能学院讲师，主要研究方向为非遗文化、影像设计。

艺早已被列入国家级非物质文化遗产，东莞千角灯文化也得到了一定的发展，但虚拟现实技术仍处于起步阶段。本研究希望在现有的虚拟现实技术上更进一步推动东莞千角灯工艺传承和传播的进程，并通过数据可视化管理平台不断加强东莞千角灯制作专业人才的培养，促进非物质文化遗产的可持续性发展。运用交互式虚拟技术体验东莞千角灯的制作，为传统手工艺品的数字化保护与传播提供实践样本，为东莞市非遗传性遗传提供新的思路。

一 虚拟现实技术应用于非遗文化传承与传播的理论研究

（一）虚拟现实技术的概述

1. 虚拟现实技术的发展

虚拟现实技术，又被广泛简称为 VR 技术，其最早起源于 20 世纪 50 年代，具有非常明显的沉浸性、交互性等特征。事实上，虚拟现实技术涉及的内容极为丰富，除了基础的人工智能控制技术，传感器等也是虚拟现实技术中一个不可缺少的内容。虚拟现实技术依托于各类数据技术，通过一些特定的整合工作机制来模拟人体的各个感官器官所具备的功能，应用该技术的人员可以自己置身于逼真的情境教学之中。

现代计算机技术设备已经能够实现视觉、听觉、触觉和嗅觉的虚拟实时交互。技术人员进行跨学科研究，将计算机技术、声音合成技术、传感器技术等综合学科应用于航空航天、医学研究、军事战斗、文化、教育、娱乐等学科，多领域、跨学科的综合研究，充分利用了虚拟现实技术性能优势。

我国虚拟现实技术的研究和应用起步较晚，目前仍处于初级阶段。自2015年以来，涉足虚拟现实领域的公司数量急剧增加。未来，在资本的作用下，更多涉足虚拟现实领域的企业将向消费市场拓展，中国虚拟现实的市场规模将迎来爆发式增长。

2. 虚拟现实技术的基本功能

虚拟现实技术从功能上看可以定义为仿真系统，它利用创建虚拟世界来模拟、生成一个逼近真实的三维动态环境，使用户的感官系统在这种环境中得到愉悦的体验。实时三维空间的虚拟现实技术改变了人与计算机之间枯燥乏味的局面，为不能直接观察到的运动物质展示提供了新的方法；为大数据的可视化提供了新的方式；为人类探索宏观和微观世界提供了新的途径；为人机交流开辟了一个新的研究领域。

（二）现实技术应用于非遗文化发展传承与传播的意义

1. 应用虚拟现实技术继承和传播非遗文化的机遇

随着科学技术、信息技术、图像处理技术的发展，虚拟现实技术逐渐显示出其独特的魅力，通过数字复原和再现为非遗提供了更加先进和更好的保护手段。目前，全景虚拟现实技术在娱乐、新闻和其他场景方面有着广泛的应用，在非物质文化遗产数字保护方面也取得了巨大的进步。通过数字编程和虚拟现实技术，人们可以在互联网上观看制作过程。北京数字化的故宫博物院，可以让人们在线观看故宫博物院的收藏品，陕西数字化的兵马俑博物馆等也尝试使用虚拟现实技术让观众体验表演。许多研究成果表明，通过虚拟现实技术展示和传播非遗文化是现代社会信息化发展的产物，已成为非遗文化保护的一个新方向。

2. 虚拟现实建立在对非遗文化传承与传播的价值追求之上

中国非物质文化遗产的精髓体现在"形式"和"精神"两个方面，这也是我们保护的重点。如果只有"形式"存在，那么它所包含的文化就会受到载体差异的影响；但如果只有"精神"存在，主体就会丧失，文化就难以延续，也就不会有新的发展。用传统手段保护民族文化的原生态、原真性、淳朴性和持久性，只能传承非物质文化的"形"，而"神"需要丰富的表达方式来展现文化的内涵精神。利用虚拟现实技术传承和传播非物质文化遗产，打破了时间和空间的限制，在虚拟的三维空间中模拟真实场景，以最直观、最真实的方式再现非物质文化遗产，充分、全面地记录非物质文化遗产的重要数据，为更多人参与其中找到合适的方式。

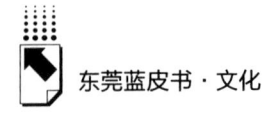

（三）虚拟现实信息技术在非遗文化发展传承与传播中的可行性分析

1. 使用虚拟现实技术进行传承的比较优势

非遗文化常以文字形式记载，而文字记录属于一维状态，无法完全还原非物质文化的真实性。相片保存方式属于二维平面状态，照相设备可以记录事件发生过程中的碎片，浅而无实质。影像存储的保护模式可以比较完整地记录非物质文化遗产的真实性。这种二维动态模式可以记录演变过程和发展状态，但由于二维空间深度的限制，视频存储模式无法记录更详细的细节，这也是视频存储模式在非物质文化遗产保护和传播中的局限。

2. 虚拟现实技术应用于非遗文化发展传承的使用管理原则

虚拟现实技术在非物质文化遗产保护方面的应用，使非遗的保护和继承更加现代化和系统化。第一，技术和文化发展之间的协调。传统企业文化可以通过中国现代信息技术的集成，找到技术和文化教育相结合的平衡点，针对非遗的特殊性，结合非遗文化的特点进行科学合理的保护，了解传承人的技艺，关注非遗研究分析对象的历史、民俗和地域文化。第二，对文化遗产的保护，既要尽可能地保存和继承原有的面貌，又要根据社会的发展进行科学的保护，利用先进的科学技术，可以使文化更好地传播到现代生活中去，把包含在文化遗产中的非遗传播出去，增强人们的文化归属感和身份认同感。第三，非物质文化遗产的传承与传播需要传承人的深度参与。传承人是非物质文化遗产传承的重要参与者，是接触非物质文化遗产项目最多、了解最多的人群；传承人对文化内涵理解深刻，可以将非物质文化遗产和生活联系起来。

3. 虚拟现实技术应用于非物质文化遗产发展传承的关键信息技术

虚拟现实技术是一门新兴的多学科交叉技术。它是被用来模拟自然生态环境的一种物质载体，并显示其原始生态特征，需要多种核心技术支持其实施。

第一，虚拟环境建模技术。获取非物质文化遗产在实际环境中的三维数据，并根据三维数据建立相应的虚拟模型。

第二，实时三维成像技术。该技术在建立精确模型之后，可根据不同的光照条件生成各种物体的精确图像，能清晰地显示自然的动态变化。

第三，虚拟现实传感器技术。传感器技术是实现虚拟现实的关键。

第四，人机交互设计技术。该技术通过使用计算机的输入输出设备，有效地实现人与计算机的对话，利用该技术可以有效实现用户与虚拟环境问题之间的互动。

4. 虚拟现实技术应用于非物质文化遗产传输的技术支撑

虚拟现实技术在非物质文化遗产传承中的应用需要计算机技术的有效支持。

（1）Adobe Photoshop 是 Adobe 旗下最著名的图像处理软件之一。它在图像扫描、编辑、图像制作和广告、图形处理等方面表现出强大的功能和良好的性能，受到图形设计师的好评。

（2）Maya 软件是 Autodesk 开发的最著名的 3D 软件之一。它最早是由美国 AliasWavefront 公司开发的。一经推出，就以其强大的功能、友好的界面和丰富的视觉效果，受到动画和电影行业的广泛关注，迅速成为顶尖的三维动画制作软件。

（3）ZBrush 的诞生颠覆了传统的 3D 软件，其通过一个强大的功能和直观的流程，可以在实时的环境中对虚拟现实物体信息进行造型设计。

（4）Unity3D 是一个游戏开发工具，基于该工具，用户可以轻松创建 3D 视频游戏、建筑可视化、实时 3D 动画和其他类型的交互内容。

二 东莞千角灯制作技艺的传承与传播概述

（一）东莞千角灯的历史文化发掘

历史上的文献或文物确实可以提供直观可靠的历史见证，但它们都是历史上某一时刻的记录者，只能作为历史信息的载体，在代代相传的过程中会出现信息流失的问题。非物质文化遗产有一个无可比拟的特点：活态传承。

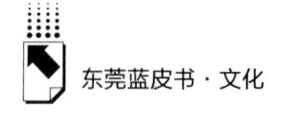

东莞千角灯的传承，不仅意味着一个灯体流传下来，也意味着一门工艺、一种文化的流传。千角花灯是广东省四大花灯（另外三大花灯是佛山花灯、潮汕花灯和中信花灯）之一，也是最早列入国家级非物质文化遗产名录的广东花灯。与其他三种彩灯不同的是，新中国成立以来千角灯只有五盏。做一个千角灯很贵，十年只能做一个灯，做一个要十个月。

（二）东莞千角灯制作技艺传承的现状及问题

张金培，第一位千角灯国家级非遗传承人，于2009年去世，其儿子张树祺自小就喜欢传统宫灯的纸扎技艺，在父辈的影响下，早就接触了千角灯，但正式跟随父亲张金培学习千角灯的手工技艺时，已58岁了。在张金培去世后，能独立完成制作千角灯、有熟练的纸扎手艺的，在东莞只有张树祺一个人。过去，只有东莞的赵家才能制作千角灯，每十年一盏，耗时长达十个月，其造纸过程中没有图纸，没有样品传播，只有大师口授。

为了更好地传承千角灯艺术，东莞市政府不仅开设了千角灯课程，在保护其他非物质文化遗产方面也做了大量工作，例如建立了9个省级非遗传承基地、2个生产性保护示范基地、1个非遗研究基地、16个市级非遗传承基地、13个市级非遗工作站和36个非遗在校园传习基地。每年都会举办非遗校园活动，邀请非遗传承人在校园教室进行现场展示和介绍。近年来，与非遗相关的展览和讲座逐渐增多，加深了东莞人民了解和认识东莞深厚的文化底蕴程度。

三 虚拟交互设计技术在东莞千角灯制作技艺中的多种教学应用研究探索

（一）全息投影技术在推广东莞千角灯文化中的应用

千角灯在东莞非遗中有着举足轻重的地位，其工艺具有水平高、制作精美、体积庞大的特点。千角灯体积庞大，因此不方便到各处展出，多以照片、纸质阅读材料、研究文献信息展示。同时，只有小部分游客能够自己听着讲解仔细观赏展品，即使对部分千角灯工艺设计展品感兴趣，也难以从现场管理或者文字知识讲解中感受到其魅力。而若以 3D 全息投影技术展示千角灯等非遗手工艺，将静态的展品转为数字化的动态展品，投放非遗手工艺的制作教学过程或展品故事，则能够在增强参观者体验感的同时，引导参观者深刻地理解感受其文化艺术魅力，并体会其悠久的历史。

3D 全息投影技术带来了身临其境的体验，能让非遗"活"起来。利用三维全息投影技术，相关人员可以记录代表性传承人制作手工艺品的过程，并利用全息投影设备将手工艺品及其制作过程投影在博物馆内，以新颖的方式吸引参观者，给予人们不同的视觉体验，并为受地理因素限制的人们提供参观博物馆的新途径，让他们了解非遗手工艺品，甚至可以向世界各地的参观者展示中国传统文化的魅力。

（二）界面交互技术在传承东莞千角灯制作工艺中的应用

1. 东莞千角灯制作技艺进行流程的交互设计方式

虚拟千角灯制造技术的核心是开发一个基于 PC 平台的虚拟现实交互系统。开发人员可以利用个人计算机或工作站来实现效果模拟，通过计算机的输入输出装置，用户戴着 VR 眼镜面对电脑屏幕，可以浏览虚拟空间和预设千角灯处理工具。虚拟加工是通过虚拟现实手柄实现的，过程操作主要依靠按钮和振动反馈、双手分离和自由度空间跟踪交互设备。数据手柄是传感器，可以跟踪每个手指在虚拟场景中的实时位置，通过触发键，触摸控制面板和把握手柄，以实现拾取、释放、移动、雕刻等操作，让用户身临其境。

虚拟千角灯制造技术的特点是用户可以完全沉浸在虚拟世界中，计算机可以根据获得的数据测量用户的运动轨迹、手势和技术操作，然后反馈到千角灯处理现场，使用户有一种沉浸式的、充分投入的感觉。对于用户的感官来说，这些过程是真实的，但对于它们所构建的对象来说，它们是虚幻的。因此，非遗技术非常适用于技术含量高、周期漫长的千角灯加工工艺。

2.东莞千角灯制造工艺中虚拟现实技术的实现方式

以往获取图像的方法通常是照相机、摄像机、扫描仪等，这些手段获得的只是一个扫描对象的二维图像，即单面的轮廓二维平面设计信息。当前，三维扫描电子技术已经取代了以往的扫描工作方式，弥补了二维扫描在空间环境数据上的表达能力缺陷，能够更加准确地反映经济实体在真实空间中的数据管理信息。

三维扫描仪是一种用于检测和分析物体形状和外观数据的科学仪器。三维扫描技术可以精确地获得空间物体外表面的三维坐标和三维数字模型，现已发展成为第四代手持扫描技术。

对于原始模型，可以使用手持式激光扫描仪获得千角灯的完整数据，它准确、高效、灵活且易于使用。扫描仪和计算机通过数据接口实时更新记录的数据，为千角灯的进一步加工提供了基础保障。

在加工过程中利用虚拟技术进行设计、仿真、建模、交互等具体化操作，提前对产品造型、成本、工艺等多方面进行模拟，不但给千角灯加工带来了可预见性，而且也增加了更多的艺术创造性。虚拟现实设计模型有着绝对的优势，尤其是针对原料极好的千角灯加工而言，虚拟现实技术尤为重要，它使传统生产模式复杂、反复、封闭式等特点发生了根本性的改变。以虚拟设计中具有交互性的三维模型为载体，将工艺大师的设计理念和加工过程以更直观的方式进行传达，使设计师对造型美观、结构合理、加工工艺等进行反复揣摩和分析；客户通过沉浸式观看更加深刻地体会到千角灯制作技艺的价值。

（三）虚拟信息交互（VR）技术在传播非物质文化遗产中的应用

1.可视化平台框架设计

千角灯制作技艺的可视化使用了Unity3D，Unity3D将平面结构设计分析软件、三维软件和雕刻软件整合在一个网络虚拟平台上，旨在为企业用户提供沉浸式虚拟千角灯加工体验。

在预处理准备方面，平台会预先扫描及预先储存选定的千角灯原材料，预先设定传统千角灯加工的创意内容，让使用者选择原材料及配对图形；在灯光制作技术方面，利用人机交互模式体验灯光的设计及编制。虚拟现实眼镜将用户置于制造千角灯的虚拟环境中。虚拟现实手柄通过检测手指弯曲的程度，为用户制作千角灯提供了一种交互媒介。用户可以灵活控制虚拟现实手柄的控制面板，调整手指或钢笔的压力、角度和方向并进行创建，实现真实生产过程的虚拟化。虚拟设计和雕刻通过数控雕刻机的末端将一盏虚拟千角灯转换完成。至此，用户从选材、设计、生产到输出，便完成了一套千角灯虚拟实践的生产。

2. 交互体验模型设计

虚拟现实的最大优势在于从虚拟体验中获得真实感，虚拟体验来自交互体验和技术的真实恢复。在制作千角灯可视化平台的交互式体验设计中，可通过手臂造型、刀具造型、材料映射等技术手段，以及设计交互和滚动交互，为用户提供一个虚拟千角灯加工过程，打破材料和刀具约束的现实，实现设计与生产之间的可逆修改，从而实现过程的真正还原。

千角灯制作技艺交互部分以真实加工流程为设计原则，可将其分为选材、设计、轧制、输出四个部分。用户交互界面以非移动终端交互为主，体感式的交互模式在很大程度上消融了空间中的交互界面感。采用人与虚拟环境体验的方式，用户在虚拟环境中是主动的，可通过移动VR头显，手动点击菜单拾取工具进行各个流程的加工。交互界面分为标题栏、选项栏、工具栏、操作区、预设面板，体验者通过选项栏切换不同的加工流程，窗口就会弹出对应的工具栏和预设面板。

3. 可视化平台系统开发

千角灯可视化平台采用了Unity2019进行设计开发。在虚拟加工体验中，通过用户手臂操控工具进行千角灯的加工制作。为了让用户更加真实地体验加工过程，在Unity3D引擎中对操作工具的过程进行物理仿真模拟，例如，铁丝轧制、灯泡安装和荧光纸粘贴时产生的转动效果，以视觉的形式传输给用户，同时虚拟手臂发出震动反馈，提醒用户当前的操作状态。

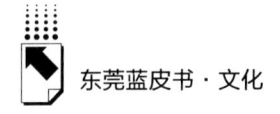

在VR的空间中，用户的行为和基本交互都属于通用技术。这类实现都可以通过SteamVR插件来完成。SteamVR插件内置的Api脚本库，可以实现手柄交互、空间跳转、射线检测、按键控制、震动反馈、头盔定位、立体显示等功能。Unity3D在安装完SteamVR插件后才可以开发VR内容。

虚拟工艺中的核心技术是铁丝建模以及灯饰安装。灯的框架"设计"体验是在Unity3D空间内通过法线贴图技术实现的，而建模体验则需要对铁丝等材料进行切割和重建来实现。

4. 千角灯可视化平台的开发价值

千角灯工艺可视化平台利用Unity3D虚拟现实技术结合数字化平台，将传统千角灯工艺的展示、生产和保护提高到一个全新的阶段。为璀璨的传统文化提供一个全方位、多元化的培训、实践和加工平台，加快了千角灯加工人才培养的进程，提高了千角灯加工的品质和效率，走出了一条由科技发展推动民族工艺的非物质文化遗产保护新道路。

四 结论与展望

（一）虚拟现实技术在非遗传承的局限性与发展方向

随着科技的快速发展，虚拟现实技术必将成为我国非遗文化传承与传播的重要途径。由于其数字化的虚拟特性，在保护的方式上突破了很多限制，解决了传统非遗保护方式形式的单一性和时空的局限性。非遗图形数据库、非遗模型数据库、非遗数字化辅助设计、非遗虚拟技术创新流程等必将为我国非遗的传承与传播作出更多贡献。

在实践和应用方面，本研究针对非遗文化千角灯制作工艺，以"虚拟现实+非物质文化遗产+可视化平台"的模式，构建包含教学、加工、制作的完整生产链平台设计。将虚拟现实技术应用于传统艺术、社会实践、节庆活动等，通过可视化平台让更多的人参与其中。将非物质文化遗产从"无形"变成"有形"，真正地落实好非遗文化的保护工作。

（二）虚拟现实技术上虚实结合的非遗传承路径探索

由于虚拟现实技术应用于传统文化的研究尚属新兴学科，未来的研究可侧重以下三个方面。

第一，加强理论系统的研究工作。可以从历史、考古、人文、地域等多学科进行交叉性体系研究；第二，加强数字化传承与传播评估。目前我国并没有统一的数字化产品标准，今后可以从数字化成果方面展开体系评估，探讨标准的制定；第三，增强多方协调机制。我国现有的虚拟现实文化领域研究多从各自专业出发进行研究，需要进一步加强沟通，促进技术的成熟发展。

B.14 莞香文化品牌IP的建设与传播研究

区章嫦 蔡培婷 丁芊雯*

摘 要： 党的二十大提出，高质量发展是全面建设社会主义现代化国家的首要任务。为实现莞香文化的高质量发展，东莞应做强莞香产业集群，打造以莞香为载体的岭南传统美学IP，把莞香文化的复兴提到了城市建设发展的重要位置。莞香文化品牌IP可融入东莞的"四大名片"和"七大文化"，共现"海纳百川"的东莞城市精神。莞香文化品牌IP是城市文化品牌建设战略的关键一环，是东莞城市精神升华的象征，可被打造成为城市超级IP。构建莞香文化品牌IP，需要城市决策者做好文化战略的顶层设计，提炼出最能代表东莞城市基因、文化性格、精神特质的超级角色或超级文化符号，形成一条特色鲜明的莞香文化链，即故事链、产品链、产业链。

关键词： 莞香文化 品牌IP 城市文化 文化产业

一 莞香文化品牌IP的背景与意义

莞香文化品牌IP的构建，是将莞香文化特质与莞邑资源转化为极具商业价值和社会效益的文化资产的过程。莞香历史源远流长，有着约1800年的悠久历史，被誉为东莞地方特产和城市名片。综观莞香文化的发展历程，大致可

---

* 区章嫦，博士，广东科技学院副教授，数字营销产业学院项目负责人，主要研究方向为数字资产；蔡培婷，广东科技学院讲师，主要研究方向为数字化管理、创新创业；丁芊雯，广东科技学院助教，主要研究方向为新媒体营销、品牌管理。

归纳为四个阶段：莞香文化的产生与发展、莞香文化的盛行与鼎盛、莞香文化的衰退与没落、莞香文化的复兴与未来。莞香文化将以"传承+创新"的方式打造莞香文化品牌IP，复兴兼有传统和现代特点的莞香文化品牌（见图1）。

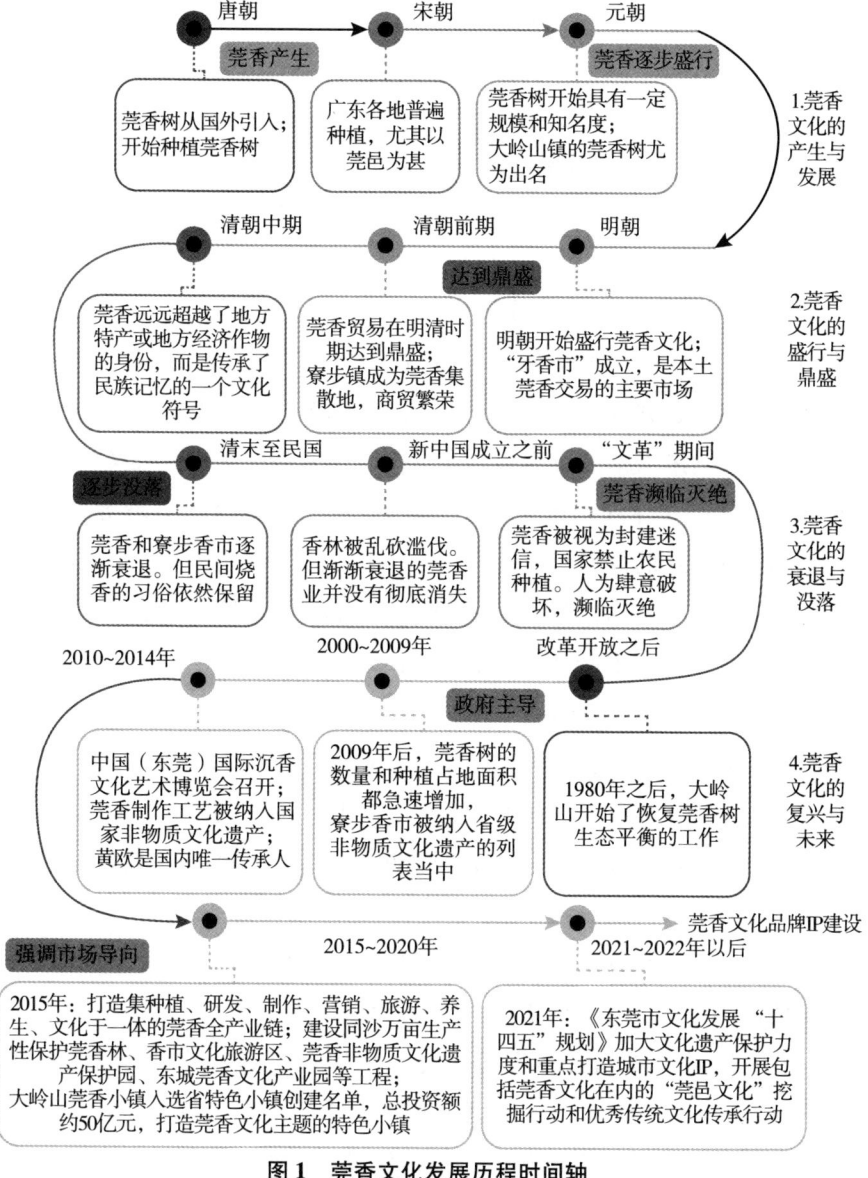

图1 莞香文化发展历程时间轴

1. 莞香文化的产生与发展
 - 唐朝（莞香产生）：莞香树从国外引入；开始种植莞香树
 - 宋朝：广东各地普遍种植，尤其以莞邑为甚
 - 元朝（莞香逐步盛行）：莞香树开始具有一定规模和知名度；大岭山镇的莞香树尤为出名

2. 莞香文化的盛行与鼎盛
 - 清朝中期：莞香远远超越了地方特产或地方经济作物的身份，而是传承了民族记忆的一个文化符号
 - 清朝前期：莞香贸易在明清时期达到鼎盛；寮步镇成为莞香集散地，商贸繁荣
 - 明朝（达到鼎盛）：明朝开始盛行莞香文化；"牙香市"成立，是本土莞香交易的主要市场

3. 莞香文化的衰退与没落
 - 清末至民国（逐步没落）：莞香和寮步香市逐渐衰退。但民间烧香的习俗依然保留
 - 新中国成立之前：香林被乱砍滥伐。但渐渐衰退的莞香业并没有彻底消失
 - "文革"期间（莞香濒临灭绝）：莞香被视为封建迷信，国家禁止农民种植。人为肆意破坏，濒临灭绝

4. 莞香文化的复兴与未来
 - 2010~2014年：中国（东莞）国际沉香文化艺术博览会召开；莞香制作工艺被纳入国家非物质文化遗产；黄欧是国内唯一传承人
 - 2000~2009年（政府主导）：2009年后，莞香树的数量和种植占地面积都急速增加，寮步香市被纳入省级非物质文化遗产的列表当中
 - 改革开放之后：1980年之后，大岭山开始了恢复莞香树生态平衡的工作
 - 2015~2020年（强调市场导向）：2015年：打造集种植、研发、制作、营销、旅游、养生、文化于一体的莞香全产业链；建设同沙万亩生产性保护莞香林、香市文化旅游区、莞香非物质文化遗产保护园、东城莞文化产业园等工程；大岭山莞香小镇入选省特色小镇创建名单，总投资额约50亿元，打造莞香文化主题的特色小镇
 - 2021~2022年以后（莞香文化品牌IP建设）：2021年：《东莞市文化发展"十四五"规划》加大文化遗产保护力度和重点打造城市文化IP，开展包括莞香文化在内的"莞邑文化"挖掘行动和优秀传统文化传承行动

注：《莞香文化发展历程时间轴》是由广东科技学院"莞香文化品牌IP建设"课题组整理得出。

莞香与国内其他沉香产业错位发展，优势互补。云南省以"旅游+农业"为发展方向，海南省以"种植+技术"为发展方向，中山市以"种植+文化"为发展方向，茂名市以"种植+工艺品"为发展方向。东莞可差异化拓宽传播渠道，以"莞香文化+休闲旅游"的文旅特点为主渠道，促进莞香文旅产业融合。

莞香拥有上千年的历史，是历史传给后人的文化品牌，是祖辈留给后辈的文化遗产。用"传承+创新"的方式去打造莞香文化品牌IP，将赋能莞香文化的可持续发展以及莞香产业的高质量发展。因此，构建莞香文化品牌IP意义重大而深远。

挖掘莞香文化价值，推动莞香文化知识产权创新。由于人们对莞香文化内涵的研究不深入，对莞香文化知识产权开发与创新力度不足，莞香文化尚未被大众了解，也并未形成东莞独特的文化品牌。本文致力于打造莞香文化品牌IP，深度挖掘莞香文化价值内涵，并以此为基础提出莞香文化IP的塑造路径，从莞香文化知识产权创造、保护、运用、服务、管理等全链条入手，活化莞香文化的传承与发展。

调整莞香产业结构，升级莞香产业。莞香产业规模虽不断扩大，莞香衍生品不断增多，但并未形成系统化发展的文化产业，离千亿莞香产业集群的目标尚远。因此，本文以塑造莞香文化品牌IP为切入点，以莞香文化标识带动莞香产业链升级发展，调整优化莞香文化产业结构，致力于打造一条以莞香种植为基础，集研发、加工、贸易、文化、旅游、创意、教育、科普等多功能业态于一体的莞香文化产业创新集群，为推动莞香文化产业纵深发展、实现莞香产业升级提供思路。

打造莞香文化品牌，推动东莞城市文化及形象建设。莞香文化体现了一种务实精神，可以折射出东莞人民厚德务实的品质，对弘扬东莞城市精神有重要意义。然而，东莞市民对莞香文化及其精神的认知度较低，莞香文化也未能很好地融入东莞城市形象建设。因此，本文意在从打造莞香文化品牌IP的角度，为东莞城市文化和城市精神建设增添莞香文化内涵提供研究基础及建议。

推动莞香非遗文化的复兴,发展东莞城市新经济符号。东莞"十四五"规划提出,要推动文化产业高质量发展,打造东莞特色鲜明、核心优势突出、新兴业态集聚的现代文化产业体系。因此,本文积极响应"湾区都市、品质东莞"城市发展战略,为东莞打造和传播莞香文化IP提出建议,有助于莞香非遗文化的创新与复兴,推动东莞文化产业发展,丰富东莞及湾区都市的产业结构。

二 莞香文化品牌IP的发展现状

为调查莞香文化品牌IP的发展现状,本文联合多类新媒体平台开展了《莞香文化品牌IP建设与传播的大众问卷》调研,随机在线发放问卷,共回收问卷215份,其中有效问卷210份。问卷调查得出了以下的莞香文化品牌IP的发展现状。

(一)大众认识尚缺但兴趣浓厚

从问卷结果分析得出,46.5%的被调查者是没有听说或者接触过"莞香文化"或"东莞香市"的(见图2),70.4%的被调查者是没有购买或者体验过"莞香"(沉香)产品的(见图3);在接触过莞香文化的群体中,接近44.2%的被调查者对"莞香文化"了解一点,有31.9%的被调查者完全不了解,有16.7%的被调查者一般了解,只有7.2%的被调查者比较了解,没有非常了解的被调查者(见图4)。虽然结果显示多数被调查者对莞香文化的了解尚浅,但仍有71.6%的被调查者对"莞香文化"有兴趣,有意愿了解"莞香文化"或"东莞香市",也有60.7%的被调查者表示有意愿购买/体验莞香(沉香)产品。由此看出,虽然现阶段大众对莞香文化接触和了解甚少,但是多数群众对"莞香文化"兴趣浓厚。

(二)莞香文化虽历史悠久但仍具活力

从问卷结果中和对东莞沉香协会等专业人士的深度访谈结果中都可以看出,莞香文化虽历史悠久,但仍高雅尊贵且有趣有活力。问卷调查结果显您之前是否有听说或者接触过"莞香文化"或者"东莞香市"？

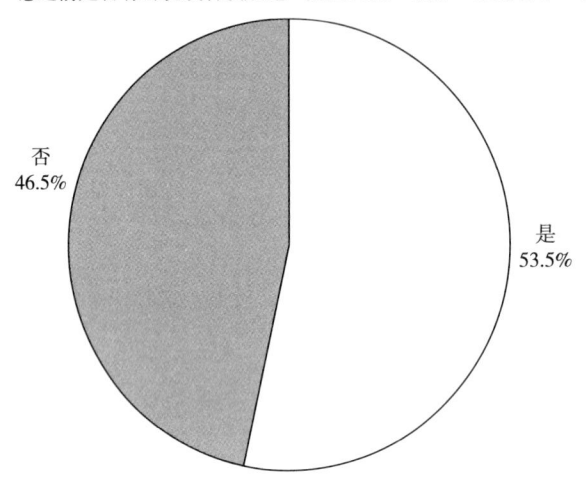

否 46.5%
是 53.5%

您是否有意愿了解或接触"莞香文化"或者"东莞香市"？

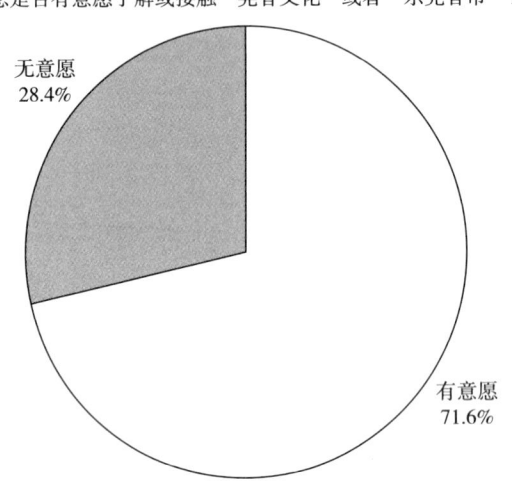

无意愿 28.4%
有意愿 71.6%

图 2　"莞香文化"的认知和兴趣程度

示，在大众的印象中，莞香文化历史悠久（79.7%）、高雅尊贵（42.8%）、仍具活力（29.0%），让人感到有趣（21.0%）。仅仅有少数群众可能由于对莞香了解甚少，认为莞香文化是平凡普通的（5.8%）、无聊没落的（5.0%）（见图5）。可见绝大多数人喜爱历史源远流长的莞香文化，且对其未来发展抱有很大信心。

您是否购买/体验过莞香（沉香）产品？

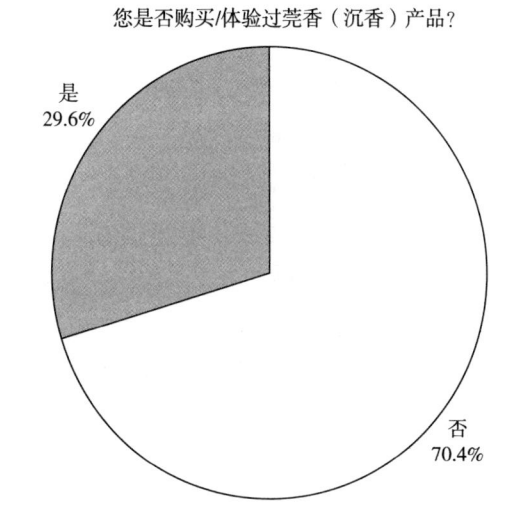

是 29.6%
否 70.4%

您是否有意愿购买/体验莞香（沉香）产品？

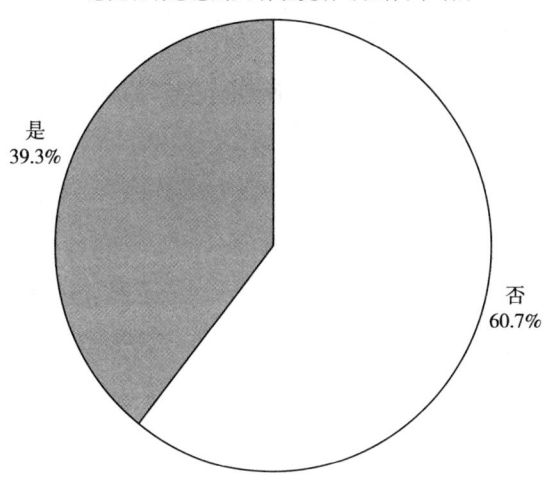

是 39.3%
否 60.7%

图3 "莞香文化"的消费经验和欲望

（三）莞香文化逐步融合东莞"七大文化"

当前，莞香文化充分融入了东莞的"四大名片"和"七大文化"中，并与其共现"海纳百川"的东莞城市精神。问卷结果表明，莞香文化与"七大文化"中的"莞邑文化"（70.3%）相关度最高，之后分别是"历您对"莞香文化"的了解程度是？

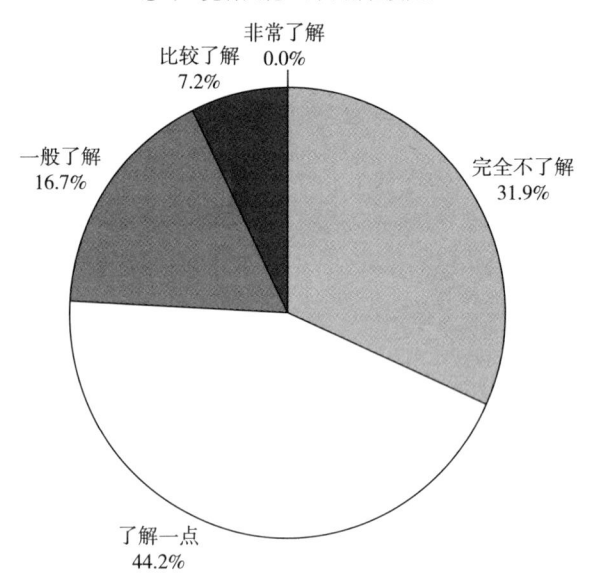

图4 大众对"莞香文化"的了解程度

- 非常了解 0.0%
- 比较了解 7.2%
- 一般了解 16.7%
- 完全不了解 31.9%
- 了解一点 44.2%

在您印象中，您认为莞香文化是怎么样的？

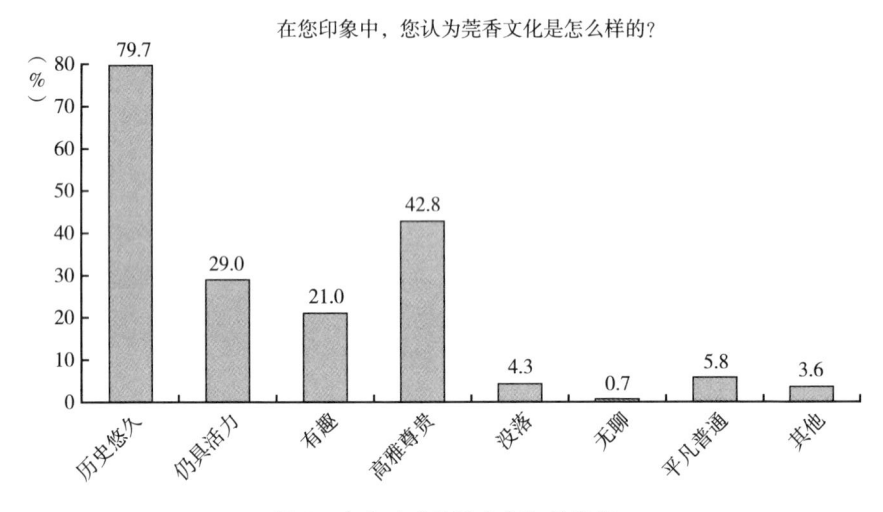

图5 大众对"莞香文化"的印象

- 历史悠久 79.7
- 仍具活力 29.0
- 有趣 21.0
- 高雅尊贵 42.8
- 没落 4.3
- 无聊 0.7
- 平凡普通 5.8
- 其他 3.6

史文化"（57.2%）和"生态文化"（31.9%）；与"红色文化"、"潮流文化"、"改革开放文化"和"体育文化"的相关度较低（见图6）。莞香文化正尝试创新性地与这 4 个相关度较低的城市文化结合，实现"跨界破圈"传播。

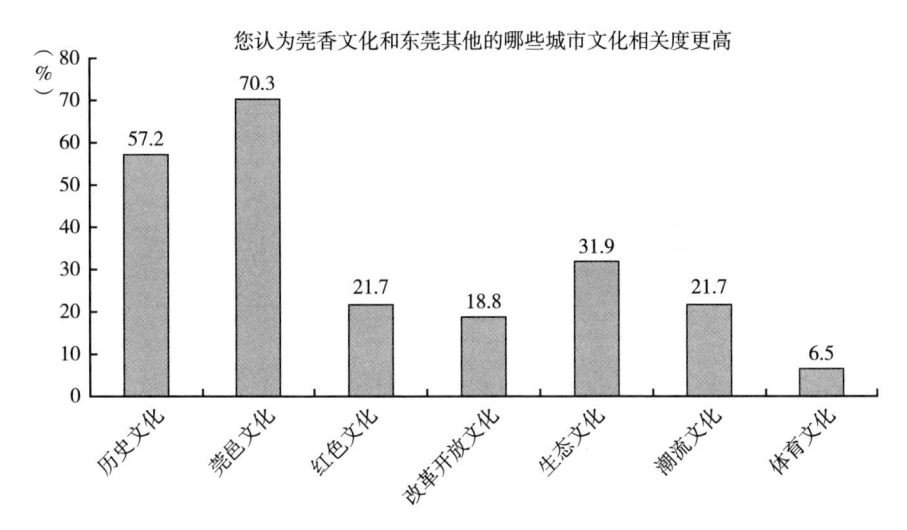

图 6 被调查者认为莞香文化与东莞其他的哪些城市文化相关度更高

（四）大众对莞香文化相关的基地了解甚少

在目前已有的莞香文化旅游点（活动）中，最出名的 4 个依次是莞香文化博物馆（51.8%）、中国沉香文化博物馆（42.4%）、牙香街（32.9%）和莞香非物质文化遗产保护园（30.6%），只有少部分的被调查者听说过香博会（18.8%）和香博园（16.5%）。此外，值得引起重视的是，约有 23.5% 的被调查者表示从未听过任何关于莞香文化的旅游点（活动）（见图 7）。

（五）莞香文化整体传播、教育推广仍待提高

问卷结果显示，有超过一半的被调查者认为莞香文化整体的传播度、教育推广度一般，说明在这些方面，东莞仍有巨大提高空间（见图 8、图 9）。

（六）传播途径多样化但渠道窄且力度不够

问卷结果显示，被调查者认为莞香文化传播推广中存在的较大问题

以下莞香文化旅游点（活动）您听说过或去过几个？

- 牙香街 32.9
- 中国沉香文化博物馆 42.4
- 香博会 18.8
- 莞香非物质文化遗产保护园 30.6
- 香博园 16.5
- 莞香文化博物馆 51.8
- 从未听过 23.5

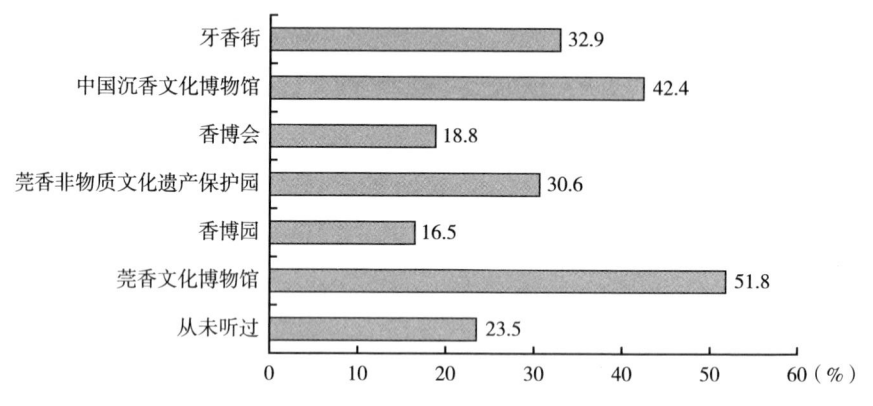

图7　大众对莞香文化旅游点（活动）的了解程度

您认为莞香文化整体传播度如何？

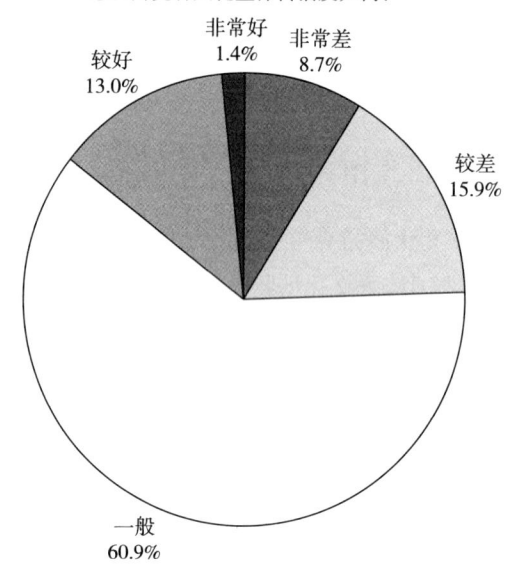

- 非常好 1.4%
- 较好 13.0%
- 非常差 8.7%
- 较差 15.9%
- 一般 60.9%

图8　"莞香文化"的整体传播度评价

分别是：宣传力度不够（73.9%）、传播渠道窄（54.3%）和缺少互动与体验感（51.4%），也有37.7%的人认为莞香文化创新性弱，跟不上时代

图9 "莞香文化"的教育推广度评价

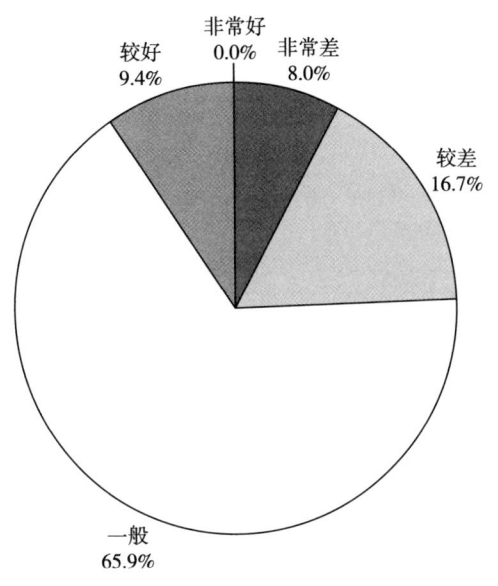

的步伐（见图10）。从图11可知，大众接触莞香文化的途径排名前三的分别是网络途径（46.4%）、亲朋推荐（35.5%）和莞香文化基地（32.6%）。

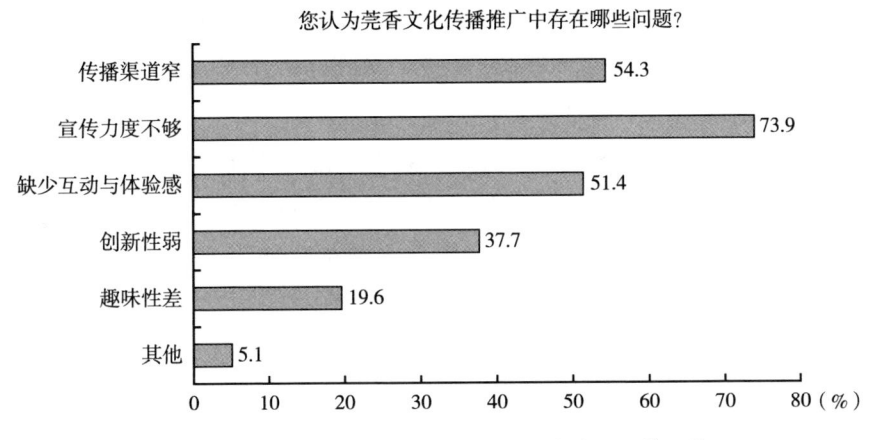

图10 大众对莞香文化传播推广中所存在问题的评价

您是通过什么途径接触莞香或莞香文化？

途径	百分比
亲朋推荐	35.5
网络途径	46.4
活动赛事	12.3
电视广播等传统媒体	22.5
偶尔买到莞香产品	13.0
莞香文化基地	32.6
其他	9.4

图 11　大众接触莞香文化的途径

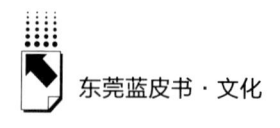

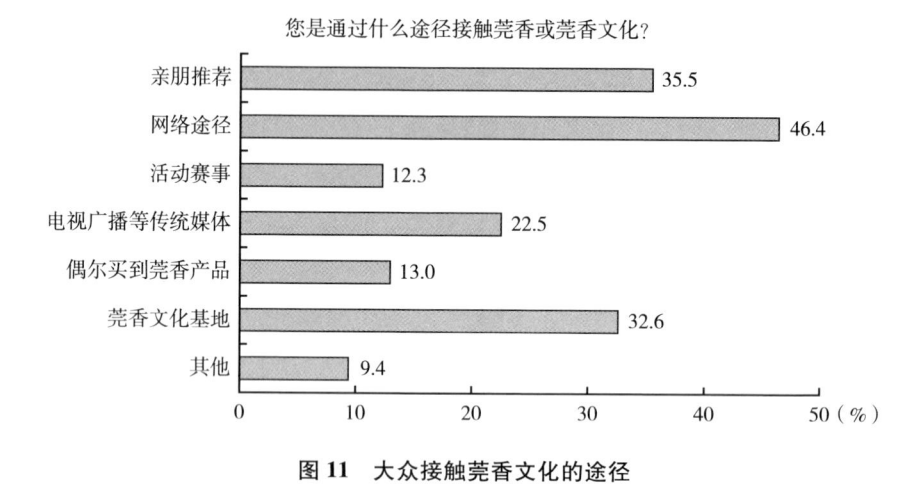

三　莞香文化品牌 IP 定位及要素

（一）莞香文化品牌 IP 定位

文化品牌 IP 的建设会大致经过"品牌 IP 定位—品牌 IP 形象塑造—品牌 IP 运营"的过程。莞香文化品牌 IP 不仅需要传统文化传承和创新兼顾的核心价值观来塑造，还需要投入大量的资源去运营进而形成完整的产业链。在莞香文化品牌 IP 的建设与传播中，莞香文化品牌 IP 的定位十分重要，是整个莞香文化品牌建设的基础。

基于莞香文化千年来的发展背景，莞香文化品牌 IP 的定位将立足于莞香的药用、美学等实用价值，文化产业化的经济价值和坚韧淳朴、不惧困难、感恩敬畏的精神价值。同时，结合东莞市"四大名片"和"七大文化"，进行 IP 人格赋予、IP 故事运营、IP 衍生产品产业链开发和 IP 联名跨界合作等。

（二）莞香文化品牌 IP 形象元素提炼

第一，可从莞香树或者莞香花及相关制香和用香工具的实物符号中提取，将不同的实物造型与结构抽象化，表现其最富表征性的自然形态。面对有据可循的实物造型，可以采取1∶1的符号复制，也可以在此基础上进行提炼概括，从对实物的收藏性、纪念性方面进行系列化提取，满足消费者的审美需求。例如，以莞香非物质文化遗产保护园的"千年莞香树"来做莞香文化品牌IP的形象。

第二，可从莞香制作技艺中的工序流程和古法技艺的制度符号中提取。这一方面的符号提取往往需要注重工序和技艺之间的联系性、整体性，将制度文化元素存在的逻辑性投射到符号上来，让消费者产生新奇感和探索欲。例如，以莞香的种植过程作为莞香文化品牌IP的形象背景。

第三，可从莞香发展历程的故事符号中提取。例如，根据当地的民间传说"女儿香的故事"，设计一系列身上自带莞香香味和不同性格的"莞香姑娘"，赋予她们"尊贵高雅型"、"俏皮活泼型"和"潮流时尚型"等多样人格特点，即形成群像型莞香文化品牌IP形象。根据不同场景的具体特点推出对应特点的"莞香姑娘"IP形象。

四 讲好莞香文化品牌IP的故事

（一）莞香文化品牌IP资料库的建设与运营

丰富全面的莞香文化品牌IP资料库能够促进莞香文化品牌IP扎实落地，也可为莞香文化品牌IP的迭代和完善提供持续的新鲜血液。莞香文化品牌IP资料库可从以下途径获取和更新莞香文化的信息和数据。第一，田野调查与实地调研：为建设莞香文化品牌IP资料库，课题组与保护园合作建立田野调研考察点，定期赴保护园进行田野调查，开展定期观察、现场采样与制香、莞香科学养殖生长数据追踪等调研活动。第二，市场调查与深度访谈：课题组与牙香街的东莞市沉香协会合作建立牙香街市场调研考察点，定期赴牙香街考察香市的交易情况，同时与从事莞香贸易行业的企业人员保持密切联系，定期开展深度访谈和研讨活动。第三，莞香文化系列的实地调研：课题组与莞香文化博物馆、中国沉香博物馆建立实地调研点，定期到博物馆收集和更新最新数据。本文课题组计划与东莞市文化广电旅游体育局、东莞市沉香协会、中国沉香博物院、莞香文化博物馆和澳门城市大学等开展长期合作，以半年为周期更新莞香市场和消费者行为数据库，持续性地跟进莞香产品市场和消费者行为的发展动态。

课题组通过问卷调查得到的数据，基于AIO量表，并通过问卷调查、因子分析和聚类分析等方法，进一步精确定位主要的莞香消费群体。通过对问卷调查数据的因子分析得到"莞香文化价值因子""莞香活动体验因子""莞香消费偏好因子"三个影响因子，再通过聚类分析得出四类消费者群体：莞香认知空白的"小白"、喜欢体验莞香且有消费能力的"暴发户"、追求品质和地位的贵气"老钱族"以及喜欢体验莞香且欣赏莞香文化价值的"精致穷"。

第一类是莞香认知空白的"小白"。对于此类群体建议从长期持续性的莞香文化教育入手，通过莞香文化IP建设、莞香融入东莞城市精神等方式，逐步为其推广和普及莞香。第二类是喜欢体验莞香且有消费能力的"暴发户"，但此类人群并不深入了解莞香文化价值。对于此消费群体可主推体验感十足的、精致高端的莞香产品，通过长期的莞香文化推广促进其消费升级。第三类是追求品质和地位的贵气"老钱族"，对于此类消费者，可通过品牌营销、口碑营销等方式促进其消费升级。第四类是喜欢体验莞香且欣赏莞香文化价值的"精致穷"，可通过举行多场次莞香体验活动，保持此消费群体的体验感，用具有价格优势的部分莞香产品对其进行消费普及。

总体来说，可通过莞香文化品牌IP建设等形式，对这四类消费者进行消费升级和消费普及，以实现莞香消费市场的可持续发展。

（二）莞香文化品牌IP故事运营

除了在不同的场景运营莞香文化品牌IP，增加IP曝光率，还需要打造符合莞香文化特色的故事来制造话题热度。例如日本的熊本县城市IP——熊本熊，当地政府将其视为"明星"，并不断创造人为设定的曲折事件，制造话题，吸引年轻人的眼球。参考"熊本熊"案例，创造莞香文化品牌IP的有趣话题，挖掘莞香资源并讲好莞香故事，促进莞香文化品牌IP的塑造。

（三）莞香文化品牌IP衍生产品产业链运营

莞香文化品牌IP的运营还应围绕莞香文化品牌IP所开发的文学、动漫、影视、游戏等衍生项目及文创周边、主题美食而展开。莞香文化品牌IP孵化的终极目标是要传承和活化莞香非遗文化，同时带动东莞相关产业的发展，有效地给当地经济带来新的增长点。通过上游莞香文化品牌IP的创造，中游跨产业元素组合多样化产品形态实现莞香文化内涵向产品进行转移，促进下游周边衍生产品的产生，并实现增值。

目前，莞香相关产品仍集中在高端消费领域，莞香文化品牌IP可尝试开发不同层次的衍生产品，满足不同消费层别的消费需求。

（四）莞香文化品牌IP联名跨界合作运营

在日新月异的新消费浪潮下，品牌IP也逐渐打破圈层文化，呈现新视觉、新活力。众多品牌热衷于借助跨界合作运营，寻求强强联合的品牌协同效应，以实现"1+1>2"的传播效果。

以美团与环球影业的合作为例。美团"袋鼠团团"IP是覆盖国人衣食住行玩的生活服务平台的IP，"小黄人"IP是凭借活泼可爱的形象持续受到大众喜爱和追捧的IP，两个极具潜力的IP联名合作，实现了切实有效的品牌赋能，为各领域的品牌和IP提供了一整套"跨界联合，达成1+1>2效果"的新思路。

莞香文化品牌IP也可参考此类IP联名合作的方式，寻找其他品牌IP进行合作，扩大两者的IP传播影响力。

（五）莞香文化品牌IP场景融入城市名片

莞香文化品牌IP资源库内的资源只有通过真实的场景落地运营，才能被广大市民所知晓并接受。本文调研结果显示，莞香文化与"七大文化"中的"莞邑文化"（70.3%）的相关度最高，之后分别是"历史文化"（57.2%）和

"生态文化"（31.9%）。因此，可在有关"莞邑文化"、"历史文化"和"生态文化"的相关现实场景中，嵌入莞香文化品牌IP元素，让大众接触这三类东莞城市文化的同时，也能见到莞香文化品牌IP。

此外，莞香文化品牌IP还可以创新性地出现在群众意想不到的场景，通过反差感和意外感加强群众对莞香文化品牌IP的印象。例如，多数群众认为莞香文化品牌IP与东莞"篮球城市"的城市名片或者"体育文化"的城市文化无相关性，但莞香文化品牌IP化身以"活力四射"的"莞香姑娘"形象出现在此场景，这种反差感能够改变大众对莞香文化"高雅遥远""陈旧没落"的刻板印象，也实现了莞香文化品牌IP的"破圈"运营。

作为面向"Z世代"最有效的"沟通"方式之一，实体潮玩是传统文博IP在运营的过程中流行且重要的形式。通过对IP独特标识的提炼，结合流行化的设计表达，能够快速实现传统IP的"破圈"，让产品兼具实用型与收藏价值。用代表时尚潮流的潮玩，碰撞百年沉淀的传统历史，让古今历史的融合擦出不一样的火花，让具有新颖价值观的潮玩IP作为载体，突破传统历史的圈层，引发年轻"Z世代"的关注。

五 莞香文化品牌IP建设路径

（一）决策者充分授权拓宽传播渠道

讲好莞香文化品牌IP故事，立体化传播城市理念。莞香文化IP故事以东莞城市故事为基础，可迅速拉近其与消费者的距离，为消费者提供想象和联想的空间。非常高效地讲好莞香文化IP故事不易，政府应联合头部品牌机构、顶尖设计师、艺术家们对莞香的古往今来进行故事化包装，依托新技术、新媒介、新平台的跨界融合，构建立体化的传播矩阵。充分利用本土融媒体平台资源与国内短视频头部平台优势拓宽传播渠道，邀请各领域达人联合发声讲述莞香故事，传递莞香文化的内在精神，让莞香故事生动有趣，也为莞香文化IP多元化产品的开发提供丰富的内容素材。

（二）莞香文化品牌 IP 建设周期及路径

基于以上传播设计基础，根据《东莞市国民经济和社会发展第十四个五年规划和 2035 年远景目标纲要》，本文提出莞香文化品牌 IP 在 2022~2035 年的建设周期和传播路线，如图 12 所示。

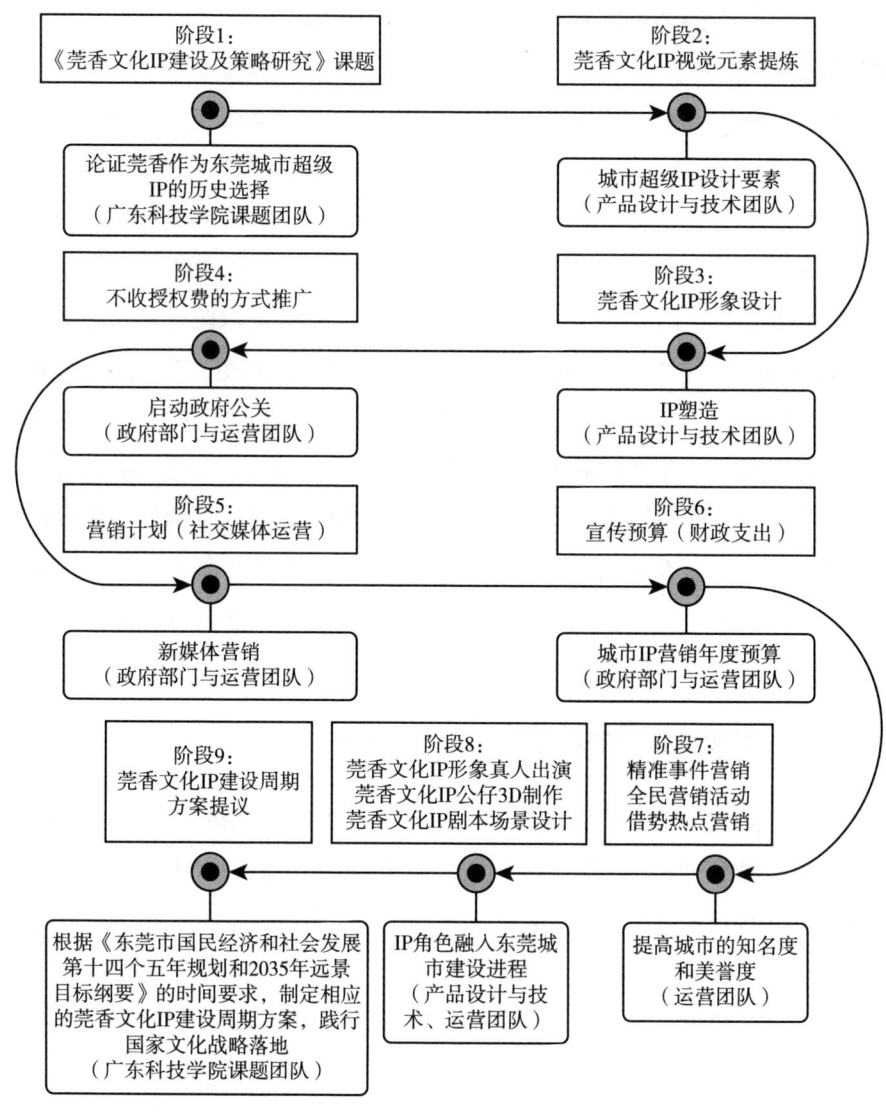

图 12　2022~2035 年莞香文化品牌 IP 的建设周期和传播路线

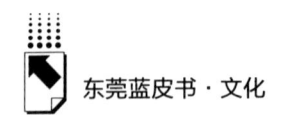

（三）文创衍生品开发形成 IP 产业链

通过塑造莞香文化品牌 IP，并将其融入东莞城市 IP，开发文创衍生产品，逐步形成环环相扣的 IP 产业链。打造真正的城市超级 IP 形象是一项系统工程，莞香文化品牌 IP 既需要具备"颜值与气质"，又需要具备文化与经济功能，成为城市产业的发动机。莞香文化品牌 IP 产品的开发，需要重点考量产品与城市文化内涵及外延的关联性，开发实体产品或体验服务，呈现城市的独特味道。同时，需要政府和开发者找准产品定位，聚焦城市"海纳百川"的性格，依托东莞文化创意产业的资源优势，为 IP 产品开发提供创新动力，设计出具有城市独特印记的 IP 系列产品，并逐步发展成熟，形成城市的 IP 产业链。

聚焦"莞香文化"特质，对"莞香"文化标识进行 IP 产品的设计与开发。消费者通过产品的购买行为完成人与城市文化间的双向互动与对话。莞香产业链的产品的创意设计应当基于莞香非遗文化，采用"功能设计+文化设计+创意设计+故事营销"的莞香文化品牌 IP 产品开发模式，通过调研消费群体的观点、兴趣和日常活动等生活方式，将莞香非遗文化的附加值巧妙地融入产品载体，并结合科技与时代风尚进行故事化营销。例如，在东莞特色产品上，添加莞香文化品牌 IP 元素，一方面可以借助本土特色产品现有的名气与口碑帮助莞香文化品牌 IP 的广泛传播；另一方面能为东莞特色本土产品注入全新的生命力。

（四）开展差异化莞香文化品牌 IP 建设

对比国内其他莞香（沉香）种植区，云南省以"旅游+农业"为卖点，海南省以"种植+技术"为发展方向，中山市以"种植+文化"为立足点，茂名市以"种植+工艺品"为重点。东莞可差异化拓宽传播渠道，以"莞香文化+休闲旅游"为主渠道，促进莞香文旅产业融合，赋能东莞莞香与其他城市的沉香产业错位发展，优势互补。国内其他沉香产业文化的差异化发展分析如表 1 所示。

表1 东莞莞香与国内沉香产业差异化发展

项目	种植产地	产业特点与发展前景
东莞莞香	广东东莞,主要是大岭山、寮步等	以莞香的种植、加工等传统手艺为基础,导入生物医药和精细化工等高端产业,推动创意文化、IP设计、交易展览和文化旅游等现代服务业发展,使莞香文化产业的第一、第二、第三产业协调发展,形成集种植、营销、品牌、文旅、医药、养生、文化于一体的全产业链
海南沉香	海南黎母山、儋州市武后村、东峒	"海南沉香(香料)""海南沉香(药用)"两项地理标志证明商标通过国家知识产权局商标局批准;海南省正在打造"香岛",结合海南打造国际旅游消费中心的布局,促成第一、第二、第三产业融合发展格局,构建沉香种植、加工、制药、贸易、非遗文化、旅游体验等多种业态融合发展模式,以"种植+技术"为发展方向
云南沉香	云南西双版纳、普洱、德宏和临沧	全省从事沉香种植、加工、收藏、销售、文化传播的企业已有200多家,年销售额达到10亿元以上;以"旅游+农业"为卖点,将西双版纳、普洱、临沧等地作为重点,加强云南沉香原料生产基地、产品加工基地、休闲观光基地及养生康体基地建设,初步构建起云南沉香产业布局
中山沉香	五桂山桂南一带范围(以石井坑为主)	中山沉香产业发展暂时略显迟滞,但前景可期;目前,全市范围内涉及沉香产业的企业有68家,2020年和2021年的产值总值均在2.8亿元以上,现以"种植+文化"为立足点,已初步形成包括种植、科研、加工、销售、文化等业态的产业链
茂名沉香	广东西南电白区	茂名属于传统沉香,市场份额超80%,茂名电白区具有"中国沉香种植第一县"美称。目前,电白区沉香种植面积达11万多亩,电白沉香加工、销售企业2000多家,形成七大类共100多种沉香产品链,年产值近40亿元。电白区计划按"做大一产、做强二产、做优三产"的发展思路,以"种植+工艺品"为重点,打造国内沉香产业科研中心、集散中心、沉香特色文旅康养中心、跨县域沉香产业集群

历史文化保护与活化利用

Preservation and Active Utilization of Historiced Culture

B.15
东莞莞城历史文化街区的演变与活化策略研究

罗瑜斌*

摘 要: 莞城历史文化街区是东莞城市的重要组成部分,对其进行历史演变和活化策略研究有利于梳理东莞城市发展脉络,彰显东莞独特的文化和空间特色。本文的研究以时间为轴线,以空间为载体,梳理了莞城历史文化街区的形成、衰败和重新受到重视的三阶段演变历程,直面莞城历史文化街区面临的现实困境,提出从宏观策略到微观设计的"城市更新—片区整治—地段激活—地块新生"活化策略,以期能促进莞城历史文化街区的活态保护与有机更新。

关键词: 历史街区 活化策略 东莞 骑楼

---

* 罗瑜斌,东莞理工学院文学与传媒学院讲师,国家注册城乡规划师,主要研究方向为城市文化遗产保护。

一 莞城历史文化街区的演变历程

（一）研究背景与意义

历史文化街区是城市文化遗产的重要组成部分，是传承地方文化的载体，对于人类研究社会和文化发展具有重要的实证价值。当前，城市建设已进入存量焕新、内涵增值的时期，城市文化已成为促进城市转型发展的核心动力之一，加强对历史文化遗产的保护与利用是改善城市宜居品质、带动历史地段经济增长的必要环节。[①] 历史文化街区是活态的文化遗产，要注重活化利用。随着城市功能的变化，过去曾经热闹的商业街，比如东莞振华路、大西路骑楼街、中山路骑楼街都已渐渐没落，只剩下保留的部分精美的历史建筑诉说着曾经的繁华。因此，不能仅保护那些历史建筑的躯壳，还应该保存它承载的文化，保护非物质形态的内容。但仅是保护还远远不够，如何利用历史文化街区良好的区位优势和丰富的文化遗产资源对其进行活化利用，使其充分发挥历史建筑的文化价值，在维护社区传统的同时融入现代城市功能，提高地区经济活力，促进当地居民的文化自信亟待研究。因此，本文的研究具有重要的理论价值和现实意义，不仅有利于促进东莞历史文化名城的建设，彰显东莞独特的文化和空间特色，还有利于实现东莞历史文化街区活态保护利用，延续东莞城市历史脉络，增强东莞广大居民的城市文化认同感，对实现"湾区都市、品质东莞"的建设具有重要作用。

国内外有关历史文化街区的研究主要集中在理论模式、规划方法、公共政策等方面。1965年美国景观设计大师劳伦斯哈普林提出了建筑"再循环"理论，20世纪70年代《巴拉宪章》提出了"改造性再利用"概念，给予

[①] 汪进、李筠筠、王霖：《广州历史文化街区保护及活化利用的全流程规划》，《规划师》2018年第12期。

文化遗产新的使用功能。2011年联合国发布的《关于历史性城市景观（HUL）的建议》使得文化遗产保护理论成为主要共识。国内有关历史文化街区理论模式的研究有吴良镛先生的"有机更新"理论[1]、王骏等人提出的"持续整治"的保护理念[2]、宋晓龙等人提出的"微循环式"理念[3]等；有关历史文化街区规划方法的研究有王景慧提出的渐进式改造和活态保护的方法[4]、祝莹提出的类型学方法[5]、王颖等人提出的"基因·句法"[6]等；有关历史文化街区公共政策的研究有郭湘闽提出的多元平衡规划机制[7]、魏良提出的城市规划公共干预优化制度[8]等。国内外有关东莞历史文化街区的研究仅有寥寥数篇，比如林卓文、康新宇对东莞市石龙镇中山路历史街区提出了保护整治与复兴对策[9][10]；郑诗圣对东莞下坝坊空间形态和改造过程及存在的问题进行了总结[11]。

综上所述，国内外有关历史文化街区的理论、方法和政策归纳起来有几点共性：第一，提倡从城市更新的视角看待历史文化街区的活化利用；第二，提倡"小规模、渐进式"的保护利用模式；第三，提倡政府主导与市场支持相结合的运行机制；第四，关注当地居民的需求。当前，

---

[1] 吴良镛：《北京旧城与菊儿胡同》，中国建筑工业出版社，1994。
[2] 王骏、王林：《历史街区的持续整治》，《城市规划汇刊》1997年第3期。
[3] 宋晓龙、黄艳：《"微循环式"保护与更新——北京南北长街历史街区保护规划的理论和方法》，《城市规划》2000年第11期。
[4] 王景慧：《历史文化街区要活态保护》，《中华民居》2010年第8期。
[5] 祝莹：《历史街区保护中的类型学方法研究》，《城市规划汇刊》2002年第6期。
[6] 王颖、阳建强：《"基因·句法"方法在历史风貌区保护规划中的运用》，《规划师》2013年第1期。
[7] 郭湘闽：《走向多元平衡——制度视角下我国旧城更新传统规划机制的变革》，中国建筑工业出版社，2006。
[8] 魏良：《面向旧城更新的城市规划公共干预机制研究》，硕士学位论文，华南理工大学，2011。
[9] 林卓文：《从空间形态的角度看历史街区的保护与再生——以东莞市石龙镇历史街区的改造为例》，硕士学位论文，华南理工大学，2012。
[10] 康新宇：《小城镇历史街区的保护整治与复兴——以东莞市石龙镇中山路历史街区为例》，《中国城市规划年会论文集》，2008。
[11] 郑诗圣：《文化创意型历史街区改造的分析与反思——以东莞市"下坝坊"为例》，硕士学位论文，华南理工大学，2018。

国内外有关东莞莞城历史文化街区的研究较少，仅体现在个别案例中，未能对东莞莞城历史文化街区提出全域的活化策略。因此，本文的研究能弥补这方面的空缺，为东莞莞城开展历史文化街区的更新和改造提供策略指引。

（二）莞城历史文化街区的历史演变

东莞市历史悠久，是岭南文明的重要发源地。莞城过去是东莞的行政、经济和商业中心，有着1260多年的建城史，是东莞历史文化遗产的主要集中地，也是东莞历史文化街区的主要集中地。但近年来随着东莞城市建设的快速发展和城市中心南移，莞城面临人口、商业外流的尴尬境地，昔日繁华的中兴路、大西路、振华路等商业街逐渐冷清。因此，对莞城历史文化街区历史演变的梳理有利于认清莞城历史文化街区面临的困难、机遇与挑战。

1. 莞城历史文化街区的形成与兴盛

东莞，东晋咸和六年（331年）立东官郡，置宝安县；南朝梁天监六年（507年），改东官郡为东莞郡。唐至德二年（757年）九月，宝安改名东莞，县治由宝安迁至到涌（今莞城城内），从此莞城一直是县署所在地。东莞古城自唐代开始，历经1200多年，仍然较好地保存下来。[①]明中期开始，莞城城外商贸区逐渐发展。明代后期，莞城形成城内"三坊"、城外"一厢"的格局。清代，莞城属捕厅管辖，县城的范围扩大到城外"十二坊"。

莞城历史文化街区共有三处，其中兴贤里和象塔街（位于城内）为城镇传统民居型街区，面积仅有1.9公顷和1.6公顷，而中兴路—大西路（位于城外"十二坊"）历史文化街区属于传统商贸骑楼型街区，最具规模和特色，是本文研究的重点对象。中兴路—大西路历史文化街区毗邻东江南支

[①] 《东莞市历史文化名城保护规划》，中国城市规划网，2017年9月22日，http://www.planning.org.cn/2016anpc/view?id=496。

流，总面积约16.33公顷，是东莞古县城城外商贸区的重要组成部分。该街区自明代开始发展，到民国初年基本成型。1911年广九铁路建成通车，进一步促进了莞城商业的兴盛繁荣。为了创造更好的营商环境，1930年时任东莞县县长的陈达材受到广州骑楼建设的影响，开始在莞城建设骑楼。1931年陈达材正式下令拆街巷建马路，将莞城迎恩街、打锡街、驿前街改建为振华路；卖麻街改建为大西路；猪仔圩、纸扎街改建为维新路；教场大街改建为中山路；元宝街、茉黄街、豆豉街改建为和平路；杉排街、下市街改建为威远路；遇贤街、铁镬街改建为中兴路。旧房拆迁，一律建骑楼式店铺。其后在黎国材、邓庆史两任县长的继续努力下，历时数载，才将这七条马路上的骑楼建成。①

2. 莞城历史文化街区的没落与衰败

1954~1958年，原莞城城内进行了一次大规模的改建。东、南、北三个城门因年久失修被拆除，仅剩西门，城墙亦因倾颓而拆除。城内各中心街巷，均由原来的4米拓宽至10~15米不等。城外的大西路作为外城商业区的中心，在20世纪50年代扩建为综合性商业区，内有百货公司、东莞饭店等建筑。②

新中国成立至21世纪初，莞城作为东莞市行政中心，各种建设持续且多在历史文化街区内进行，故街区的历史肌理受到一定破坏。2004年，东莞市政府迁出莞城；从2005年开始，莞城历史文化街区进行了较大规模的拆迁，拆迁面积约0.28平方公里，约占总历史文化街区（2.4平方公里）的11.7%，历史肌理在短时间内被大面积破坏，传统密集的城市肌理被大停车场、大广场所取代。③

---

① 《骑楼——融合中外文化的商业建筑》，东莞市人民政府网站，2012年11月26日，http://www.dg.gov.cn/zjdz/whdz/mjys/jzys/content/post_299185.html。
② 甘秋林：《基于历史城区肌理形态类型的控规地块划分研究——以东莞市莞城历史城区为例》，硕士学位论文，西南交通大学，2019。
③ 袁艺峰、郑宜武：《东莞历史城区保存现状及保护对策》，《遗产与保护研究》2016年第3期。

3. 重新受到重视与保护的莞城历史文化街区

2004年东莞开始创建国家历史文化名城，2005年东莞市政府公布了《莞城区控制性详细规划》，但在控规方案的实施中却再次引发了莞城老城区的拆迁，以旧城改造名义推动名城建设的做法颇具争议，也引来了社会公众的关注。

2009年莞城振华路骑楼因让位于可湖路而遭遇拆除（约有60间骑楼商铺门面）的事件被推到了风口浪尖。由于争议太大，可湖路的修建暂时搁置。2013年东莞正式启动编制《东莞市历史文化名城保护规划》，该保护规划合理划定了历史城区180公顷的规划范围、大兴路—大西路等8处历史文化街区和可园等8处历史地段，并提出了相应的保护措施及针对性的保护要求。2014年5月，东莞市城乡规划局启动了历史文化街申报和历史建筑评定工作。同年7月，为打造名城申报工作的特色，东莞市构建了历史文化保护与活化利用的样板区，东莞市城乡规划局启动了中兴路—大西路历史文化街区等重点地区的保护详细规划编制工作。2015年5月，又制定了《东莞市历史文化街区保护管理暂行办法》《东莞市历史建筑保护管理暂行办法》等保护管理法规。2019年4月东莞市自然资源局网站对《中兴路—大西路历史文化街区保护详细规划》进行批后公示。这标志着莞城中兴路—大西路历史文化街区正式获得法律的保护。同年9月东莞市人民政府发布了《东莞市历史文化名城、名镇、名村保护管理规定》《东莞市历史建筑保护管理办法》《东莞市历史文化街区保护管理办法》等4份规范性文件，保证了历史文化街区保护工作的有序开展。

（三）莞城历史文化街区的SWOT分析

1. 优势(S)

根据《东莞市历史文化名城保护规划》，东莞市域范围内共有8处历史文化街区，总面积55.9公顷，其中3处位于莞城，莞城历史文化街区总面积19.8公顷，约占市域范围内历史文化街区的1/3。莞城历史文化街区拥有文物保护单位2处、历史街巷10条（见表1）、历史建筑37栋，传统风貌建筑82处、石板路1条、古井2处。该街区较完整地保留了传统骑楼商业街，街区与东江、珊洲河、金鳌洲塔、可园等历史名胜的山水格局尚存，骑楼前店后仓滨河格局关系清晰，集中展示了东莞古县城城外商贸区的传统风貌。

表1　莞城历史文化街区文化遗产一览

序号	类型	名称	建设年代	级别	保存状况	使用情况
1	文物保护单位	却金亭碑	明嘉靖二十一年（1542年）	国家级	良好	参观
2	文物保护单位	容庚故居	清朝	省级	良好	参观
3	历史街巷	中兴路	民国	市级	一般	商住
4	历史街巷	大西路	清朝	市级	良好	商住
5	历史街巷	和平路	清朝	市级	一般	商住
6	历史街巷	维新路	民国	市级	一般	商住
7	历史街巷	中山路	清朝	市级	一般	商住
8	历史街巷	旨亭街	明朝	市级	一般	居住
9	历史街巷	教场街	明朝	市级	一般	居住
10	历史街巷	千祥街	明朝	市级	一般	商住
11	历史街巷	皮鞋巷	清朝	市级	一般	居住
12	历史街巷	振华路	民国	市级	较差	商住

2. 劣势（W）

虽然莞城中兴路—大西路历史文化街区较完整地保留了传统街巷肌理，但传统建筑风貌的保存状况并不理想。在10条历史街巷中，除了大西路较为完好地保留了骑楼历史建筑，其余9条历史街巷的历史建筑保存状况均不太好，有些已经拆除，有些已经列为危房濒临拆除，有些历史建筑破旧未能及时得到修缮，有些已经变成5~7层的"高层"穿插在低矮的历史建筑中。

除此之外，莞城中兴路—大西路历史文化街区商业业态较为单一，传统美食及非物质文化遗产较少，缺少吸引力，加之基础设施不完善，缺少商业休闲设施和环卫设施，交通拥堵、人车混行，这些都进一步制约了商业骑楼街的发展，使其面临衰败没落的危机。

3. 机遇（O）

近几十年来历史街区越来越受到国家社会的关注，2008年我国开始实施的《历史文化名城名镇名村保护条例》明确规定了历史文化街区的保护措施。2009年开始，中国文化报社联合中国文物报社举办了一项经中华人民共和国文化部、国家文物局批准的评选历史文化名街活动，该活动已于2009年、2010年、2011年、2012年、2013年连续举办5届，每届评选10条历史文化名街。2015年4月，国家住房城乡建设部、国家文物局对外公布第一批共30条中国历史文化街区。2021年2月住房和城乡建设部印发了《关于进一步加强历史文化街区和历史建筑保护工作的通知》，要求各地充分认识保护历史文化街区和历史建筑的重要性与紧迫性，加大保护力度，坚决制止各类破坏历史文化街区和历史建筑的行为。

东莞自2010年启动创建国家历史文化名城以来日益重视对城市文化遗产的保护，2015年公布的《东莞市历史文化名城保护规划》指明了东莞城市文化遗产分级分类的保护思路及相应的保护措施，这使得东莞历史文化保护有了标准和蓝图。2019年4月东莞市自然资源局对《中兴路—大西路历史文化街区保护详细规划》进行批后公示，2019年9月东莞市人民政府办公室发布了《东莞市历史文化名城、名镇、名村保护管理规定》《东莞市历史建筑保护管理办法》《东莞市历史文化街区保护管理办法》等4份规范性文件,[①] 保证了历史文化街区保护工作的有序开展。

4. 威胁（T）

莞城历史文化街区虽然日益受到重视，但保护工作依然严峻，中兴路—大西路的许多历史建筑有待修缮，且还需要投入大量的资金和人力物力，另外骑楼商业街也面临着如何转型升级、活化利用、完善公共基础设施、缓解交通压力等一系列问题，这些都给莞城历史文化街区的保护带来挑战。

---

① 《东莞市人民政府办公室关于印发〈东莞市历史文化名城、名镇、名村保护管理规定〉等四份规范性文件的通知》，东莞市人民政府办公室网站，2019年9月24日，http://www.dg.gov.cn/gkmlpt/content/2/2157/post_2157168.html?jump=false#683。

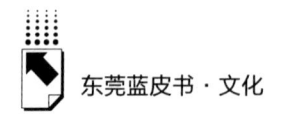

二 莞城历史文化街区的现实困境

（一）建筑风貌削弱

莞城中兴路—大西路历史文化街区虽然较完整地保留了传统骑楼街巷，但传统建筑风貌却遭到一定程度的破坏。周边的运河西二路、珊洲街的建筑多为高层建筑，与一河或一街之隔的低层传统骑楼风貌不协调。中兴路—大西路历史文化街区内随意加建、改建、搭建情况比较普遍，除沿街分布的骑楼历史建筑较为精美以外，内部大量的居住建筑风貌不佳。许多有价值的骑楼建筑即便被列为东莞市历史建筑也没有得到较好的修缮，更不用说是一般的骑楼建筑，骑楼传统风貌的削弱也使得历史文化街区的价值受到损毁。

（二）传统产业衰退

莞城历史悠久，拥有许多非物质文化遗产，比如传统手工技艺莞草编织，民间美术东莞千角灯、藻记花灯，民间音乐过洋乐、传统戏剧粤剧，莞邑传统美食糖不甩、焙荔枝干等，但都面临着后继无人、日渐没落的危机。中兴路—大西路历史文化街区仅有寥寥几间老字号保留下来，比如在大西路和振华路交叉口处保留着一座老莞城饭店，里面能品尝到始创于清末光绪年间的禄源公老字号传统美食；老莞城饭店对面的建筑是20世纪的东方红老照相馆；中山路有间藻记花灯。除此之外，大多数骑楼商业店铺里售卖的都是五金、电器、日常杂货、日用品等毫无特色的商品，鲜有见到传统产业，传统产业的衰退加剧了骑楼街传统风貌特色的衰退。

（三）空间缺乏活力

莞城老城区由于时间的磨蚀，以及新中国成立后近30年的无序建设、维护缺失，生态环境不断恶化；区内建筑质量参差，建造时段落差较大，各种风格的建筑混杂；居住质量差，密度过大；缺少绿化和公共活动空间；交通拥堵，车行及相关配套设施紧缺。这些都导致城市活力严重下降，人口流失。[1] 城外的中兴路—大西路历史文化街区同样面临以上问题，除大西路莞城老饭店附近以及教场路和千祥路交会处的菜市场人流较密集以外，其他几条街道人流均较为稀少，城市活力不足。

（四）居住环境恶化

莞城中兴路—大西路历史文化街区传统骑楼建筑"下店上住"，但由于大多数传统骑楼建筑为砖木结构或砖混结构，面宽较窄，进深较大，室内采光通风不好。街区建筑密度较大且缺少绿化，人车混行严重，机动车排放的尾气和噪声已经严重影响街区的居住环境。教场路和旨亭街居住区主要是本地居民居住，同样缺少公共绿化，居住环境较差。

（五）巷道交通不畅

莞城中兴路—大西路历史文化街区主要街道宽度在10米左右，与两侧三层的建筑高度大致成1∶1的高宽比，尺度宜人，适宜步行。但目前，该地区没有进行交通管制，机动车可以随意进出，虽然在振华路设有停车场，但由于要收费，很少人把车停在那里，更多的是路边停车。骑楼街人车混行，增加了交通安全隐患，也削弱了历史文化街区的吸引力。骑楼街区氛围被机动车的大喇叭声、排放的废气、拥堵的路面破坏得荡然无存。

（六）基础设施缺乏

莞城中兴路—大西路历史文化街区的历史城区地图上只标示了古代

---

[1] 华南理工大学建筑设计研究院：《莞城可园历史片区城市设计》，《南方建筑》2009年第1期。

城门、城墙、道路、河流等历史信息，历史文化街区16.33公顷面积的范围内没有一张清晰的地图标识。历史街区内环卫基础设施较为缺乏，仅有4处公共厕所，且位置隐蔽，无标识告示，难以寻找，游客行动非常不方便。历史文化街区内也缺乏休闲场所、管理处、休憩座椅、垃圾桶、街道家具等。

三 莞城历史文化街区的活化策略

（一）案例的借鉴

恩宁路位于广州市荔湾区，兴建于1931年，是西关骑楼建筑的精髓，连接荔湾湖公园与上下九商业中心，曾被誉为"广州最美老街"。2007年底，恩宁路被广州市政府纳入旧城改造计划。此后的10年中，恩宁路经历了从旧城更新到"揭盖复涌""试点开发"的转变。2018年广州市积极开展历史建筑保护利用试点，其中恩宁路作为全市重点试点项目。

恩宁路的保护与活化利用引起了许多学者的关注，这些学者提出了积极的保护与利用建议，比如杨宏烈提出将恩宁路骑楼街整改为粤剧名伶故居文化遗产观览一条街、民间文化艺术乐园一条街、民间艺术旅游纪念商品一条街、西关家居旅馆民俗风情一条街。[1] 汪进等学者提出恩宁路应进行整体空间形态修补、建筑保护利用、街道空间品质提升、水岸空间品质提升、慢行环境打造和街区活力激发共6个方面的保护与活化利用。[2]

2019年1月广州市规划和自然资源局公布了《恩宁路历史文化街区保护利用规划》（以下简称《保护规划》），《保护规划》确定了恩宁路历史文化街区的历史文化特色和价值：最完整和最长的骑楼街、粤剧武术手工艺

---

[1] 杨宏烈：《广州恩宁路骑楼历史文化街区的抢救保护规划》，《中国名城》2012年第6期。
[2] 汪进、李筠筠、王霖：《广州历史文化街区保护及活化利用的全流程规划》，《规划师》2018年第12期。

的传承地、满载西关情的活体博物街。恩宁路历史文化街区整体保护结构为"一轴、两片、多点"。其中,"一轴"指恩宁路骑楼轴线,控制骑楼街风貌,严格控制沿线新建建筑体量、高度、骑楼尺度、色彩,与传统骑楼街风貌充分融合;"两片"指骑楼街南北两片区,保留并强化传统格局;"多点"指分布在街区范围内的文保单位、历史建筑线索等。

《保护规划》提出恩宁路街区活化政策包括产业引导指引、功能混合指引。其中,产业引导指引指以原有产业为基础,结合城市更新,重点发展文化创意、旅游休闲、商业服务等功能;恩宁路骑楼街发展特色商业、恩宁涌周边发展文化休闲、餐饮、购物等。功能混合指引指恩宁路骑楼街以北地块,可采用"文商旅"相结合的方式,设置文化体验、商业零售、特色餐饮、精品旅馆、游客服务中心等功能;恩宁路骑楼街以南地块以"微改造"模式保护和活化历史资源,鼓励居民结合传统民居,发展特色商业,兼容公共服务与文化活动。

2019年12月由广州市发改委和荔湾区人民政府共同发布的《广州市岭南文化中心区(荔湾片区)发展规划(2019—2025年)》明确了西关历史城区七大特色功能区,将恩宁路定位为粤韵创意文化区,打造为以广府文化戏剧曲艺为特色的公共文化活动综合体和广州最美老街,融入延伸性文创产业,营造文化创意产业集聚特色小镇。

恩宁路的整个更新改造过程,是一次由政府一元决策到公众多元参与的过程,是一场由政府、社区、居民及实施运营主体联合推动的以共同缔造的方式营造"共建共治共享"的街区社会实践,其活化经验可借鉴、推广。

(二)城市更新视角

借鉴恩宁路历史街区改造的成功案例经验,针对莞城历史文化街区所面临的现实困境以及机遇挑战,本文提出从宏观策略到微观设计的"城市更新—片区整治—地段激活—地块新生"的莞城历史文化街区活化策略。

1. 总体定位

根据《东莞市城市总体规划（2016—2030年）》及《东莞市历史文化名城保护规划》，东莞市总体规划确定东莞未来城市发展目标为"国际制造名城，现代生态都市"，莞城中兴路—大西路历史文化街区凭借其深厚的历史文化底蕴，可被培育为"传承与展示莞城历史文化及传统制造产业的重要基地"，集中展示传统骑楼街的物质文化遗产和传统手工制造的非物质文化遗产，体现集骑楼风情和广府合院于一体的传统商业、传统手工业等特色文化，支撑东莞未来"国际制造名城"的城市定位。

2. 功能布局

莞城中兴路—大西路历史文化街区城市更新根据上述功能定位，空间可划分为六大功能区（见图1），通过功能分区实现各区互不干扰又相互补充，既服务于本地居民又服务于外来游客。

（1）振华路入口服务区——完善入口区公共服务功能，增加展览宣传、办公管理、社区服务等功能，规范停车；

（2）大西路骑楼商业区——依托骑楼特色，引进传统美食/特产的制造、影视宣传、参与体验及零售；

（3）中兴路骑楼民宿服务区——完善公共服务功能，部分传统骑楼建筑改造为民宿，为外来游客提供住宿服务，且不干扰本地居民，在可中兴路入口处设置停车场，规范停车；

（4）和平路滨水休闲区——恢复被道路覆盖的珊洲河，增加咖啡吧、茶座、酒吧、戏台等功能，引入传统戏剧粤剧、民间音乐过洋乐等，形成滨水休闲空间，改善历史文化街区环境；

（5）中山路—维新路传统手工作坊区——引进莞草编织、东莞千角灯、藻记花灯等传统手工技艺，通过手工作坊形式展示东莞非物质文化遗产，同时起到教育、宣传和展示、销售的作用；

（6）教场路—旨亭街传统居民区——改善传统住区环境，增加绿化植被，完善社区服务功能。

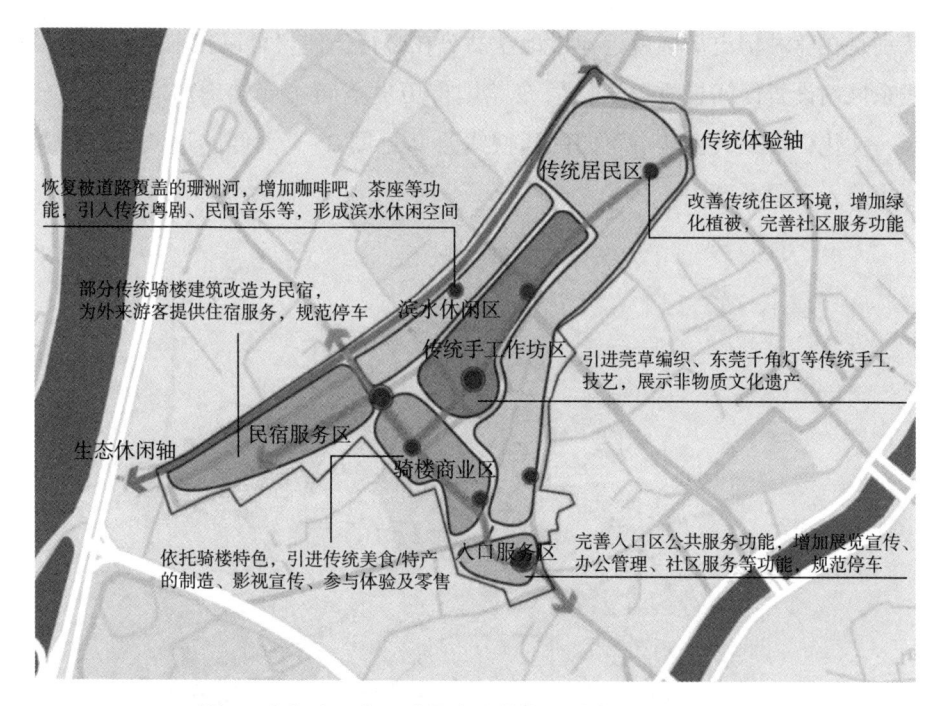

图1　中兴路—大西路历史文化街区城市更新功能结构

资料来源：项目组绘制。

（三）片区整治视角

1. 梳理巷道交通

莞城中兴路—大西路历史文化街区交通拥堵问题不能仅仅依靠拓宽周边道路去解决，现实证明为了开通可园东路（可湖路）而拆除振华路的骑楼不仅解决不了交通问题还加速了骑楼老街区的衰败，加剧了社会矛盾。因此治理莞城骑楼历史文化街区交通问题可从完善外部地铁线路和梳理内部巷道交通双管齐下去解决。

（1）完善外部地铁线路。国内外保存较好的历史街区都有赖于发达的地铁交通，因此要从完善东莞地铁线路上去解决莞城骑楼街区的保护和便捷出行的问题。目前东莞地铁没有在莞城历史街区设站，距离大西路最近的站点（地铁2号线东城站）在3.5公里外，因此，加快东莞地铁线路的建设，特别是在莞城历史街区就近建设地铁站势在必行。建议可以在东莞地铁2号线东城站设置区间换乘站，沿着东莞城市历史空间拓展轴增加通往人民公园—文化广场—大西路—可园的地铁线路（见图2），大西路地铁站可设在振华路入口服务区内。

图2 中兴路—大西路历史文化街区城市更新地铁线路设计
资料来源：项目组绘制。

（2）梳理内部巷道交通。莞城骑楼历史文化街区应恢复商业步行街，禁止车辆随意进出。在振华路、中兴路和珊洲街与光明路交会处的入口设置停车场，供私家车辆停放。街区内实行限制性车行道，即7:00~22:00全面禁车，创造良好的商业步行环境，市政垃圾车以及卸货车辆可凭证在0:00~7:00以及22:00~24:00驶入历史文化街区进行垃圾收集以及货物运输（见图3）。莞城骑楼历史街区白天禁车时段为方便游客，可设置"叮当小火车"运送游客。如此既解决了历史街区交通拥堵问题，又创造了良好的商业步行环境。

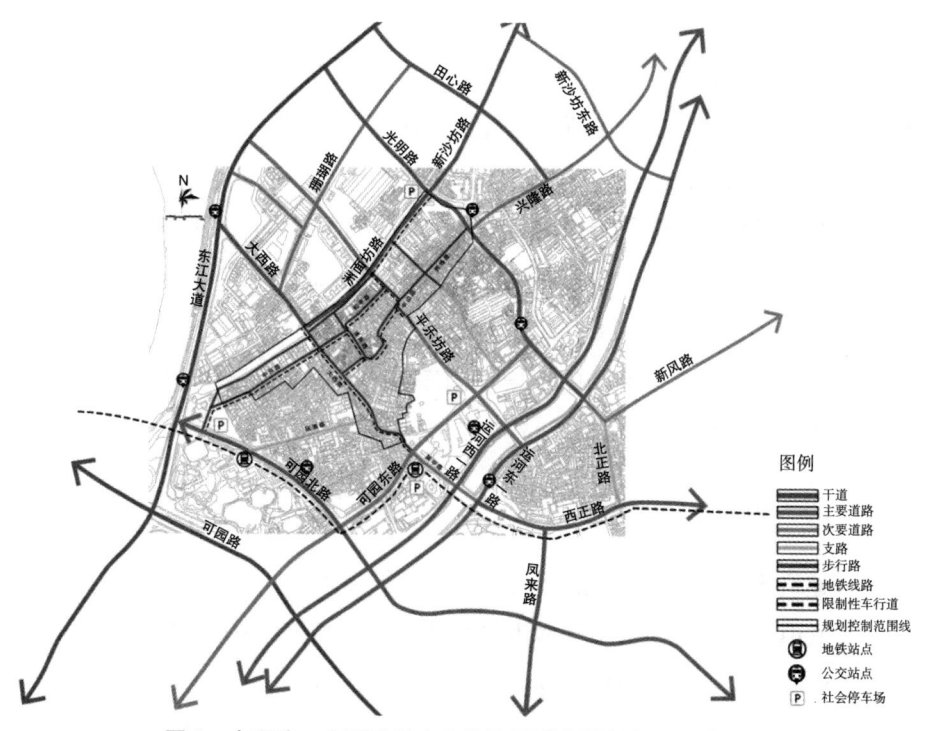

图3　中兴路—大西路历史文化街区城市更新交通系统设计

资料来源：项目组绘制。

2. 织补绿化景观

莞城中兴路—大西路历史文化街区自然水资源丰富，东临东莞运河、西临东江水道，历史上珊洲河连通两者，贯穿整个历史街区，改善了历史街区的环境。但当前，珊洲河近东江段露明，其余河道均被马路覆盖，马路边临时搭建了水果批发市场。为改善莞城骑楼历史街区的环境，建议恢复珊洲河道，河道两边种植榕树、鸡蛋花等本地树种，增加戏剧音乐、休闲茶座、咖啡酒吧等功能，形成历史街区富有活力的老少皆宜的滨水休闲空间。

对莞城历史文化街区质量较差、风貌不佳或者高度过高的建筑进行部分拆除，将部分场地改造为街头绿地或者小广场，部分场地新增公共服务设施，部分建筑通过改造增加阳台绿化、墙体绿化和屋顶绿化。通过绿化织补的方式不仅改善了历史街区以及传统居住区的绿化环境而且丰富了历史街区的绿化层次。同时在中兴路—大西路历史文化街区内增设一些过去骑楼商业街交易的场景，加强历史场所感，渲染传统文化氛围。

3.完善基础设施

莞城中兴路—大西路骑楼历史文化街区应完善必要的公共基础设施以更好地服务于"传承与展示莞城历史文化及传统制造产业的重要基地"这一新的功能定位，增加游客接待处、文化展览室、社区活动室、警务室、公共厕所等，另外应在历史街区内新增休闲座椅、饮水机、街道家具等便民设施，以便更好地服务本地居民和外来游客。

（四）地段激活视角

1.建筑艺术的挖掘与创新

莞城中兴路—大西路骑楼多为砖木结构，沿街立面采用三段式构图，最上面是山花女儿墙，中间段是主体建筑，沿用广府传统竹筒屋形式，开间窄，进深长，最下面是柱廊形成的人行道，适合南方地区避雨遮阳之需。骑楼背后是内街，民宅大门一般开向内街使其成为居民交往的公共空间，充满浓郁的人情味。这种有层次的沿街檐廊复合空间，大大增加了市民日常生活的丰富性和空间使用功能的多样性。

莞城中兴路—大西路骑楼沿街立面具有独立性，不受室内空间和屋顶高度的限制。山墙面作为建筑入口，立面高度可以超出屋顶，立面具有独立支撑的梁柱，门窗的开口可以自由灵活分割。[1] 骑楼山花装饰、窗户形式以及柱廊形式都可以自由进行灵活的分割设计。中兴路—大西路骑楼街沿街立面有中式风格、西式风格以及中西合璧式风格，沿街立面非常丰

---

[1] 马骏良：《广东开平三埠镇近代骑楼建筑立面研究》，硕士学位论文，广州大学，2020。

富,这也是莞城骑楼历史文化街区建筑艺术得以传承和创新的重点。地段的激活可从骑楼沿街立面改造修缮入手,塑造不同地段的骑楼沿街立面特色,比如在振华路入口处的骑楼建筑改造可采用中西合璧式风格,骑楼主体建筑采用西方古罗马券柱式,而主体建筑与底层柱廊间的过渡部分可采用具有中国传统特色的祥云图案,加强其艺术表现力。珊洲河滨水休闲区的建筑改造可采用檐廊式建筑形式,将二层以上的建筑出挑,形成底层檐下空间,减少柱子甚至不用柱子,呼应传统的骑楼形式,增强空间的层次感。

2. 商业业态的重组与互补

"对历史街区不宜赋予过多的、不适宜的功能"[①]。挖掘与重组历史街区的"专业"功能,使其与现有商业业态形成补充并充分彰显骑楼历史街区特色,激发地段活力(见图4)。受到周边现代商业圈的冲击,莞城骑楼历史文化街区的客流量锐减,要想重新吸引人流,焕发骑楼老街的活力就必须走传统产业道路,与现代商业形成互补。应将骑楼当前销售的毫无特色的五金、电器、日用品等商品清理,引入传统特色产业,重新整合商业业态。具体而言,可以形成以下三条传统产业特色街。

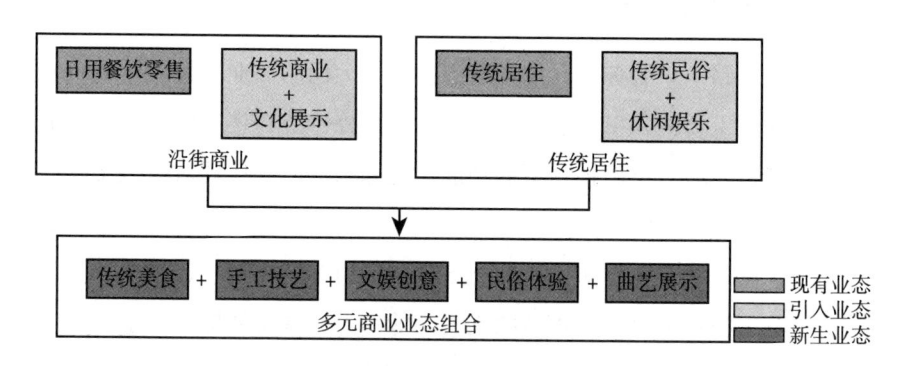

图4 莞城骑楼历史文化街区商业业态组合示意

资料来源:项目组绘制。

---

① 杨宏烈:《岭南骑楼建筑的文化复兴》,中国建筑工业出版社,2010。

（1）振华路—大西路传统美食街：将莞邑传统美食跟传统骑楼街结合起来，可形成色、香、味俱全的特色街区。以目前人气较旺的大西路老莞城饭店为试点，改善其就餐环境并扩大规模，同时在其周边开设多家集美食手工制作、销售和展示于一体的传统特产美食街，利用现代人的好奇心，将美食特产的手工制作和现场销售结合，形成莞邑特色美食街。

（2）珊洲河—和平路传统戏剧音乐街：恢复珊洲河道，修缮传统建筑并植入咖啡吧、茶座等功能，引入传统戏剧粤剧、民间音乐过洋乐等。河道两边设置休闲步道、亲水平台，形成滨水音乐休闲空间，如此既改善了历史街区的生态环境，又以音乐为媒介促进了本地居民和外来游客的交流。

（3）中山路—维新路传统手工作坊街：中山路目前仅销售竹编、莞草编制的箩筐、扇子、簸箕、扫帚等手工产品，没有手工艺人的现场制作，维新路有一家王藻记花灯店，但里面销售的是民间拜神的用品，因此，可以在现有的传统手工产业基础上进行容量扩充，邀请传统手工艺人进驻，通过手工作坊形式展示东莞非物质文化遗产，同时起到教育、宣传和展示、销售的作用。

（五）地块新生视角

位于振华路入口服务区，东望迎恩门西接大西路商业骑楼群的地块，是历史文化街区重要的入口节点。该地块内有3栋传统骑楼需要在设计时统筹考虑，使其符合城市更新视角下的功能定位和布局，并体现对场地文脉的传承与创新。

当前，该地块存在周边建筑功能单一、巷道交通拥堵、建筑风貌不佳等问题，因此，根据上述城市更新的六大功能布局，本文课题组确定了设计的主题——以书为媒介（莞城的历史就像一部厚重的书有待细细翻阅）设计一处兼顾文化展示、读书阅览、管理接待、休闲娱乐于一体的24小时公共书吧，满足老城区不同年龄阶层人群的需求。

（1）功能的开放与包容：公共书吧建筑总面积达1500平方米，功能兼具莞城历史文化/书籍的展陈与阅览、休闲咖啡茶座、社区娱乐、公共自习、游客接待、办公管理、仓库储藏、卫生间等（见图5、图6），保留的3处骑楼中有1栋作为空间入口，另外2栋改造为咖啡厅和阅览空间。公共书吧60%以上的区域为24小时全天候开放，完善骑楼入口服务区功能。

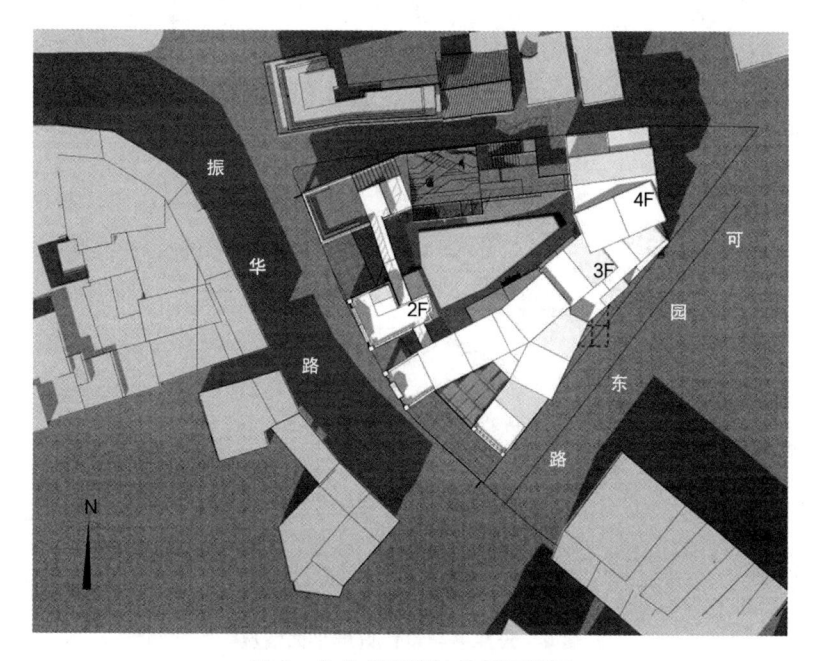

图5　公共书吧设计总平面情况

资料来源：项目组绘制。

（2）交通流线的分与合：为了体现场地建筑的开放性，公共书吧共设置了4个入口，其中主入口设置在规划路可园东路上，次入口设置在振华路和北侧巷道上。本地社区居民主要从大西路方向过来，因此将社区活动室（棋牌室）、公共自习室、儿童游戏室等服务本地居民的功能室置于北侧；外来游客主要从东侧迎恩门方向过来，因此将展览、阅览、观光等置于南侧。这两条流线既有分离又有交织，围绕中间水景庭院展开。

（3）建筑形态的推敲与创新：公共书吧处在传统历史街区与现代商贸区的过渡地带，因此，建筑形态既需要考虑与传统的融合又要有所创新。新建筑柱网尺度和层高遵循传统骑楼1∶2∶1的比例关系（如面宽3米，进深

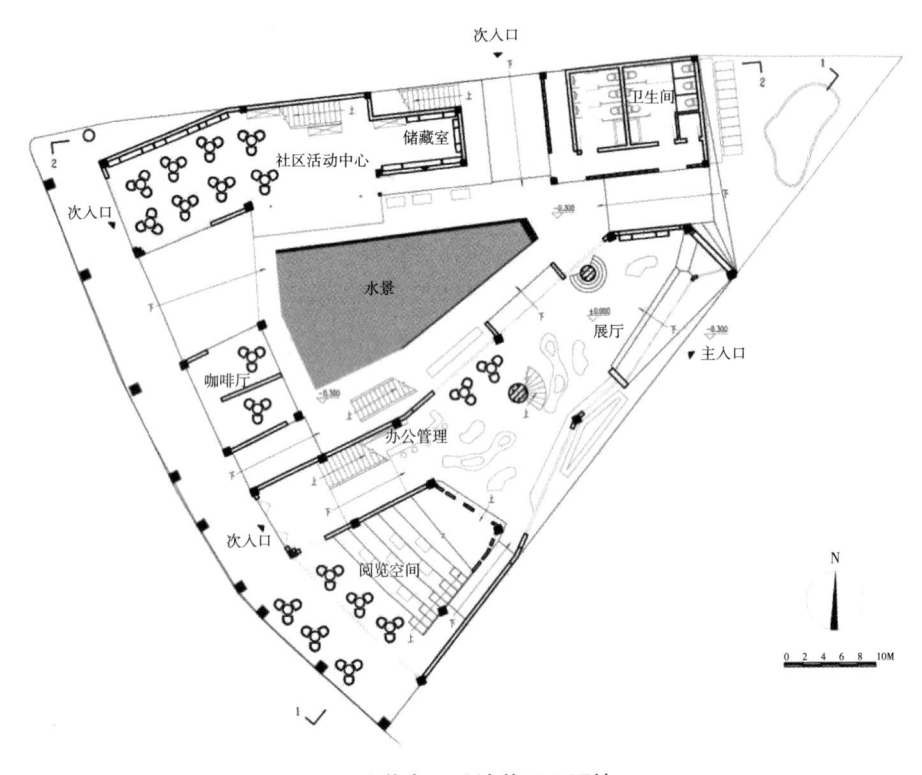

图 6　公共书吧设计首层平面情况

资料来源：项目组绘制。

6米，层高3米），以促进新旧空间有机关联。新建筑立面形态借鉴骑楼建筑的坡屋顶，延续骑廊空间并创新运用钢和玻璃材质形成由屋顶延伸至立面的新的建筑语汇（见图7），达到新旧融合，立新不必破旧的目的。

（4）材料与空间的新旧对比：场地内的2栋传统骑楼主要是砖木结构，空间狭小，而新设计的建筑材料采用砖、玻璃和钢的框架结构，形成大空间，与传统建筑的小空间形成对比。场地内的3栋传统骑楼均保留主立面样式和建筑尺度，但对其内部空间根据新功能进行重新设计，其中中间的1栋改造为空间入口，另外2栋改造为咖啡厅和阅览空间。

（5）环境与氛围的改善营造：莞城骑楼历史文化街区缺少公共绿化和环卫设施，场地内建筑设计需要通过庭院的塑造创造良好的环境和历史街区

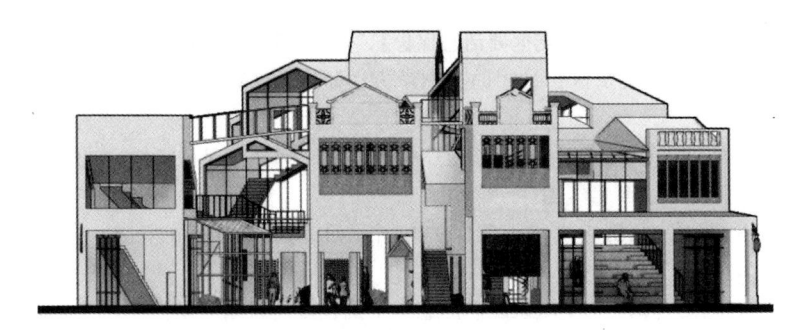

图 7　公共书吧设计振华路立面情况

资料来源：项目组绘制。

宁静的空间氛围。因此在场地中间通过建筑的围合形成开放的中心水景庭院，通过台地的高差将水流向中心庭院，演绎从传统四水归堂到现代四水归庭的转变。

结　语

本文详细地梳理了莞城历史文化街区的形成与兴盛、没落与衰败以及重新受到重视的三阶段演变历程，针对其面临的现实困境和机遇挑战，提出从宏观—中观—微观的"城市更新—片区整治—地段激活—地块新生"的活化策略，既有与东莞城市更新相结合的整体战略性更新策略，也有具体可行的促进历史街区功能活化和居民参与的实施措施，以期能促进莞城中兴路—大西路历史文化街区的活态保护和有机更新。

参考文献

[1] 汪进、李筠筠、王霖：《广州历史文化街区保护及活化利用的全流程规划》，《规划师》2018年第12期。

[2] 宋晓龙、黄艳：《"微循环式"保护与更新——北京南北长街历史街区保护规划的理论和方法》，《城市规划》2000年第11期。

［3］王景慧：《历史文化街区要活态保护》，《中华民居》2010年第8期。
［4］祝莹：《历史街区保护中的类型学方法研究》，《城市规划汇刊》2002年第6期。
［5］王颖、阳建强：《"基因·句法"方法在历史风貌区保护规划中的运用》，《规划师》2013年第1期。
［6］王霖：《广州历史文化街区保护与活化研究》，硕士学位论文，华南理工大学，2017。
［7］甘秋林：《基于历史城区肌理形态类型的控规地块划分研究——以东莞市莞城历史城区为例》，硕士学位论文，西南交通大学，2019。
［8］袁艺峰、郑宜武：《东莞历史城区保存现状及保护对策》，《遗产与保护研究》2016年第3期。
［9］华南理工大学建筑设计研究院：《莞城可园历史片区城市设计》，《南方建筑》2009年第1期。
［10］杨宏烈：《岭南骑楼建筑的文化复兴》，中国建筑工业出版社，2010。

B.16
东莞明伦堂发展历史及启示

钟敬忠 蔡 冰*

摘 要： 东莞明伦堂是清末和民国期间广东著名的封建地方组织，拥有广阔的万顷沙沙田公产、巨额财富及相当规模的武装力量，在东莞的教育发展、人才培养、救济赈灾、医疗卫生及公路、水利、桥梁建设等领域发挥了非常重要的作用。本报告以时间为主轴，综合研究和分析各种史料，将东莞明伦堂发展历史归纳为"1845年以前时期""沙局时期""安良局时期""沙田经理局时期""沙田经理局整理委员会时期""两个整理委员会并存时期""董事会时期"七个阶段，并对各阶段的组织体系、沙田管理、财务改革、教育推进、公益扶持等重要特点进行纵向挖掘，尤其对其阶段性的管理变更及其变更背后的深层原因进行了阐述。本报告完整客观地展现了东莞明伦堂历史发展脉络、发展特点和社会价值，展示了东莞先辈敢为人先、开拓进取的文化基因，厚德务实的文化特质和报效桑梓的文化情怀，为弘扬东莞地方历史文化，建设品质东莞，增添新的内涵和篇章。

关键词： 东莞明伦堂 万顷沙 沙田 地方公产

明伦堂是我国历史上设于书院、文庙、学宫等地的读书、讲学、弘道、研究之所。东莞明伦堂在清道光二十五年（1845年）前，和全国各地明伦

---

* 钟敬忠，东莞图书馆地方文献开发部主任，主要研究方向为东莞地方文献研究；蔡冰，东莞图书馆副馆长、研究馆员，主要研究方向为读者服务与管理、东莞地方文献研究。

堂一样，一直是明伦教化、储才养士、聚集论事的中心。清道光二十五年（1845年）始，东莞明伦堂逐步拥有珠江口万顷沙670余顷沙田公产后，由一个文化教育组织逐渐演变成为一个拥有巨额财富和武装力量的封建组织，并深刻影响了清末和民国期间东莞县的政治、经济、文化、教育、卫生、慈善、交通、水利等地方社会事业建设与发展，也成为各派封建势力、军阀势力以及国民党政府利益角逐目标。

一 1845年以前的东莞明伦堂

明伦堂是我国历史上设于书院、文庙、学宫等地的读书、讲学、弘道、研究之所。东莞明伦堂在清道光二十五年（1845年）前，和全国各地明伦堂一样，一直是明伦教化、储才养士、聚集论事的中心。

（一）东莞明伦堂历史发展状况

现存史料中关于东莞明伦堂最早的记载是（明）卢祥《重刻卢中丞东莞旧志》卷三《儒学》："东莞儒学旧在县东南二里，宋淳熙十三年（1186年），邑宰王中行迁于东城之外黎氏地。……直入为学门，分东西两斋，中为明伦堂。"由于明伦堂是学宫中教学、学习、议事的中心场所，因而逐渐成为学宫的代称。

学宫也称儒学，在元、明、清三代都是一个地方的最高教育机构。学宫一般内设教谕1人，为最高官员，另设训导、嘱托数人。

（二）东莞明伦堂的社会作用

一是明伦教化。明伦堂是学宫教学的中心，其职责就是明伦教化。据民国《东莞县志》"教官考课"记载，东莞明伦堂所授课程、所考内容均为"四书""五经""史策"等明伦教化的儒家经典。

二是储才养士。宋、明、清三朝读书人要通过科举谋取功名，必须在明伦堂学习儒学经义。明代礼部右侍郎丘濬《东莞县重建儒学记》云："岭南人才最盛之处，前代首称曲江，在今世则皆以为无逾东莞者……咸归重于学校育材之效焉。"这从侧面证明了东莞明伦堂在储才养士方面的成就。据民国《东莞县志》"选举表"统计，自唐以来，东莞历代进士252人，举人1763人，岁贡、存辟889人。其中，明朝进士89人，举人767人。清朝进士134人，举人924人。

三是提供聚集论事空间。唐朝以后，学宫与孔庙基本上都是"庙学一体"建筑。官员们拜谒孔庙后，都会到学宫视察。在日常社会活动中，学宫明伦堂也是当地士绅们集中聚集论事的主要场所。

1845年之前的东莞明伦堂与全国各地其他明伦堂并无差别。

（三）1838~1845年东莞明伦堂争沙事件

清道光十八年（1838年）至道光二十五年（1845年），东莞明伦堂在东莞士绅群体8年的不懈努力和抗争下，获得了珠江口万顷沙50顷沙田公产。东莞明伦堂开始从一个教育机构变为一个拥有广阔沙田和巨额财富，并掌握相当规模武装力量的封建地方组织。至1911年，东莞明伦堂沙田扩充至670余顷。

1. 东莞士绅集团争夺万顷沙缘起

沙田由江水携带的泥沙杂质入海不断淤积成沙坦后，经人工围筑开垦而成。位于珠江口东莞虎门南沙村对面海中的万顷沙沙坦由珠江水系泥沙不断冲积而成，处东莞与香山交界之处。清道光十八年（1838年），当东莞士绅关注到万顷沙沙坦时，该沙坦实际上已被顺德龙山人温植亭（又名温承钧）向香山县（今中山市）承佃和批耕。但是，东莞士绅集团仍举全县士绅之力与香山县和温植亭争夺万顷沙，其主要原因有二：一是东莞县当时的公产非常匮乏，收入低微，远不如相邻他县。据嘉庆《东莞县志》的资料统计，东莞一年公产收入仅247两白银。因此，东莞迫切需要增加公产和收入以济公用。二是万顷沙沙坦处于东莞和香山县交界处，权属不清，存在争夺并获胜的客观基础和可行性。

239

2. 东莞士绅集团争夺万顷沙的三个阶段

东莞士绅在"四君子"陈龙安、方文炳、何鲲、陈荣光的带领下，在争夺万顷沙三个阶段中展现了团结的力量、强大的勇气、坚强的意志和高超的策略。

在第一阶段，他们策划集体上书本县县令侯之翰，详细阐明了万顷沙属于东莞的地理属性和将万顷沙纳入东莞明伦堂公产的重要性，以及其作为东莞县令在其中不可推卸的职责。在与侯之翰共同勘察万顷沙后，他们获得了官方认同的万顷沙属东莞的重要证据。

第二阶段，东莞士绅们又巧妙地组织沿海几个村几个农民发起诉讼，以受害者的身份控告温植亭越界违法圈筑沙田，以及堵塞水道，造成东莞沿海各村发生重大水灾的严重事件。在新任县令柏贵的积极配合下，诉讼最后得到了两任两广总督邓廷桢和林则徐的高度重视，并派员与东莞联合调查。至此，东莞士绅集团还没有与香山县官府和温植亭正面交锋，但承佃万顷沙的温植亭却在越界违法圈筑沙田和堵塞水道酿成水灾两条犯罪指控及两广总督派员调查的重重受压下方寸大乱，居然公然掳掠拘禁了东莞士绅领袖陈龙安、方文炳、何鲲等人。

第三阶段，东莞士绅充分利用掳掠事件，不断向东莞县、广州府和总督衙门发起诉讼，最终胜诉，不仅导致温植亭被拘受审，而且在东莞县令柏贵、香山县令吴恩树会同委员张继邹联合勘查万顷沙后的第5年即道光二十五年（1845），获得了万顷沙50顷沙田。这是东莞明伦堂拥有沙田公产的开始。

3. 东莞士绅争沙成功的原因

东莞士绅争夺万顷沙沙田成功的原因有五。一是东莞士绅集团团结一致，共同进退，形成了强大的合力。尤其是陈龙安、何鲲、方文炳、陈荣光4人作为发起者、策划者与组织者，是东莞争沙行动的中流砥柱。二是东莞士绅牢牢抓住对方"越境围筑""阻碍水道"等罪行进行上诉，得到了官府的认同。尤其是"阻碍水道，酿成水灾"是两广总督邓廷桢、林则徐给予温植亭等人定罪的关键因素。三是东莞士绅的争夺方略得当，以上书、上诉的方式争沙，避免了与对手直接接触和缠斗。四是对手公然掳掠和拘禁东莞士绅的拙劣行动直接导致其自身的覆灭。五是东莞三任县令柏贵、崔敬修、张继邹的大力支持是东莞士绅获胜的重要因素。

二 沙局时期（1845~1864年）的东莞明伦堂

万顷沙沙田公产虽然名义上属于东莞明伦堂，但并非由东莞明伦堂所在的学宫进行管理，而是由东莞五属（即捕厅、戎厅、京山司、缺口司、中堂司）公开推举有名望的士绅组成"沙局"进行管理，人数一般为十人，学宫教谕位列其中，负责人称"首事"。

（一）万顷沙开涌分界

在沙局的推动下，东莞明伦堂以1845年划界不合理为由，不断越界圈地。为彻底解决这个问题，道光二十九年（1849年），东莞县县令崔敬修、香山县县令郭超凡又联合进行了勘察，并将万顷沙开涌分界，由此东莞明伦堂又获得万顷沙95顷沙坦。道光三十年（1850年）5月，番禺人潘敬义等人又把承佃的10顷沙田赠送给了东莞明伦堂。至此，东莞明伦堂拥有万顷沙沙田达155顷余。

（二）"总佃制"经营方式

东莞明伦堂"沙局"对万顷沙沙田最初管理方式是由东莞士绅何鲲、刘大观、苏鸿逵等保举东莞县家境殷实者如史志勤、史兆丰、史传信、史尚文等承佃。后来随着沙田增多，又采用"总佃制"方式经营，即将沙田整体或分区通过投标的方式批租给一个或若干个总佃人，总佃再把沙田承佃给其他佃户，其他佃户还可以再租佃给更多小佃户。为了鼓励邑内有财势的士绅出资承批和开垦沙坦，东莞明伦堂还通过宽予期限、减免租息等优惠条款进行批约，促使万顷沙沙田越筑越宽。

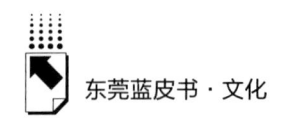

三 安良局时期（1864~1911年）的东莞明伦堂

（一）东莞安良局的产生和组织管理

咸丰年间，太平天国运动让清朝统治者认识到基层权力的薄弱，于是下令各地成立由士绅自行主导的公局等团练组织，维护地方社会治安。同治三年（1864年），东莞士绅奉上宪命令设立安良总局，并设立团勇队伍，经费由东莞明伦堂沙局拨给。安良局与东莞明伦堂沙局的管理者为同一士绅群体，即两个机构，一套人马，由此形成了安良局与东莞明伦堂互为一体的事实，安良局的团练武装也成为保护东莞明伦堂沙田公产的重要依赖，由此，人们便将此阶段称为"东莞明伦堂安良局时期"。

安良局设首席值理主持工作，首席值理下设"值理"，俗称"坐局"。一般由进士或有名望的举人担任，偶尔也有贡生或秀才担任。安良局的管理者都是地方上非常有势力的乡绅，有的大宗族更是几代人掌持东莞明伦堂。诸如张端、张其淦父子；黎家崧、黎凤仪叔侄；何鲲、何仁山、何庆修三辈等。

安良局时期，东莞士绅通过买受、接佃、缴价承升、报承等方式不断拓展万顷沙沙田面积，至1911年达到了670顷。由此，东莞明伦堂成为拥有巨额公产和财富的封建地方组织。

（二）沙田公产的收入及利用

在安良局初期，东莞明伦堂沙田公产的经营仍然沿袭总佃制"招佃批耕"方式进行，后随着沙田公产面积的不断扩大，"招佃批耕"逐渐向"招佃投承"方向转变。沙田出租为东莞明伦堂带了巨额收入，至清末，东莞明伦堂每年田租收入可达60多万银圆，该收入主要用于以下四个方面。

一是发展教育。科举时期东莞宝安书院、龙溪书院等建设费、经常费，以及莞邑学子试卷费、旅差费、册金、文武会试公车费等，1902年后东莞开始新式教育后新建的学校如东莞县学堂（东莞中学前身）及其师范部和中学部、东莞县立高等小学堂（莞城中心小学前身）以及1911年前增设的19所官立小学，费用均由明伦堂支出。二是发展卫生慈善事业。1903年创办的东莞石龙惠育医院，1905~1907年创办的东莞稍潭麻风院、东莞石龙若瑟洲麻风院（后改称"新洲医院"）的建设经费均由东莞明伦堂资助。1908年，东莞发生水灾和台风灾难，东莞明伦堂拨款3.1万余两白银用于抗洪抢险与救灾。三是拓展沙田。四是修理河道、经办团练与剿匪、捐修府志、捐办京仓等。

（三）赎回拨作广雅书院尝产沙田

光绪十二年（1886年），时任两广总督的张之洞强行以东莞明伦堂有134余顷沙田没有缴税为由，要将这些沙田拨给新建的广雅书院。为此，东莞明伦堂士绅通过上书辩解、请愿、拖延等方式进行了坚决的抗争，最终只拨了东莞明伦堂无钱补税的80余顷沙田，但造成候选直隶州知州黎家崧、户部郎中何庆修、教谕郭庚吉、职员钱万选被一并革职，永不叙用，以及礼部主事邓佐槐暂行革职。此后，东莞明伦堂及东莞明伦堂绅董陈伯陶、尹庆举、叶觉迈等又分批缴价赎回。

（四）化解"割县置厅"危机

光绪三十二年（1906年），广东水陆提督李准向两广总督岑春煊建议划割东莞缺口和中堂两司（当时东莞分捕厅、戎厅、缺口司、中堂司、京山司五属），以及香山县与东莞相邻部分区域另置新厅，直属广东省，以加强虎门防务。此建议如果施行，该区域内的万顷沙沙田将全部割给新厅，这将给东莞造成巨大损失。为此，东莞明伦堂以陈景梁、钟菁华为首，联合陈伯陶、尹庆举、张其淦等在京和在外做官的东莞士绅，多方努力斡旋，几经转折，花费两千多两黄金，才最终成功地化解了此次危机。

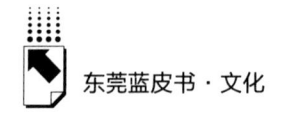

四 沙田经理局时期（1911～1928年）的东莞明伦堂

1911年10月，辛亥革命爆发后，东莞县第一任县长黄侠毅委派同盟会会员陈哲梅主持东莞明伦堂工作，将安良局改组为沙田经理局。由此，东莞明伦堂进入"沙田经理局时期"。

（一）沙田经理局的管理机构与更迭频繁的管理者

在沙田经理局时期，主持东莞明伦堂工作的称为总董，下设董事4名，评议员19人。总董与董事由东莞五属各选一人组成；评议员主要由地方各界人士组成，行使监督之责。总董由县中名流推荐，再由县长委任。自1917年起，总董交由省长委任，由省财政厅管理，但基本上由莞籍人士主持。此后，东莞明伦堂办公地点也由东莞县城迁往广州，后在广州维新横路2号购买了一栋二层民房作为东莞明伦堂在广州的固定办公地址。

在沙田经理局时期，由于政局动荡，掌控广东的军政势力更迭频繁，各方势力垂涎东莞明伦堂的财富、武装和权势，不择手段，激烈角逐东莞明伦堂总董职位，因此，东莞明伦堂沙田经理局时期总董变更频繁。1911～1928年，陈哲梅、林直勉、阮明新、叶深庆、陈逸川、李章达、黄侠毅、孙绳武、陈晴峰、叶少华、刘植庭、陈孚木、李家英在背后势力的支持下相继担任过总董一职。

（二）成立护沙武装力量"沙田自卫局"

东莞明伦堂拥有万顷沙沙田公产后，财富激增，成为官方、土匪、沙棍等眼中的"肥肉"。为此，东莞明伦堂于1915年成立了护沙武装——沙田自卫局。沙田自卫局局长由总董任命，自卫局的一切事务由局长负责，主要负责万顷沙耕田的保护；负责万顷沙各项税收、田租的征收；负责万顷沙检验批约；执行明伦堂管理机构的其他决策与指令等。沙田自卫局成立时，下设两个营，每营不足 300 人。其中，一个营驻扎东莞县城，代替原来的护城兵丁；一个营驻守万顷沙。1928 年，东莞明伦堂护沙队发展为 2 个大队，每个大队下又设 4 个中队。东莞明伦堂自卫局由于权力极大，局长一般都由总董委任自己的亲信担任。1949 年 10 月，东莞明伦堂万顷沙自卫局和万顷沙自卫队退出历史舞台。

（三）东莞明伦堂的债务及清理举措

东莞明伦堂万顷沙沙田在民国初期年租收入可达 30 万元不等，办理全县的教育、公益事业本应绰绰有余。然而，由于长期低租批约，加上高息借款、政府摊派、军阀勒索、绅董舞弊以及众多开支，很长一段时间东莞明伦堂都处于入不敷出的状况，债务越积越多，至 1925 年，负债达 150 万元。1923 年，广东省省长廖仲恺委任李章达主持东莞明伦堂清理债务，李章达将沙田经理局改组为"东莞明伦堂沙田经理局清理委员会"，开展"更换批约、借约"等工作，然其任期较短，清理工作并未走向深入。1925 年 12 月，总董陈孚木实行了三项措施清理债务：一是重新登记批约和借约；二是发布决不向外借债声明，此后所有以明伦堂为名的新增债务东莞明伦堂概不承认；三是拟定加租和还债简章。这一系列改革举措，为东莞明伦堂后续清理债务奠定了良好的基础，尽管实际上操作困难重重，但至 1936 年所有债务终于还清。

（四）成立教育经费保管委员会

民国初期，东莞教育经费本来由明伦堂管理，1919 年，东莞明伦堂沙田经理局移居广州办公后，为了方便东莞明伦堂沙田经理局所资助各学校经费的支取与管理，在东莞县城内成立了东莞教育经费保管委员会，其委员由东莞县各公办学校推举人员组成。

（五）实施激励学习的留学津贴及奖励金制度

为了扶助莞籍邑外求学青年，东莞明伦堂还拟定了留学津贴及奖励金制度，规定凡到西洋（欧、美）留学的每人每年发放津贴白银 160 两；在广州读书的每人每年发放津贴白银 8 两。其后，又改为每年额定留学津贴，分两季度按人数发给。与此同时,还对学年成绩平均分数 80 分以上,且操行为甲等的学生发放奖励金。随着留学人数的增多,东莞明伦堂又拟定了《东莞明伦堂津贴留学生章程》,改变了留学生津贴的发放办法,一方面增加津贴总额为 14100 元;另一方面严格限定了留学资格以优良学校本科生为准。如广州中山大学、南京中山大学、北平大学、交通大学、清华大学、北洋大学、同济大学、北平税务专门学校等。莞籍名人容庚、郑师许、张仲葛、张荫麟、王宠惠等在求学阶段均为受益者。

东莞明伦堂沙田经理局除资助东莞教育事业外,还力所能及地资助东莞修建孟山公园(现人民公园前身)、建设通俗图书馆、编修县志、开办工艺厂等。

五 沙田经理局整理委员会时期（1928~1937年）的东莞明伦堂

1928 年,李济深回粤任广东省政府主席后,在广东军队中掌握实权的徐景唐、李扬敬、蒋光鼐、王应榆等莞籍人士牢牢掌握了东莞明伦堂控制权,他们主张推翻旧约,另立新约,重新开设,并将"东莞明伦堂沙田经理局清理委员会"改为"东莞明伦堂沙田经理局整理委员会",由此,东莞明伦堂进入沙田经理局整理委员会时期。在 1928 年 5 月至 1937 年 2 月这近 9 年的时间里,东莞明伦堂沙田经理局整理委员会经历了徐景唐、陈达材、王铎声、李明生、林直勉、李扬敬、袁煦圻为委员长的七届整理委员会。其中,徐景唐任内进行了强硬的加租改革。此后各届委员会相继颁布了确立保证财务安全的 6 条准则,建立了独立的财务制度,还清了所有债务,筹建了莞太、莞龙路两条东莞主要干道及寒溪水闸大型水利工程等。东莞明伦堂沙田经理局整理委员会时期是东莞明伦堂历史上继往开来的重要阶段。

(一)会计制度改革

为了改变东莞明伦堂财务管理长期缺乏监督的现象,保障明伦堂财产的安全，1929年，代理委员长陈达材领衔进行了会计制度改革，决定建立财务独立制度，设立财产审核委员会和财产管理委员会，以实现会计、审计以及管理者三权独立，解决明伦堂经费监督不力的问题。他组织草拟了《预算暂行章程》《会计股组织章程》《会计股办事章程》《会计股主任选举章程》等，并呈请广东省政府核准备案。此次会计制度改革不仅在会计股的设置、会计的权限、会计股主任签字的有效性等方面形成了一个完善的独立会计体系，而且以规章的形式固定了东莞明伦堂的预算和决算方式。尤其是会计股主任的设立，是东莞明伦堂沙田经理局整理委员会与地方民选制度有机结合的一个新的尝试。此次改革效果非常显著，至1934年，东莞明伦堂年收入约54万元，还债达29万元。

（二）东莞明伦堂财产保管六条原则及信条碑

东莞明伦堂沙田经理局整理委员会成立后，继续执行陈孚木任期内重新批约升租、逐年还债等规定。为了从根本上铲除明伦堂的债务危机，1929年7月12日，代理委员长陈达材拟定了6条保护东莞明伦堂财产的原则，并公布于《广州民国日报》。一是卖田押田无效；二是借租押租无效；三是一切借款无效；四是于满批一年前预先投田无效；五是投田不预先两个月通告无效；六是支出不按预算无效。在历届整理委员会的努力下，东莞明伦堂所借欠款至1936年终于清偿完毕。为了不使后来管理者重蹈覆辙，1937年1月，第六届整理委员会委员长李扬敬将陈达材所公示的6条永不借债信条镌刻于石上，这就是著名的"东莞明伦堂财产保管确立信条碑"，至今仍立于东莞人民公园内。

（三）助推公共事业发展

各届整理委员会一方面抓整理和改革，另一方面积极筹集款项，不遗余力地助推东莞教育、文化、医疗、慈善等公益事业发展。

一是继续大力发展教育事业。1929~1935年，相继完善了东莞中学建设，增设高中文科班、师范班、初中一班，增办附设小学五、六年级各一班，增办乡村师范班、高中班以及初中班；建设了第三区区立中学（石龙中学前身）、太平县立简易师范学校（东莞师范学校前身）、民众学校、明生学校等一批新学校，建设了第四、七、十一区完全小学各1所，扩建县立第三完全小学等。改革了留学津贴制度，拟定了《东莞明伦堂津贴留学生章程》，增加留学津贴总量至14100元，改变了过去平均分摊的做法，让东莞一大批优秀学生和贫困学生成为留学津贴领取者和奖励金激励的受益者。

二是建设了东莞博物图书馆。1928~1932年，东莞明伦堂拨款2.8万余元修建了350余平方米的东莞博物图书馆。该馆正式开放后，并每月拨经常费120元。

三是大力发展医疗慈善事业。1930~1934年，先后拨款资助了东莞医院、东莞县立国医院（东莞国医支馆）、虎门医院、东莞救济院等医院；1934~1942年，东莞明伦堂资助东莞医院及普济医院分别开办了6期助产士与护士培训班，共培训医护人员100余人。

四是大力发展交通水利事业。1928~1934年，东莞明伦堂筹集资金65万元修建了莞太、莞龙路两条东莞主要干道，还出资参建了宝太公路、惠樟公路。此外，1932~1935年，东莞明伦堂还拨款3万元资助寒溪水闸建设，使得8万余亩田地获利。

五是大力发展实业与林业。1933年，先后拨款6万元开辟新洲商埠；1935年，成立农民借贷所贷款给农民种植甘蔗；1936年，创办"东莞明伦堂宝山示范林场"。

六　两个沙田整理委员会并存时期（1938~1945年）的东莞明伦堂

1938年10月广州沦陷后，东莞明伦堂管理机构形成了原广东省国民政府任命的沙田经理局整理委员会和汪伪政府任命的在广州办公的沙田经理局整理委员会（以下简称"伪东莞明伦堂沙田经理局委员会"）共存的局面。伪东莞明伦堂沙田经理局整理委员会控制了万顷沙围田及其他物业，一些大耕家为了攀附讨好每年向其缴纳数十万元"谷价上涨费"和"公益捐赠费",年收入是国民政府东莞明伦堂沙田经理局整理委员会的数十倍。

(一)伪东莞明伦堂沙田整理委员会

抗战期间,伪东莞明伦堂沙田经理局整理委员会历经了莫振廷、卢德、莫章民和刘包恩四任委员长和委员会。该委员会由于有汪伪政府支持,在日据时期实际履行了原东莞明伦堂整理委员会的大部分职能,其主要工作有以下几项。

一是收回万顷沙业权。1937年抗日战争全面爆发后,汪伪广东治安维持会将东莞明伦堂万顷沙沙田委托给具有日方背景的兴粤公司经营,1940年为日军供应了超1400万斤的粮食。1941年3月,在第二任委员长卢德几经交涉下,东莞明伦堂收回了万顷沙沙田收益之权。

二是成立伪万顷沙自卫局。1940年9月20日,伪广东省民政厅批复同意万顷沙自卫局恢复成立,并改编为"万顷沙联防大队"。

三是完善求学津贴及奖励金发放体系。伪东莞明伦堂沙田经理局整理委员会除继续资助东莞学校办学外,还对以往留学生津贴和奖励金制度进行了增补。第一,针对贫困学生,设定了贷款求学办法。1940年9月,拟定了《东莞明伦堂沙田整理委员会奖励国内外公立专科以上学校学生贷款求学暂行办法》,该办法既可令贫困青年向学,又可待贫困青年参加工作时收回贷款。第二,针对官派就读知名私立学校的学生,设定了津贴奖励办法。第三,针对小学生,增设了小学生津贴费办法。

四是成立施振委员会。1941年,伪东莞明伦堂沙田经理局整理委员会拟定了《东莞明伦堂施振委员会组织章程》,确定了东莞明伦堂施振委员会办理施粥赈济事宜,办公地点位于东莞城内储济仓。1942年,伪东莞明伦堂成立了万顷沙善社开展社会救济。这些举措在一定程度上救济了战争期间饥寒交迫的莞邑贫民。

此外,自1940年底至1945年,伪东莞明伦堂沙田经理局陆续拨款在莞城、中堂、厚街、龙湾的中医施诊所设立西医赠药所;资助东莞普济医院等14家中医施诊所。

五是筹设了莞邑职业救济所。为收容失业贫民，实行以工代赈，生产各种赈灾用品，自1940年下半年开始，伪东莞明伦堂沙田经理局成立了莞邑职业救济所，并编订了《东莞明伦堂职业救济所组织章程》。职业救济所下辖草制厂、腐竹厂、棉织厂、麻织厂、陶瓷厂，共收容贫民工人数千人。

（二）东莞明伦堂沙田经理局整理委员会

与伪东莞明伦堂沙田经理局相比，原东莞明伦堂沙田经理局整理委员会则由于战乱在香港、澳门、曲江几经辗转，1942年12月，位于曲江的东莞明伦堂沙田经理局整理委员会召开莞人大会，改组成立了东莞明伦堂董事会，蒋光鼐当选为董事长。在抗日战争期间，前期的东莞明伦堂沙田经理局整理委员会及后期的东莞明伦堂董事会，主要做了以下工作。

一是设立驻莞办事处（后改为"驻莞通讯处"）。该处地址先后往樟木头、常平、惠州迁移，李威和袁大远先后任主任，主要职责是"督催租项""联络学校和社团""传达本会文件往来""就近照料林场"等。通讯处首要工作是与设在澳门负责收租的委员叶显和会计阮李树联系，收到租银后汇往沙田经理局整理委员会。由于大部分佃户只向伪东莞明伦堂交租，愿意给东莞明伦堂交租的金额也很少，东莞明伦堂沙田经理局收入远不如伪东莞明伦堂沙田经理局的收入。如1942年，前者各田坦收入国币25.6967万元，而后者是前者收入的30.27倍。后来，东莞明伦堂董事会曾不得已向银行借钱度日。

二是维持自卫局组织建设。1938年，万顷沙沦陷后，万顷沙自卫局兵丁星散，形同虚设。1943年2月，东莞明伦堂董事会在东莞常平圩又重新设立万顷沙自卫局，与驻莞通讯处合署办公，主要任务是执行董事会议决案及交办事项，征收万顷沙沙田租项，保卫耕佃之安全，指挥监督所属员役及自卫大队等，但随着1943年12月9日常平沦陷，万顷沙自卫局又遭解散，直到1944年5月，东莞明伦堂董事会又设立万顷沙护沙总队，负责沙田的保护和租金的收取，队员总计有310余人。

三是资助国统区学校的教育。1938年，东莞沦陷后，东莞县立各中小学辗转于香港以及国统区，居无定所，颠沛流离。东莞明伦堂沙田经理局整理委员会虽然事业经费入不敷出，但仍然坚持给国统区的东莞中小学学校发放补助，如1940年，每月补助东莞中学，石龙中学，简易师范学校，私立明生中学，东莞县立第一、二、三、四、六、七小学共计国币8588.2元；1944年，给在常平黎村办学的东莞县立联合中学月拨经费国币3.9万元，给石龙中学每月国币2万元。同时，还给在外读书的上进青年发放留学津贴和奖励金。如1941年，给中山大学、西南联大、中正医学院等学校32名东莞籍同学每人发津贴国币109.37元。1942年，给中山大学、暨南大学、武汉大学、西南联大、浙江大学、同济大学等16所大学的151位东莞籍同学每人发放津贴国币43元等。

七 董事会时期（1945~1949年）的东莞明伦堂

抗日战争胜利后，曲江的东莞明伦堂董事会全盘接收了广州伪东莞明伦堂。此后，东莞明伦堂董事会强化组织建设，整顿沙田事务，大力发展东莞教育、慈善卫生、交通水利等事业，由此，东莞明伦堂进入了最好的发展时期——董事会管理时期。

（一）强化组织建设

一是修订《东莞明伦堂董事会组织章程》。1946年4月28日，东莞明伦堂董事会在广州召开会议，广东军政界最有权威的莞籍人物全部参会。会议修订了《东莞明伦堂董事会组织章程》，确定了东莞明伦堂董事会的宗旨、会址、人员设置、任选资格、会议时间、议决事项、改选要求与资格，等等。会议选举了蒋光鼐为董事长，徐景唐为副董事长，李章达、袁良骅、李节文等4人为常务董事，选举麦骞为首任总干事。总干事下分设总务组、财务组、教育社会组及水利组。后又设立了储运组，合水利组为交通水利组。经过此次会议，东莞明伦堂以莞籍军官为主体，形成了以蒋光鼐、徐景唐等为代表的领导核心。

二是完善东莞明伦堂董事会办事规程。自东莞明伦堂董事会成立后，董事会会议成为决定各项重大事项的重要形式。为保障各项工作规范推进，东莞明伦堂总干事麦骞牵头制定了《东莞明伦堂董事会办事细则》，明确了各组办事流程、办事要求、办事时间等。该办事细则的颁布与实施，使其管理进一步规范化、公开化和民主化。

三是恢复成立东莞明伦堂万顷沙自卫局。1945年10月，东莞明伦堂董事会派麦韶接管了伪东莞明伦堂万顷沙自卫局的所有事务，成立东莞明伦堂董事会万顷沙自卫局，麦韶、袁煦圻、潘耀东、蒋静庵等先后任局长。万顷沙自卫局履行管理与保护万顷沙围田，维护社会治安，催收赋税，协助万顷沙收租办事处收取租谷，开具沙田收割禾票，检验批约，派沙艇护送租谷前往广州、莞城及太平等地谷仓储存，以及执行东莞明伦堂董事会临时决策与指令等职责。1946年，又将抗战期间临时成立的万顷沙护沙总队改组为东莞明伦堂万顷沙自卫大队，下辖3个中队和后备大队，总计兵力达851人，归各局管辖。自卫大队在万顷沙广修工事，设置防守关卡和炮楼，铺设电话，设置通讯排，购置武装汽轮，牢牢控制住了万顷沙。

（二）整顿沙田事务

一是清理与东莞明伦堂相关的汉奸和伪产，对在沦陷时期，凭借敌伪势力抗缴田租之人的田产，一律取消批约，股份充公。

二是追缴欠谷和欠费。1945年9月至10月，先后发布三次通知，要求佃户清缴1944年以前欠租及1945年头季租款，对部分拒缴的佃户，采取"封存存谷，以资抵偿"的强硬态度和手段。

三是实行改革。1945年末，东莞明伦堂董事会将大部分旧约废除，重新开投沙田，并拟定了《东莞明伦堂董事会投田章程》，批期一概10年。通过此次重投，东莞明伦堂董事会不仅达到了加租的目的，还将"银租围"改为"谷租围"，从而摆脱了谷价涨跌的影响，田租收入明显上升，1946年底，围田租谷总收入达1244.2903万斤。

四是申请恢复优惠赋税。1945年12月，广东省政府拟按沙田面积9万亩数征收护沙费用，在董事长蒋光鼐的斡旋下，最后仍按战前基数征收。且东莞明伦堂董事会业主的一半由于用于公益事业豁免缴税，佃户的一半六成用于护沙自卫队的经费，四成缴广东省政府财政厅以作护沙税，东莞明伦堂董事会就此节省了大笔税费。

五是强化万顷沙以外的物业管理。东莞明伦堂除万顷沙围田外，还有牛侧沙围田、漳澎沙围田、鸡抱沙草坦、白鹭洲储济仓田、万顷沙示范农场、樟木头宝山示范林场、大岭山农林垦殖场、莞城公园（今人民公园）内园艺苗圃、万顷沙公局街、万顷沙局涌街、莞城和隆杉店等。抗战后，东莞明伦堂董事会对围田重新招租，对林场、农场进行科学管理，使这些物业收入明显增长。

（三）强化教育规范发展

一是加强战后的教育恢复。首先重新委任各中小学校的校长和管理人员，复课后又着手各增发学校经费及改善教师待遇，又拨临时费修缮或加建必需建筑。从1945年8月至1946年11月底，支出总计经常费国币8493700余元，临时费国币975300余元。1946年后，东莞明伦堂董事会又陆续资助复办和兴建了塘厦中学、竹溪中学、观澜中学、清溪中学、莞旅中学、中正小学、吉云小学、翰香小学、莞义小学、东莞县立农业职业学校、私立石龙初级女子职业学校、香港工商总会义学、妇协幼稚园、普济医院护士助产学校、东莞县民教馆国语训练班、东莞早教社等。其中，东莞县立农业职业学校是东莞有史以来第一所农业职业学校，开创了东莞职业教育之先河。

二是加强教育规范管理。为了推进东莞教育事业的发展，东莞明伦堂董事会于1946年4月下设教育社会组，主管东莞县内教育事务；于1948年成立东莞明伦堂董事会教育委员会，负责推进东莞县教育事宜；同年，又成立东莞明伦堂教育款产管理委员会，主管教育款项的收支。组织机构的完善为教育的规范发展夯实了坚实基础。此外，还制定了"莞邑教育区位计划"，围绕东莞六大区的基层教育、中等教育、专科教育进行了谋篇布局，将18所小学、2所幼儿园、9所中学、2所职业学校、1所师范学校所需经费、分

布区域进行了布局。

与此同时，东莞明伦堂还加强学校校长人才的推荐和遴选，力求推动东莞教育事业的进一步发展。

三是加强教育经费规范利用。东莞明伦堂董事会规范大宗教育经费支出主要有三方面，第一，在教育经常费方面，实行等级分配制。一方面提高学校年度教育经费预算，避免临时变更而影响支出；另一方面，将学校经常费支出以班为单位，分列甲、乙、丙3个等级拨给。教师薪酬也按校长、主任、教员等类别进行相应的规定。第二，在留学津贴及奖励金方面，严格按《东莞明伦堂留学津贴办法》《东莞明伦堂学业奖励金办法》执行。每年拨谷八千担作为留学生津贴，每年拨谷七百担为学业奖励金。对级别范畴、申领资格、申领程序以及申领要求等也进行了严格限定。此外，还规定拨干谷一千担作为各项比赛及学术奖励之用。第三，划拨教育预备费，主要用于修建校舍、充实学校设备，以及新办中学等。

四是加强教育宣传指导。自1946年7月起，东莞明伦堂董事会与《东莞民国报》合办教育专栏，每月资助3万元，登载各项教育消息，各乡公所、各中心学校送阅一份，并张贴公共场所广泛宣传。为了解决东莞教育发展过程中存在的问题，1947年11月，东莞明伦堂董事会实施教育视导计划，组织专员到县内6个区各学校进行较大规模的视导。对校务、教务、学校管理、学校环境、学龄儿童入学比例、社会教育等方面存在的问题进行讨论，广泛征集意见，强化教育行政指导与督导。

（四）参与公益社会建设

一是参与慈善卫生事业建设。东莞明伦堂董事会除设大宗教育经费支出外，还设有社会事业费支出，即慈善经常费和慈善预备费。

慈善经常费主要资助东莞卫生事业。如1945年抗战胜利后，迅速拨款恢复被日军侵占而停办的东莞县立医院、虎门医院；1946年，捐款重修惠育医院（今石龙人民医院）；1947年，合资兴建了东莞明伦堂万顷沙医院等。与此同时，东莞明伦堂董事会还常态化地资助一些卫生机构经常费。

东莞明伦堂董事会的慈善预备费主要用于饥寒、难童等救济和赈灾。例如，1946年，为了解决战后贫民饥寒，东莞明伦堂董事会发放赈灾款总额超2625万元，分两期在石龙、太平、常平、塘厦、中堂等6地施粥；1947年7月，东莞发生洪灾，灾民超30万人，东莞明伦堂董事会拨捐1亿元，干谷1000担，赈灾款3000多万元。

二是参与水利交通事业建设。民国后期，东莞明伦堂董事会积极参与东莞水利工程建设，不仅在董事会下成立了专门的水利组，拟定了《本邑农田水利事业实施办法纲要》，而且还建立了水利建设专账。修建了当时全省最早且最大的怀德水库，以及南畬塱排水工程、潼湖局部排水工程、东岸排水涵洞工程、修围工程、峡口水闸工程、碧桃涌水利工程、西湖挑水坝工程、河田乡防潦工程等。

与此同时，东莞明伦堂董事会还积极参与东莞交通运输工作。如1946年，牵头复办了东莞龙太公司，承办莞龙、莞太两路的交通运输事宜。

三是参与其他事业建设。东莞明伦堂董事会还拨款资助东莞修志局、东莞县总工会、国民党东莞党部、三青团、童子军等；拨款重修袁督师祠（今东莞中学内，1953年拆除）、报功祠（今东莞中学内）、图书馆（今人民公园内）、中山纪念堂（今人民公园内）等；拨款在道滘闸口村建国殇冢，以及珊洲泳场（原为莞城黄屋沙旧址，现为东江大道莞城段）等。

东莞明伦堂董事会时期是东莞明伦堂发展史上组织和制度最完善，公产收入最多，对东莞教育、慈善卫生事业、水利交通事业贡献最大的时期。

（五）中华人民共和国成立后东莞明伦堂董事会被接收概况

1949年10月17日，中国人民解放军粤赣湘边纵队东江第一支队第三团解放了东莞，实行军管制，接管了东莞一切事务，也陆续接管了东莞明伦堂沙田自卫队、广州东莞明伦堂财物档案及香港东莞明伦堂财务档案。1950年后，万顷沙被划为东莞一个特别区，称为"万顷沙军管处农场"，后又改名"东莞县万顷沙国营农场"。1953年，万顷沙划归珠海县第四区（今广州南沙区万顷沙镇）管辖，东莞对万顷沙的管理宣告结束。

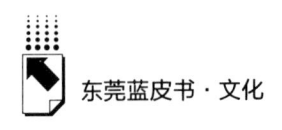

东莞明伦堂董事会时期是东莞明伦堂历史上组织制度最为完善、公产收入最多、对东莞社会公益事业贡献最大的时期，充分展现了战后东莞军政人物积极思变、追求发展、报效家乡的崭新的精神风貌。

八 启示与发展建议

东莞明伦堂的历史是中国历史长河中地方民间组织发展的一段独特历史。因为拥有珠江口万顷沙670余顷沙田，东莞明伦堂从一个略有薄产的精英教育机构演变成为拥有广大沙田公产的地方组织，并在东莞县事务决策与施行中扮演着重要角色，为民国时期东莞教育的发展、人才的培养、医疗的保障、公路和水利基础设施建设发挥了积极且重大的作用。东莞明伦堂历史这种独特和积极的属性，使它成为品质东莞建设中让人自豪和自信的文化底蕴。

（一）东莞明伦堂发展历史对当代的启示和借鉴意义

东莞明伦堂自拥有万顷沙广阔沙田公产后一百年间，尽管经历了公产拨充广雅书院、割县置厅、巨额债务、军阀干预、日伪控制等危机，但仍能不断克服困难，转危为安，且不断兴利除弊，改革创新，发展壮大，为东莞社会事业建设做出巨大贡献，这对于当代社会组织的管理和发展具有重要启示和借鉴意义。

1. 东莞明伦堂管理队伍建设方面的启示和借鉴

东莞明伦堂管理队伍在各历史时期都是公推选出，由东莞精英构成，并且从一开始就是团队管理方式，这保证了东莞明伦堂管理队伍的公信力、能力、民主决策。而且，每当东莞明伦堂遇到困难和危机时，总有人挺身而出，或奋不顾身，或以私济公，或改革创新，推动东莞明伦堂不断发展。这种公选和精英团队管理方式，以及管理者敢为人先、不断改革、报效桑梓的精神都对当代社会组织的管理队伍建设有着重要的启示和借鉴意义。

2. 东莞明伦堂管理机构改革创新方面的启示和借鉴

东莞明伦堂是清末和民国时期东莞最大社会公产的管理机构，管理队伍争权夺利、腐败和管理弊病不可避免，这也导致民国初期累至30多万银圆的负债。但在民国时期，东莞明伦堂能不断主动自我革命，针对内部管理漏洞，先后实施了永不借债等举措，成立了自卫局，进行财务独立改革，改组董事会及内部运行机制，建立严格的规章制度等一系列卓有成效的改革和创新，使东莞明伦堂的管理越来越完善。这种不断自我革命和创新的组织文化对当代社会组织的内部建设有着重要的启示和借鉴意义。

3. 东莞明伦堂利用公产促进社会发展方面的启示和借鉴

东莞明伦堂管理东莞最大的公产，其宗旨应该是利用公产巨额收入为东莞各项社会事业建设服务。东莞明伦堂一贯秉承了这一宗旨，紧密结合时代发展要求和东莞的实际需要，极力促进了东莞的教育、人才培养、交通水利、赈济救灾、医疗卫生事业建设。这对当代国有资产管理机构有着重要启示和借鉴意义。

（二）挖掘和宣传东莞明伦堂这段历史，助力东莞文化强市建设

东莞明伦堂百年历史在中国近代社会组织中极具独特性和积极意义，这对于助力东莞文化强市建设具有重要意义和作用，应进一步加大挖掘和宣传力度。

增设更多的研究课题。通过课题和研究项目促进东莞明伦堂历史发展全貌和细节的研究。

举办研讨会。通过研讨会的方式，促进东莞明伦堂的研究，加深社会记忆。

编撰图书、举办展览。通过通俗易懂的图书和展览促进社会对东莞明伦堂历史的了解。

建设东莞明伦堂多媒体网站。将东莞明伦堂的重要史料、研究成果、相关人物、事件进行数字化加工，建设东莞明伦堂多媒体网站进行宣传。

设立东莞明伦堂博物馆或展览馆。通过博物馆或展览馆设施及文物和文献收藏展示，固化和宣传东莞明伦堂这段历史。

制作视频、电影和电视剧。在条件允许的情况下，可以拍摄短视频、科

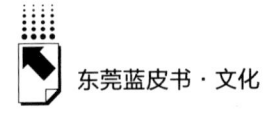

普电影或文学电影等进行宣传。

东莞明伦堂拥有一百余年的历史，这段历史是东莞先人开创的一部从无到有的开拓史，一部不断扩张的奋斗史，一部自我革新的改革史，更是一部报效桑梓的奉献史。

B.17
面向历史文化名城建设的东纵红色文献收藏与利用研究

黎少玲*

摘 要： 革命传统和红色文化是国家历史文化名城内涵的重要部分，东纵红色文献与东纵红色文化对东莞申报国家历史文化名城具有特殊意义。东纵红色文献的开发利用，可以起到保护珍贵文献、助力红色教育、提升城市品质、塑造城市精神和增强城市认同的作用。惠州、广州、香港、清远、汕尾、韶关、河源等多个城市，纷纷争先打造东纵红色文化品牌，其中又以深圳坪山、惠州最为重视，以期成为东纵红色文化的代表。而东莞在东纵红色文献开发利用方面存在缺乏顶层设计、学术研究较少内涵挖掘不够深入、东纵红色文献价值认识尚显不足、对东纵红色文献的开发投入力度仍然不够等问题。因此，应制定东莞红色文化提升规划，加强统筹开发，推进东纵红色文化的学术研究并加强宣传推广，加大对红色文化建设的投入力度。

关键词： 历史文化名城 东江纵队 东纵文献 红色文化

一 研究背景及缘由

（一）研究背景

习近平总书记多次强调：把红色资源利用好、把红色传统发扬好、把红

---

* 黎少玲，东莞市大岭山图书馆副馆长，主要研究方向为图书馆服务体系及地方特色文献建设。

色基因传承好。这为东莞国家历史文化名城建设工作的深入开展指明了方向。东纵红色文化是东莞得天独厚的优势，挖掘利用好东纵红色文献，充分发挥东纵红色文献不可替代的作用，推动东纵红色文化的弘扬，不断扩大东纵精神的影响力，将进一步提升东莞城市文化形象的辨识度、知名度和美誉度，助力东莞创建国家历史文化名城，促进东莞优秀历史文化的传承与发展。

历史文化名城是指保存文物特别丰富，具有重大历史文化价值和革命意义的城市或县区。1982年，为了保护那些曾是古代政治、经济、文化中心或近代革命运动和重大历史时间发生地的重要城市及其文物古迹免受破坏，国务院公布了北京、延安等第一批24座国家历史文化名城。截至2022年，已有140座城市被列为国家历史文化名城，其中广东省的广州市、潮州市、肇庆市、佛山市、梅州市、雷州市、中山市和惠州市8座城市位列其中。

党和国家历来高度重视历史文化名城保护工作，《中华人民共和国文物保护法》《中华人民共和国城乡规划法》确立了历史文化名城保护制度，国务院先后制定了《历史文化名城保护规划规范》《历史文化名城名镇名村保护条例》等法规条例确定国家历史文化名城的保护原则、措施、内容、重点以及申报条件与审批标准。国家历史文化名城保护制度有利于保护文物古迹，推动城市文脉的传承发展；有利于开发文化资源，促进文旅产业发展；有利于促进文化建设，提升城市文化地位与文化形象。

东莞于2011年开始创建国家历史文化名城。近年来，东莞以实施文化名城战略为统领，加快转变文化发展方式，提高文化科学化水平，构建了层次清晰、覆盖面广的历史文化保护规划体系，形成了政府主导、全社会共同参与的文化发展格局，文化事业和文化产业日益繁荣，成为"国家公共文化服务体系示范区""国家公共文化服务标准化试点城市"，创建工作取得了长足进步和显著成效，正一步一个脚印地向国家历史文化名城迈进。

习近平总书记指出：红色资源是我们党艰辛而辉煌奋斗历程的见证，是最宝贵的精神财富。红色血脉是中国共产党政治本色的集中体现，是新时代中国共产党人的精神力量源泉。《关于审批第三批国家历史文化名城和加强保护管理请示的通知》明确提出，我国的历史文化名城体现了中华民族的悠久历史、灿烂文化和光荣革命传统。光荣革命传统就是近现代中国共产党团结带领全国人民在中国重大历史关头和转折时期进行革命、建设和改革的奋斗时间中锻造形成的革命文化与革命精神，第一批入选国家历史文化名城的遵义、延安，以及后来入选的南昌、琼州、嘉兴、惠州等许多城市，红色文化都是其核心要素之一。永不褪色的东纵红色文化和薪火相传的东纵革命精神是东莞历史文化中浓墨重彩的一笔，东莞应该予以高度重视与大力弘扬。

红色资源是光荣革命传统的生动载体和鲜活见证，东纵红色文献是东莞东纵红色文化的历史勋章，进行东纵红色文献的收藏与利用研究，就是在贯彻落实习近平总书记的重要讲话精神，就是在继承发扬东莞的光荣革命传统，就是在全力助推东莞创建国家历史文化名城。

（二）研究缘由

为了探索东纵文献的社会价值，本文课题组对东纵文献进行收集、整理，并对红色文献在历史文化名城中的作用展开了研究。研究认为，东纵红色文献是东莞红色文化的载体，它记录了东纵战斗岁月和发展历史，东纵文献对东莞创建国家历史文化名城有着至关重要的作用。2015年，惠州成功入选国家历史文化名城，东纵红色文化是其重要的加分项。

研究发现，东莞对于东纵红色文献价值认识尚显不足，关于东纵红色文献的学术研究较少，不能很好地指导相关文化建设与工作实践；对东纵红色文献的开发投入力度仍然不够，专项经费投入缺失，使得东纵红色文献的建设与开发利用如无源之水，难以长期为续。针对这些问题，课题组就东纵红色文献收藏和利用与东莞创建历史文化名城建设问题做了进一步研究，以期对东莞历史文化名城建设有所裨益。

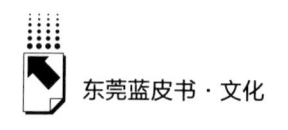

二 东纵红色文献对东莞创建国家
历史文化名城的意义

（一）东莞创建国家历史文化名城的政策与行动

东莞市为首批广东省历史文化名城，历史悠久，人文荟萃。东莞为岭南古邑，春秋时为百粤地，秦汉时属南海郡，东晋咸和六年（331年）立县，唐至德二年（757年）更名东莞，1985年撤县设市，1988年升为地级市，有近1700年立县史。2011年2月，东莞市委、市政府做出建设"文化名城"的战略部署，明确提出申报国家历史文化名城的工作目标。

2011年2月，东莞制定了《东莞市建设文化名城规划纲要（2011—2020年）》，计划用十年时间创建国家历史文化名城。国家历史文化名城创建工作将分为历史文化名城保护体系和文化遗产保护体系两大内容。在历史文化名城保护体系方面，东莞加紧编制名城保护规划、认定和评定历史文化街区和历史建筑、整治修缮历史文化街区和历史建筑、完善保护管理措施。在文化遗产保护体系方面，东莞公布了不可移动文物名录，增加文物保护单位数量、提高保护等级、整治修缮文物保护单位，增加非遗名录数量、提高非遗名录等级，同时，重点突出"林则徐虎门销鸦片"这一历史品牌。

为了实现上述目标，东莞坚持了历史文化名城创建的法治化道路，先后出台了一系列文件、规定和管理办法，持续推动相关建设。2013年，《东莞市历史文化名城保护规划》编制工作进展顺利，初步形成了规划方案。2014年，东莞完成了《东莞市历史文化名城保护规划》的编制，制定了《东莞市历史文化街区保护条例》与《东莞市历史建筑管理规定》。2015年东莞出台了《东莞市申报国家历史文化名城实施方案》，提出在莞城、东城、南城、万江、寮步等中心城区范围内，甄选6处以上的历史文化街区和50处以上的历史建筑，推动南城蚝岗遗址、广深铁路石龙南桥旧址申报全国重点文物保护单位，组织石龙公园旧址、东城榴花塔和余屋牌坊、凤岗雁田人民抗英指挥部旧址、清溪松岗碗窑遗址、道滘大坟等文物申报广东省文物保护单位。2017年东莞市政府公布了《东莞市人民政府关于进一步加强文物工作的实施意见》，该实施意见鼓励对南社等传统村落进行分类分级保护和利用，并规划建设东莞市博物馆新馆、袁崇焕博物馆、蒋光鼐博物馆、完善国有博物馆体系。在非国有博物馆方面，重点引导企业发展产业类博物馆，推动博物馆由数量增长向质量提升转变，提升陈列展览质量和服务水平。2019年东莞市人民政府出台了《东莞市历史文化名城、名镇、名村保护管理规定》《东莞市历史建筑保护管理办法》《东莞市历史文化街区保护管理办法》《东莞市历史文化名城保护社会资金引入管理办法》。

在这些法规的保护和指引下，东莞完成了历史文化名城保护体系和文化遗产保护体系的所有目标和任务，取得了日新月异的成绩，提升了东莞城市品质和社会影响力。

（二）东纵红色文献对东莞创建历史文化名城的重要作用

东莞是华南抗日根据地，东江纵队在抗日战争期间的27场重要战斗，有10场在东莞打响。擦亮近代史开端和东纵红色文化名片，挖掘其文化内涵，弘扬革命精神，是东莞创建历史文化名城的重头戏。

东纵文献是红色文化的载体。它是东莞红色文化生动载体和鲜活见证，它记录了东纵战斗岁月和发展历史，承载了红色文化所彰显的爱国情怀、民族大义、崇高理想、革命精神和优良传统，蕴含着革命先辈不怕牺牲、无私无畏、前赴后继、不屈不挠、一往无前的革命英雄主义精神，是支撑东莞建设国家历史文化名城的文化源泉和思想根基。

东纵文献在东莞历史文化名城建设中的作用主要表现在以下四个方面。

一是保护珍贵文献，筑牢文化根基。文献是文化的根基，地方文明的传承要求加大地方特色文献的保护力度。保护东纵红色文献的实质，就是筑牢东莞东纵红色文化的根基，就是在传承东纵红色文化与革命精神。

二是助力红色教育，传承红色基因。东纵红色文献是东莞光荣革命传统教育的本土教材，是党史教育的生动资源。利用东纵红色文献对广大党员和

群众进行党建、党史、革命传统、爱国主义教育，为历史文化名城建设提供精神动力。

三是提升城市品质，推动文化创新。文化品质是城市品质提升的灵魂，东纵红色文化中蕴含着爱国、奋斗、奉献的精神，是东莞城市文化品质的核心内涵。加强东纵红色文化建设，是提升东莞城市品质的关键。文化品质需要文化品牌的支撑，东纵红色文化是东莞城市文化的品牌，东纵红色文献的沉淀和开发，可以助力东纵红色文化产业发展，实现红色文化资源优势转化及其经济价值。

四是塑造城市精神，增强城市认同。城市精神源于城市不同时期的历史文化积淀，是一个城市的灵魂和生命。红色文化中的理想主义、英雄主义、乐观主义和集体主义可以丰富东莞城市精神的内涵，在东莞城市文化建设中起到引领作用。

三　东纵红色文献收藏与利用现状

（一）东纵红色文献收藏现状

东江纵队文献泛指记录东江纵队成立、发展及抗日斗争的历史信息的一切文献资源，它既包括1938~1946年关于东江纵队的历史档案、报刊资料、书信文件等原始文献资料，也包括新时期出版的与东江纵队相关的历史资料汇编、回忆材料、纪实文章、口述历史、照片地图等文史资料。大岭山图书馆在实践工作中还把与东江纵队有关的学术著作、访谈视频、照片、优秀创作作品等纳入东江纵队文献特藏之中。

东纵原始文献主要收藏在中央档案馆、广东革命历史博物馆、东江纵队纪念馆，以及东莞、深圳及惠州的党史研究部门中，东江纵队老战士联谊会以及老战士后人也有少量收藏，以历史文件、报刊资料和历史照片为主。经过数十年的研究和整理，这些原始资料大部分已编印出版，例如《东江纵队史料》《东江纵队志》《东江纵队图文集》等。新时期出版的相关著作与资料，不少图书馆有所收藏，但未成体系。据调查，大岭山图书馆是目前收藏东纵文献最为齐全、数量最多的基层公共图书馆。

近年来，随着红色文化日益重要，东纵红色文献的收藏也日益引起各地的重视。在深圳，最早筹建的东江纵队纪念馆在建设之初，就从老战士手中收集了许多珍贵资料；深圳罗湖区收集整理东江纵队珍贵的历史资料，并归纳建设成系统全面的东江纵队历史资料研究数据库；深圳图书馆于2020年启动"深圳记忆·红色寻踪"项目，对东江纵队的老战士们进行了口述历史的采访，通过梳理深圳红色革命历史，抢救性记录老战士口述历史，探访现存红色史迹，保存城市红色记忆。在惠州，东江文化两纵历史研究会一直在抓紧时间采访老同志、老战士，帮助他们整理宝贵的东纵革命历史资料；在东湖旅店的维修保护工作中，也收集整理了不少东江纵队营救中国文化名人的文献材料。在广州，广东革命历史博物馆、广州市委党史文献研究室等部门也持续地关注、收集相关的珍贵史料。在东莞，广东东江纵队纪念馆、大岭山图书馆也不断地通过捐赠、访求、采购等形式，征集东纵有关的图书、报纸、照片等资料。

（二）东纵红色文献利用现状

目前东纵红色文献主要用于学术研究、宣传教育和文艺创作等领域，具体包括党史军史及红色文化研究与出版、地方文化宣传与革命教育、影视动漫与音乐戏剧创作等。

东江纵队是中国共产党、中国人民解放军相关历史的重要组成部分，对其的研究离不开东纵红色文献的支撑，东江纵队的研究已经产生了许多有价值的成果，其中相关的学术论文近千篇，并出版了一系列学术专著、研究报告和革命历史读物，例如《东江纵队历史图集》《东江纵队口述史》《东江纵队抗日英雄传奇系列》等。值得一提的是，深圳罗湖区建设东纵数据库，利用数字及网络手段展示与东纵队相关的历史资料、战斗故事、人物传记、相关活动文献、革命文物，多角度、全景式地再现了东江纵队从成立到扩建为中国人民解放军两广纵队的光辉历程供广大市民在网上点击下载或阅读。

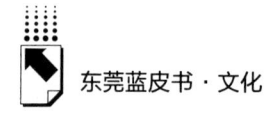

还有大岭山图书馆也建设了东纵红色文献知识图谱，开展东纵红色文献挖掘和服务创新。

在地方文化宣传与革命教育方面，东莞、惠州和深圳三地的东江纵队纪念馆，均长期展出与东纵相关的历史照片和文物，开展各式各样的展览和其他东纵红色文化推广活动，例如广东东江纵队纪念馆，展示了大量珍贵的历史照片、文献资料、武器装备等各类文物，系统地展示了东江纵队为民族解放事业浴血奋战的光辉历程；惠州东江纵队纪念馆长期展出500多幅真实的历史照片及相关文物，集中呈现了10位英雄人物和5个英雄集体的光辉事迹。此外，与文旅、青少年教育深度融合，开展红色旅游、树立革命人物榜样、革命故事进课堂等活动。例如东莞充分利用广东东江纵队纪念馆、中共东莞县委机关旧址等红色革命资源，打造历史文化游径，推出"东江纵队革命风云"红色经典旅游线路；惠州利用文献记载，向上报送著名抗日英烈和英雄群体名录等。

在影视动漫与戏剧小说创作等方面，东纵红色文献滋养了无数优秀作品。例如纪录片《时代真相东江纵队》《港九独立大队》等，电影《明月几时有》《东江特遣队》等，电视连续剧《东江纵队》《东江往事》《秘密大营救》《秋蝉》等，动画《东江纵队的抗日故事》，粤剧《东江纵队》，舞台剧《火种》，小说《东江纵队》《东江纵队传奇》《东江剑魂》等，连环画《东江纵队小故事》等，成果丰硕。

在东纵文化的研究方面，历史上与东江纵队相关的各个城市纷纷开展东纵红色文化的研究活动，论证东纵红色文化与本地的密切关系，努力打造东纵红色文化品牌，以期成为东纵红色文化的典型代表。在这其中，作为东纵诞生地的深圳、作为东纵抗日根据地总部及多场重要战斗旧址的东莞、作为东纵北上重要战场的惠州，先天条件最为有利。三地分别建设了东纵纪念馆，也都积极开展东纵历史研究活动。2015年，惠州成功入选国家历史文化名城，东纵红色文化是其重要的加分项。近年来，深圳对东纵红色文化的开发和利用愈加重视，从文献收集整理，到东纵研究与民间活动引导，再到东纵文化影响力的打造，都投入了大量的人力、物力。

四　大岭山图书馆东纵红色文献收藏与利用

（一）大岭山图书馆东纵红色文献收藏与数字化

1. 大岭山图书馆东纵红色文献收藏

大岭山图书馆东纵红色文献的收藏始于21世纪初。2003年，图书馆员何柱辉在参与筹建东江纵队纪念馆的过程中，接触到了大量的历史档案，拍摄了数以千计的革命遗址、人物及资料照片，并收藏了《东江纵队志》等第一批图书资料。2010年，馆员欧阳锦贤在何柱辉影响下，通过访求、交换、购买等方式开始系统收集东江纵队有关文献，至2018年，相关图书已有100余种近200册，基本上涵盖了所有与东江纵队有关的正式出版物。

2019年，面积39884平方米、藏书20余万册的大岭山图书馆新馆建成开放。为了保存地方文化成果，更好地服务于地方经济社会的发展，大岭山图书馆成立了"地方文献征集工作小组"，出台了《大岭山图书馆地方文献管理办法》，东纵文献被列为重点藏书。

随后，大岭山图书馆进行了东纵文献的全面调研工作，形成了收藏目录和工作方案。一是定向征集，向东江纵队纪念馆、东莞市党史研究室、大岭山镇文广中心等单位请求转交或复制有关资料。二是特别采购，通过孔夫子旧书网等平台，购置未入藏的文献；通过超星等数据库商，购置相关电子图书等。三是析出文献，从民国报刊、广东党史、东莞县志等文献中，采集与东江纵队有关的篇章。四是网络下载，包括相关研究论文、网络图片、音视频资源等。五是公众征集，面向大岭山镇乃至全市公众征集有关资料。2020年底，专项收集工作完成，取得了较为丰富的成果。

截至目前，大岭山图书馆基本建立起了覆盖面广、类型多样、特色明显、具有一定规模的东纵文献特藏，共有图书、老照片、信件、内部资料等纸质文献1407件，电子图书、电子图片、音视频、电子文档等数字资源9355份。类型包括历史文件、历史报道、老照片、地图、信件、日记等革命史料，回忆录、访谈录等回忆材料，人物传记、报告文学、纪录片、纪念文章的纪实资料，学术著作、期刊论文等研究成果，媒体报道、电视节目等传播材料以及少量优秀的历史故事、战斗歌曲、革命小说等创作作品。

2. 大岭山图书馆东纵红色文献数字化

大岭山图书馆在专项收集工作开始之时，就同步进行纸质文献数字化和元数据标引工作。纸质文献数字化主要包括扫描和内容析出两个过程。在扫描过程中，图书、内部资料和信件被加工成为图像加文本的双层PDF，照片则直接被扫描为电子图像。与其他同类资源数字化建设不同的是，大部分东纵图书和内部资料都是汇编而成，因此将内容按篇析出，可以更好地揭示文献内容，而且将其中的图像析出保存，也可以进一步丰富馆藏。

基于都柏林核心元数据集（DCMES），大岭山图书馆制定了东纵文献元数据规范和著录规则。著录规则对著录文字与符号、著录项目、著录细则等内容进行了说明，并给出了著录实例。与同类数据库不同的是，东纵文献元数据中特别强调了涉事时间、地点、人物、事件的著录，从而对文献内容进行了一定程度的揭示。

在制定了元数据规范和著录规则基础上，大岭山图书馆全面开展东纵文献的元数据标引工作，最终形成了数据记录15343条，建成了东纵文献数据库。

相比于同类数据库而言，大岭山图书馆进一步分析和组织元数据记录，形成文献信息表、主题词表、人物表、事件表、地理信息表、时间信息表等，并设计本体模型，规范字段取值，深入挖掘不同文献资料之间的联系，并连接第三方开放关联数据集，从而构建东纵红色知识图谱，实现文献的深入组织和内容的深度利用。

知识图谱建成后，会自动将文献之间的关系，文献中历史事件、人物、时间、地点之间的关系进行抓取和呈现，会更清晰地揭示革命历史事件的发展逻辑和人物关系，以及文献资料之间的联系，会直接促进东纵文献服务的创新。

（二）建设和开发"大岭山之歌红色文化展示中心"

为了使馆藏东纵文献得以充分利用，大岭山图书馆以东纵文献数据库为支撑，筹建了"大岭山之歌红色文化展示中心"，该中心位于图书馆二楼，占地 230 平方米，设计规划了"数字文化长廊""《大岭山之歌》词谱墙""数据库互动平台""东纵主题文献区""民众抗战形象浮雕墙""革命旧址体验区""老战士重返大岭山"七个功能区；以这种形式，挖掘红色文献，提高红色文献的利用率。

1. 讲述人民群众的红色故事

大岭山抗日根据地之所以能在大岭山落地扎根，很重要的一个因素是得到了人民群众的大力支持。因此，展示中心突出了根据地人民群众。其呈现手法有二，一是通过大屏"数字文化长廊"，讲述根据地人民群众的故事。将东纵和根据地有关的史料按不同主题加以开发，用书影、文字、图片、数据、视频的方式加以展现，滚动轮播。让东纵文献内容"活"起来、"动"起来和"连"起来，增强互动性和体验性，让尘封在文献中的抗战故事和精神被重新发现。二是通过"大岭山之歌"浮雕艺术墙，展示人民群众支援抗战的形象。展现的典型人物、典型事例有四个，分别是：儿童团长林树连、英雄母亲李淑桓、百花洞支前、葵衣队打鬼子。彰显了老区人民在革命年代支援根据地、支援抗战的英勇气节和历史作用。让人们记住老区人民为革命事业做出的历史贡献。

2. 展现根据地的历史贡献

展示中心设计了革命旧址的体验区，选择了三个发生在大岭山且对东纵根据地建设具有重大意义的革命旧址。

一是东纵历史上第一份报纸：《大家团结报》。1941 年 1 月，广东人民抗日游击队在东莞大岭山区活动的第三大队，创办了《大家团结报》。《大家团结报》创办的口号是"刻一个字就是向敌人射出一颗子弹！"，该报是东纵机关报《前进报》的源头。

二是东纵历史上第一期军政干部训练班：中山书院旧址。1941 年 7 月，

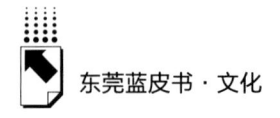

东纵第三大队在大岭山大王岭村创办了一所"中山书院",书院调集较高水平干部任教员,仿照陕北公学的办学方法,举办了一期干部训练班,招收东莞、广州、香港、九龙等地的知识青年数十人,学习政治、文化、时事政策等。学员经过短期培训,结业后分配到部队和地方工作,为部队和地方输送了干部。

三是大岭山第一个党支部:太公岭村党支部。1938年5月,张英在太公岭成立了党支部,张英任支部书记。太公岭党支部是大岭山最早的基层组织。党领导开展的统战、群众、武装工作,为东纵抗日根据地的发展奠定了一定基础。

革命旧址体验区的这三个场景,再现了战争年代党组织办报,培训干部,发展党员的历史,印证了东江根据地的各项胜利离不开党的领导,离不开党的群众路线。展示中心的建设,让文献中的故事重新走进人们的视野,让东纵精神重新焕发夺目的光辉。

(三)大岭山图书馆东纵红色文献建设评估

1. 探索初见成效,彰显东纵文献价值

大岭山图书馆东纵红色文献的开发实践,一方面,历经20年的辛勤收集、整理东纵红色文献,目前已基本建立起了覆盖面广、类型多样、特色明显、具有一定规模的东纵文献特藏,其中纸质文献1407件,数字资源9355份,建成了东莞规模最大的东纵红色文献特藏,保护了东莞珍贵的地方文献,为东莞东纵红色文化的宣传与文艺创作、东纵红色文化研究提升、东纵红色文化弘扬奠定了良好的基础,其收藏理念也具有时代先进性。

另一方面,大岭山图书馆在东纵红色文献的数字化建设、服务空间打造、资源服务创新方面进行了有益探索。在新时代讲好红色故事,让红色文化触手可及。大岭山图书馆在充分运用互联网技术的基础上,实现常态化线上服务,满足公众通过互联网获取东纵红色文献、查询东纵知识等需求,满足人们从人物、时间、地点、事件等不同角度切入通过动态知识关联方式挖掘东纵故事的需求,实现从长时期、大地理的尺度纵览东纵历史的需求。

大岭山图书馆的实践,已经获得了许多媒体与学者的关注,其收藏也深

受读者喜爱,初步彰显了东纵红色文献的价值。

2. 单馆力量薄弱,经费投入十分有限

大岭山图书馆作为一个镇级图书馆,人员编制与经费十分之少,虽然从馆领导到具体馆员,二十年来都极为重视东纵红色文献特藏的建设,但毕竟单馆力量薄弱,建设成果仍达不到不可替代的程度。一方面,虽然收集到了绝大部分正式出版的东纵红色文献,但是,没有精品,没有原始文献,对流落在民间的与东纵有关的原始文献,囿于经费,没有去收集。对散落在东纵后人手中的一些珍贵资料,限于精力,也没有去挖掘。另一方面,由于经费有限,对东纵红色文献的整理与利用,仍以尝试性为主,尚不能大规模地开展相关内容的建设和创新性服务。

东纵红色文献要有效服务于东莞国家历史文化名城建设,单靠大岭山图书馆的力量是远远不够的。目前收藏东纵文献的机构除了大岭山图书馆、东莞图书馆、莞城图书馆等图书馆外,还有东莞党史办、东纵纪念馆等多家单位。这些单位的资料没有实现资源共享,没有形成资源合力,在很大程度上影响了利用。而且,大岭山图书馆作为文献收藏机构,优势在于文献的收藏和处理,对于文献中红色文化精神的阐发、挖掘利用和宣传,必须依靠东纵纪念馆等专业机构的专家和学者、依靠更广大的文艺创作者,如此才能产生鲜活的红色故事和文艺精品。

五 东纵红色文献建设问题分析

(一)缺乏顶层设计,支撑作用发挥不强

大岭山虽然是东纵抗日革命根据地所在地,但东纵红色文化并非大岭山独有,而是整个东莞红色文化的主要部分,对东纵红色文献的收藏、整理、挖掘和利用,也并非大岭山图书馆一馆之事,而是应该上升到全市文化建设的高度。由于缺乏市级层面的顶层设计,大岭山图书馆的实践,对东莞创建国家历史文化名城的支撑作用的发挥仍然不强,尚未进入东莞创建国家历史

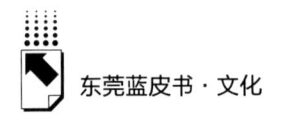

文化名城的行动之中。

已批准的国家级历史文化名城中，遵义、延安、南昌等都是以中国革命发生重大历史事件的重要城市著称并成为历史文化名城的。要有效发挥东纵红色文献对东莞创建国家历史文化名城的支撑作用，市一级的战略规划、市一级的顶层设计、市一级的统筹协调必不可少。只有东莞市真正重视东纵红色文化，才能真正有效地调动宣传力量，唤起社会活力，打造东纵红色文化建设的热潮；才能使得全市一盘棋，切实地推进东纵红色文献的广泛收集与整理；也才能更好地促进东纵红色文化的开发与利用，推动相关文艺创作与文化创新工作的实际开展。而且，只有通过全东莞的统一行动，才有可能在与深圳、惠州等城市的友好竞争中不落下风。

（二）学术研究较少，内涵挖掘不够深入

大岭山图书馆在东纵红色文献的收藏与利用过程中发现，东莞对于东纵红色文献的学术研究较少，不能很好地指导相关文化建设与工作实践。一方面，对于东纵历史、东纵红色文化的研究，总体来说，仍然较少，东莞本土缺乏东纵研究的学术大家与领头人物，无法给予大岭山图书馆很好的理论指导；另一方面，大岭山图书馆虽然建成了东纵红色文献数据库，但是数据库并不被东纵研究者所了解。研究东江纵队的学者比较分散，没有专门的研究机构，没有一个聚拢研究队伍的工作平台。

大岭山图书馆在思考如何将东纵红色文献服务于东莞创建国家历史文化名城之时，陷入了很大的困境。对于将东纵红色文化融入东莞国家历史文化名城建设的研究和论述，十分稀少，尚未有课题、论文深入地研究这一问题。这在某种程度上，也说明东纵红色文化尚未得到足够的重视，目前，东纵红色文化的内涵挖掘较浅，例如红色革命事件和英烈事迹仅以历史叙述的方式呈现，故事感不强，很难引起人们的共情共鸣；红色文化表达方式创新性不够，新技术在红色遗址遗迹中的应用力度不大，不少红色景点停留在遗址参观、图片展览和物品展示阶段；红色遗迹陈列布展内容简单重复、主题不突出、体验性项目较少。总体而言，难以有效满足国家历史文化名城建设的高度要求。

（三）东纵红色文献价值认识尚显不足

在《东莞市建设文化名城规划纲要（2011—2020年）》中，虽然提出加强大岭山抗日根据地文化资源的保护与利用，做大做强东纵红色旅游文化，但其主要着眼于东纵抗日遗址及旅游开发。在东莞创建国家历史文化名城的行动中，也没有提出加强东纵红色文献整理与研究，以促进东纵红色文化作用发挥的要求。东莞市委党史研究室主任李炳球曾建议："加强东莞历史史料的搜集、整理、挖掘、研究、出版等，让东莞文化得到更好的留存、开发，让东莞文脉永久留存、夯实东莞城市底蕴、滋养城市文明。""对自梳女历史、新中国社会主义建设历史、东纵历史、改革开放历史等进行抢救性挖掘和研究，对当事人和主政者开展'口述史'资料留存和整理研究。"东纵红色文化对东莞创建国家历史文化名城具有重要价值和特殊意义，东纵红色文献的作用不可或缺，但总的来说，东纵红色文献的价值尚未得到应有的重视。

一方面，东纵红色文献的收藏，仍是东纵纪念馆、东莞党史研究室、东莞图书馆、大岭山图书馆及个别收藏家自发的收集行为。这既体现出了一种文化自觉，也反映出了东纵红色文献收藏力量各自为战、缺乏交流、缺乏统筹的实际情形。这就导致了东纵红色文献收藏不成体系、规模偏小的问题。

另一方面，东纵红色文献的利用，没有形成高效机制，没有走入良性循环。首先，缺乏东纵红色文献学术研究活动的开展，没有产生足够多有影响力的学术成果，没能哺育相关事业的发展。其次，缺乏完整、方便的东纵红色文献及相关数据的服务平台，以东纵题材的文艺创作、群众活动开展，往往缺乏材料、内容的支撑，极大地束缚了东纵红色文化的创新性转化，阻碍了市场力量的发挥，进而导致了东纵红色文化弘扬的困境。

（四）对东纵红色文献的开发投入力度仍然不够

特色文献的开发是一项需要长期投入的事业，只有经过积累，才有可能形成体系、形成规模，进而形成独具一格、价值显著的文献特藏。东纵红色文献数量稀少、类型多种多样、分布极其分散。而且，东纵红色文献基本属于民间历史文献，年代久远，保存不易，且大部分只有单件，随着时间的推移，已经具有了文物的特性，因此十分珍贵，许多机构和收藏家都虎视眈眈。因此东纵红色文献的收集，不仅面临着价格昂贵的问题，还面临着激烈的竞争。大岭山图书馆自20年前由馆员自发收集东纵红色文献以来，一直是个别馆员的默默付出，直到近些年大岭山新馆建成，将东纵红色文献作为地方特色文献建设重点时，才开始有少量经费投入。东纵红色文献是东纵红色文化的直接体现，东莞要在深圳、惠州等一众城市的竞争之中，守住东纵红色文化代表城市的共识，当前在东纵红色文献的开发投入方面是远远不够的。

一方面，东莞没有设立东纵红色文献建设、研究的专门机构或协调机构，虽然广东东纵纪念馆肩负东纵历史文物的收藏责任，但文献的挖掘和开发并不是其业务的核心。虽然东莞市图书馆拥有不菲的地方文献建设经费，但由于其在东纵文献收藏方面没有太厚实的基础，且收藏难度较大，因此在这一方面没有大的行动。这就导致了政策投入、人力投入的不足，东纵红色文献的开发就没有专门的人去关心、推动和落实。

另一方面，没有设立用于东纵红色文献建设和开发的专项基金。东纵红色文献的收藏，只能从相关机构的业务经费、建设经费里面协调，往往杯水车薪，对于文献价值较高的资料，往往错失良机，无法收藏。在文艺创作方面，一些东纵题材的文化精品，只能从大的文化建设工程中争取相关的经费支持，或者参与评选，才有可能争取到一定的资助。专项经费投入的缺失，使得东纵红色文献的建设与开发利用如无源之水，长期来讲难以为继。

六　红色文化建设的对策建议

（一）制定东莞红色文化提升规划

需要有关部门从顶层规划全市红色文化的建设目标和发展思路，保证东纵红色文化发展的有序推进和持续发展。

（二）加强东纵红色文献建设的统筹开发

第一，将东纵文献纳入全市图书馆服务体系资源建设。由东莞市图书馆下文，指导、鼓励市属各分馆，利用各种人脉线索，挖掘和收集散落在本镇（街）民间与东纵有关的各种文献资料。

第二，开展东纵红色文献整理与数字化工程。由市委宣传部牵头，统筹协调各个东纵红色文献相关收藏与建设单位，摸清东纵红色文献家底，开展数字化建设，采用本市研究机构、博物馆、图书馆、纪念馆东纵文献资源统一的共建共享平台。

（三）推进东纵红色文化的学术研究

第一，成立红色文化研究智库。通过智库平台，聚集红色文化研究人才，专心研究东莞红色文化；加强与学术界的沟通和合作，积极发挥高校和科研院所在红色文化研究方面的积极性。在学者的帮助下，提炼东纵红色文化核心精神，促进红色文化与时代精神的有机融合。

第二，将红色文化研究纳入社科研究规划。此举对于激励和推进东纵红色文化的学术研究，扩大东纵红色文化外延，支撑东莞红色文化创新，将起到重要作用。

（四）加强红色文化的宣传推广

第一，设立"东莞红色文化节"。大岭山"红色文化节"，已经成功举办了四届，产生了较大的影响力。建议提升该节庆规格，举办市级层面的"红色文化节"，从更高层面宣传东纵红色文化，以此提升东纵红色文化的宣传力度和影响力，为建设"湾区都市，品质东莞"装上"红色引擎"，赋予"红色动能"，注入"红色力量"。

第二，加强红色文化的宣传推广。提炼东纵红色文化的宣传口号、设计东纵红色文化的元素，在城市主要街区、标志性建筑物、地铁、公交站牌、城市路灯等地方进行点缀和宣传。

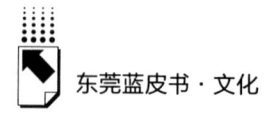

第三，开展东纵题材文化精品创作工程。通过立项、评选等方式，资助、支持一批以挖掘利用东纵红色文献为基础、以阐发东纵红色精神为题材的文化精品创作，打造东纵红色文化落地的成果，为国家历史文化名城的创建增加实实在在的砝码。

（五）加大对红色文化建设的投入力度

设立东纵红色文献与东纵红色文化专项基金，以专项经费的形式支持东纵红色文献的收藏开发与东纵红色文化的研究创作。

东纵红色文化，是东莞历史文化名城建设的文化亮点。擦亮这个文化名片，挖掘其文化内涵，弘扬革命精神，是东莞创建国家历史文化名城的重要内容。加强东纵红色文献开发利用和东纵红色文化学术研究，不断创新红色文献服务方式，创新红色文化传播方式，助力文旅产品开发和红色文化新业态发展，是展现东莞城市红色文化魅力、增强群众对红色文化的参与感和认同感的最佳选择，也是助力东莞国家历史文化名城建设的可靠路径。

参考文献

［1］胡迎春、曹大贵：《南京提升城市品质战略研究》，《现代城市研究》2009年第6期。

［2］宫丽：《社会主义核心价值观与城市精神的融通建构》，《科学社会主义》2014年第5期。

社会科学文献出版社

皮 书
智库成果出版与传播平台

❖ 皮书定义 ❖

皮书是对中国与世界发展状况和热点问题进行年度监测，以专业的角度、专家的视野和实证研究方法，针对某一领域或区域现状与发展态势展开分析和预测，具备前沿性、原创性、实证性、连续性、时效性等特点的公开出版物，由一系列权威研究报告组成。

❖ 皮书作者 ❖

皮书系列报告作者以国内外一流研究机构、知名高校等重点智库的研究人员为主，多为相关领域一流专家学者，他们的观点代表了当下学界对中国与世界的现实和未来最高水平的解读与分析。截至2022年底，皮书研创机构逾千家，报告作者累计超过10万人。

❖ 皮书荣誉 ❖

皮书作为中国社会科学院基础理论研究与应用对策研究融合发展的代表性成果，不仅是哲学社会科学工作者服务中国特色社会主义现代化建设的重要成果，更是助力中国特色新型智库建设、构建中国特色哲学社会科学"三大体系"的重要平台。皮书系列先后被列入"十二五""十三五""十四五"时期国家重点出版物出版专项规划项目；2013~2023年，重点皮书列入中国社会科学院国家哲学社会科学创新工程项目。

皮书网

（网址：www.pishu.cn）

发布皮书研创资讯，传播皮书精彩内容
引领皮书出版潮流，打造皮书服务平台

栏目设置

◆ 关于皮书

何谓皮书、皮书分类、皮书大事记、
皮书荣誉、皮书出版第一人、皮书编辑部

◆ 最新资讯

通知公告、新闻动态、媒体聚焦、
网站专题、视频直播、下载专区

◆ 皮书研创

皮书规范、皮书选题、皮书出版、
皮书研究、研创团队

◆ 皮书评奖评价

指标体系、皮书评价、皮书评奖

◆ 皮书研究院理事会

理事会章程、理事单位、个人理事、高级
研究员、理事会秘书处、入会指南

所获荣誉

◆ 2008年、2011年、2014年，皮书网均在全国新闻出版业网站荣誉评选中获得"最具商业价值网站"称号；

◆ 2012年，获得"出版业网站百强"称号。

网库合一

2014年，皮书网与皮书数据库端口合一，实现资源共享，搭建智库成果融合创新平台。

皮书网　　"皮书说"微信公众号　　皮书微博

权威报告·连续出版·独家资源

皮书数据库
ANNUAL REPORT(YEARBOOK) DATABASE

分析解读当下中国发展变迁的高端智库平台

所获荣誉

- 2020年，入选全国新闻出版深度融合发展创新案例
- 2019年，入选国家新闻出版署数字出版精品遴选推荐计划
- 2016年，入选"十三五"国家重点电子出版物出版规划骨干工程
- 2013年，荣获"中国出版政府奖·网络出版物奖"提名奖
- 连续多年荣获中国数字出版博览会"数字出版·优秀品牌"奖

皮书数据库　　"社科数托邦"微信公众号

成为用户

登录网址www.pishu.com.cn访问皮书数据库网站或下载皮书数据库APP，通过手机号码验证或邮箱验证即可成为皮书数据库用户。

用户福利

- 已注册用户购书后可免费获赠100元皮书数据库充值卡。刮开充值卡涂层获取充值密码，登录并进入"会员中心"—"在线充值"—"充值卡充值"，充值成功即可购买和查看数据库内容。
- 用户福利最终解释权归社会科学文献出版社所有。

数据库服务热线：400-008-6695
数据库服务QQ：2475522410
数据库服务邮箱：database@ssap.cn
图书销售热线：010-59367070/7028
图书服务QQ：1265056568
图书服务邮箱：duzhe@ssap.cn

社会科学文献出版社　皮书系列
卡号：857187369681
密码：

基本子库
SUB DATABASE

中国社会发展数据库（下设 12 个专题子库）

紧扣人口、政治、外交、法律、教育、医疗卫生、资源环境等 12 个社会发展领域的前沿和热点，全面整合专业著作、智库报告、学术资讯、调研数据等类型资源，帮助用户追踪中国社会发展动态、研究社会发展战略与政策、了解社会热点问题、分析社会发展趋势。

中国经济发展数据库（下设 12 专题子库）

内容涵盖宏观经济、产业经济、工业经济、农业经济、财政金融、房地产经济、城市经济、商业贸易等 12 个重点经济领域，为把握经济运行态势、洞察经济发展规律、研判经济发展趋势、进行经济调控决策提供参考和依据。

中国行业发展数据库（下设 17 个专题子库）

以中国国民经济行业分类为依据，覆盖金融业、旅游业、交通运输业、能源矿产业、制造业等 100 多个行业，跟踪分析国民经济相关行业市场运行状况和政策导向，汇集行业发展前沿资讯，为投资、从业及各种经济决策提供理论支撑和实践指导。

中国区域发展数据库（下设 4 个专题子库）

对中国特定区域内的经济、社会、文化等领域现状与发展情况进行深度分析和预测，涉及省级行政区、城市群、城市、农村等不同维度，研究层级至县及县以下行政区，为学者研究地方经济社会宏观态势、经验模式、发展案例提供支撑，为地方政府决策提供参考。

中国文化传媒数据库（下设 18 个专题子库）

内容覆盖文化产业、新闻传播、电影娱乐、文学艺术、群众文化、图书情报等 18 个重点研究领域，聚焦文化传媒领域发展前沿、热点话题、行业实践，服务用户的教学科研、文化投资、企业规划等需要。

世界经济与国际关系数据库（下设 6 个专题子库）

整合世界经济、国际政治、世界文化与科技、全球性问题、国际组织与国际法、区域研究 6 大领域研究成果，对世界经济形势、国际形势进行连续性深度分析，对年度热点问题进行专题解读，为研判全球发展趋势提供事实和数据支持。

法律声明

"皮书系列"（含蓝皮书、绿皮书、黄皮书）之品牌由社会科学文献出版社最早使用并持续至今，现已被中国图书行业所熟知。"皮书系列"的相关商标已在国家商标管理部门商标局注册，包括但不限于LOGO（ ）、皮书、Pishu、经济蓝皮书、社会蓝皮书等。"皮书系列"图书的注册商标专用权及封面设计、版式设计的著作权均为社会科学文献出版社所有。未经社会科学文献出版社书面授权许可，任何使用与"皮书系列"图书注册商标、封面设计、版式设计相同或者近似的文字、图形或其组合的行为均系侵权行为。

经作者授权，本书的专有出版权及信息网络传播权等为社会科学文献出版社享有。未经社会科学文献出版社书面授权许可，任何就本书内容的复制、发行或以数字形式进行网络传播的行为均系侵权行为。

社会科学文献出版社将通过法律途径追究上述侵权行为的法律责任，维护自身合法权益。

欢迎社会各界人士对侵犯社会科学文献出版社上述权利的侵权行为进行举报。电话：010-59367121，电子邮箱：fawubu@ssap.cn。

社会科学文献出版社